美丽福建看泉州

海丝潮声

黄文麟 题

福建省老年书画艺术协会
中共泉州市委宣传部
泉州市文学艺术界联合会
泉州市老年书画研究会
编

海峡出版发行集团 | 福建美术出版社

《海丝涛声·美丽福建看泉州》编委会

主　　任	黄文麟　何泽中　张毅恭　蔡战胜
副 主 任	林哲生　应　稚　林子利　方成义
	李宗明　余端照　陈辉宗　夏丽清
	陈金榜　陈铭福　许旭明
主　　编	许步书　江义民
副 主 编	郑景勋　肖一鸣　林丕鼎　林海强
	洪丽萍　董介鼎　吴瑞聘
委　　员	方金华　杨春添　吴远洲　戴朝阳
	陈金春　李侃如　江　和　林圣团
	薛光亮　彭新国　黄卿洲　洪　峰
	李德谦　洪宗洲　许谋炳　吴达平
	何国珍　郑柳枝　黄慰洲　吕琅珊
	潘泽涵

序

◎ 陈荣春

泉州是座千年历史文化名城，"四季有花常见雨，一冬无雪却闻雷"，地理条件优越，山川形胜，自然风光秀丽，地灵人杰，英才辈出，文化底蕴深厚。"海上丝路起点""世界宗教大观""东亚文化之都""中国著名侨乡"是其形象的集中概括。长期以来吸引着世人向往的目光。

"刺桐花谢刺桐城，法界桑莲接大瀛。石塔双擎天浩浩，香炉独剩铁铮铮。亚非自古多兄弟，唐宋以来有会盟。焚烧纸虎今犹届，乘风破浪待群英。"这首郭沫若赞美泉州的诗是多么脍炙人口呀！

我对可爱故乡泉州的深深眷恋，不仅曾在她身边工作多年，即便是我在国外、海外工作时，每当想起泉州在唐代破天荒首登龙虎榜的欧阳詹，想起泉州甲第巷，想起开元寺、承天寺、清净寺，就为泉州悠久的多元文化而自豪。作家郁达夫到泉州采风时，曾题诗云："读罢温陵稽古史，满怀羁思涕横流。"作为泉州人的我，对泉州的历史文化更有深厚的情感，更有足够的热情去感受泉州的点点滴滴，引发涕泪横流的冲动。

正当全国人民欢庆新中国成立七十周年之际，福建省老年书画艺术协会和泉州市响应省委、省政府关于"机制活、产业优、百姓富、生态美"建设美丽新福建号召，联合采风创作，编辑出版《海丝涛声·美丽福建看泉州》大型书画册。既将成书之日，嘱我为之作序，深感荣幸。

泉州是一本书，是一本源远流长的中原文化、闽越文化和海丝文化线装而成的一部书。她从晋人南渡风尘仆仆中来，从海上丝路乘风破浪中来，从武荣古镇到大泉州中来。这座名城连同昔日的沧桑与辉煌，连同今朝的振兴和崛起，一起穿越千年时光，横亘于中华民族恢宏的史册上。

泉州，是海上丝绸之路的起锚地。在宋元时期，向世人展现了"涨海声中万国商"的盛况。那时，刺桐港桅樯林立，一拨拨的外商云集和使节登岸，来自世界各地的珍奇异物在港口堆积如山，成为"东方第一大港"。在南宋，意大利犹太人雅各·德安科来过这里，他被这座古城灯火通明的景象所震惊，将泉州称为"光明之城"，在元初，意大利探险家马可·波罗的身影出现在这里。随之而来的佛教、印度教、伊斯兰教、古基督教、犹太教、摩尼教等各种宗教都在泉州落地生根，广为传播并和谐共处，泉州遂又成了"世界宗教博物馆"。无怪乎，1982年泉州入选国务院公布的首批历史文化名城时，专家评语是"出类拔萃、当之无愧"，2013年泉州代表中国当选首届中日韩"东亚文化之都"文化之都，有识之士赞誉"实至名归"。行走在这座古老城市之中，千年古风依然，历史回声震荡，雄浑有力，余音缭绕。

在漫长的历史长河中，源远流长的闽南文化融合了中原、闽越、海洋等诸多文化的精髓，形成了泉州的闽南文化。它可概括为重乡崇祖的生活哲学、爱拼敢赢的价值观念、输赢笑笑的精神气质和山海交融的行为模式。只要是闽南人去的地方，无论是在闽台地区，还是在东南亚，乃至全世界各地，闽南人都十分强调认祖归宗、慎终追远、结社建馆、凝聚血缘。闽南文化多元组合的交融性和兼容性、开放性赋予了泉州人海纳百川的胸怀和勇闯天涯的性格。泉州人最爱讲这两句话——"爱拼才会赢"和"输赢总笑笑"。歌曲《爱拼才会赢》是闽南人性格写照，当人们探寻闽南人的时候，便深深地感受到闽南人"敢为人先、爱拼会赢、合群团结、豪爽义气、恋祖爱乡、回馈桑梓"的精神。而正是靠着这种精神，改革开放四十年来，泉州经济迅猛发展，成就了享誉全中国的"泉州模式"。他们整合泉州本土资源，发展集群经济，形成了晋江鞋都、德化瓷都、安溪茶都、永春香都、南安板材之都和水暖之都、惠安石雕之乡等集群企业，创造出独有的经济发展泉州模式，被载入了华夏经济发展史册。

如今的他们把美丽的侨乡建设得更加美丽。除了古往今来形成的得天独厚的胜迹游踪外，他们积极开辟旅游线路，建设机场、港口码头、动车站等。现有古桥安平桥、洛阳桥、关东桥外，又新建九条现代跨江、跨海大桥，使交通四通八达。现在泉州城区扩大了几十倍，旧街变样了，车水马龙，高楼大厦鳞次栉比。阔别故乡多时，回到故乡竟然有了陌生的感觉。

似水流年，光阴荏苒，泉州人爱拼敢赢的秉性永远传承着，一步一步向着未来和希望走去。可以说，开元古寺百柱大殿、巍峨双塔，清源山，老君岩，清真古寺是古泉州的辉煌名片，而今天泉州的新名片是经济发展总量连续二十年位居福建省前列，是"中国品牌之都""中国优秀创新型城市""全国文明城市"。

这本《海丝涛声·美丽福建看泉州》的编排融合了诗词、书画、摄影、篆刻等多种艺术形式，融合了美丽景色和丰富内涵，融合了生态环境和和谐乐园，融合了现代化建设新经验，既有历史美、艺术美，又有人文美、自然风光美、新城建设美，还有可供交流借鉴的实践经验美，阅之令人赏心悦目。

泉州永春籍诗人余光中念念不忘的乡愁，牵动多少泉州人的心。是的，记住乡愁，记住摇篮足迹，记住这方生生不息的热土，泉州不愧于新时代、新征程，泉州在一带一路海丝的新航程中，正再度扬帆，乘风破浪，驶向更加辉煌灿烂的新的圆梦之期！

2019 年 10 月 1 日

（作者为福建省政协原副主席、泉州市原市长）

泉州名片

- 全国著名侨乡
- 台湾同胞的主要祖籍地
- 古代"海上丝绸之路"的起点
- 首届中日韩"东亚文化之都"之一
- 全国首批历史文化名城之一
- 全国18个改革开放典型地区之一
- 全国创建文明城市工作先进城市
- 全国综合配套改革试点城市
- 全国制造业信息化工程重点城市
- 全国技术创新工程示范城市
- 国际花园城市
- 国家园林城市
- 全国"城市投资硬环境四十优"之一
- 全国园林绿化先进城市
- 全国文化模范城市
- 中国优秀旅游城市
- 全国科技进步先进城市"九连冠"
- 全国卫生先进城市
- 国家卫生城市
- 全国双拥模范城"八连冠"
- 全国民族团结进步模范城市
- 最佳中国魅力城市
- 全国社会治安综合治理优秀城市
- 全国法制宣传教育先进城市
- 国家知识产权示范城市
- 中国品牌经济城市
- 中国人居环境范例奖
- 全国民族团结进步模范城市
- 中国优秀创新型城市
- 国家环保模范城市
- 中国水环境治理优秀范例城市
- 全国十大市民最满意城市之一
- 感动世界的中国品牌城市
- 全国十佳和谐可持续发展城市
- 中国品牌之都
- 建设创新型国家十强市
- 中国城市综合创新力50强
- 中国民族民间文化保护工程综合性试点城市
- 联合国教科文组织亚太地区遗产保护优秀奖
- 联合国"迪拜国际改善人居环境最佳范例奖"
- 全国综治最高奖"长安杯"获奖城市
- 中国十大品牌城市
- 中国大陆最佳商业城市
- 共和国60年中国最具投资潜力城市
- 国家商标战略实施示范城市
- 转型2010中国经济十大领军城市
- 全国法制宣传教育先进城市
- 全国文明城市提名资格城市
- 中国外贸100强城市
- 全国人防先进城市

泉州 | 世界·中国之最

——泉州，是你一生有机会至少要去一次的城市

世界现存最大的道教石雕——清源山老君造像

世界唯一的摩尼教寺庙——草庵摩尼教寺

海内外同类建筑中规格最高、年代最久远的妈祖庙——天后宫

中国最长石桥——安平桥

中国最古石桥——洛阳桥

中国最老的伊斯兰教圣墓——灵山伊斯兰教圣墓

中国最古老的桑树——开元寺内的千年古桑

中国最早的三世佛石像——喇嘛教三世佛造像

中国最高的孪生石塔——开元寺内的东西塔

中国现存最古老、最完好的伊斯兰圣迹——清净寺

中国现存数量最多的祈风石刻——九日山祈风石刻群

中国最完整的花岗岩滨海石城——崇武古城

中国第一座中外海上交通史博物馆——海交馆

中国唯一一座国家级对台专题博物馆——闽台缘博物馆

泉州市花——刺桐花

刺桐花红

篆刻 苏宝星

目录

一 刺桐花艳 光明之城
001

二 生态文明 乡村振兴
041

三 海滨邹鲁 文献名邦
101

四 著名侨乡 台胞祖地
139

五 海丝文化 世界遗产
173

六 古建独特 工艺精湛
221

七 泉州模式 晋江经验
273

八 创新智造 品牌集群
327

一　刺桐花艳　光明之城

泉州再出发　再创新辉煌 ……… 书法　袁启彤　002
昔日今朝七言联 ………………… 书法　黄文麟　003
泉州东西塔 ……………………… 摄影　洪丽萍　004
美丽福建看泉州 ………………… 篆刻　陈金光　004
咏泉州 …………………………………… 诗　郁达夫　004
宋元中国　海丝泉州 …………… 书法　何锦龙　006
九日山祈风颂 …………………… 诗/书法　林子利　007
游泉州 ………………… 诗 董必武/书法 张敬梅　008
马可·波罗游记 ……………………………………… 008
1949年前泉州城区 …………………………………… 009
1949年前泉州郊区 …………………………………… 009
泉州现象 ……………… 诗 施永康/书法　江苏　010
火红岁月火红的花 ……………… 国画　蔡光仁　011
咏刺桐 ………………… 诗 王十朋/书法 程天琦　011
吉祥泉州
　…泉州高铁站贵宾厅壁画 郭宁 王绍昌 戴毅强　012
开元双塔 …………………………… 诗　黄福强　012
双塔擎天 ………………………… 篆刻　林飞煌　013
开元寺·桑莲法界 ………………… 水彩　蔡　鑫　014
中国最古老的桑树——开元寺内的千年古桑
　……………………………………………………… 014
念奴娇·刺桐花 … 词 黄福强/书法 赵炳坤　015
刺桐花艳　光明之城 …………… 篆刻　周　悌　015
泉州九日山 ……………………… 摄影　成冬冬　016
泉州石狮市万寿塔 …………………………………… 016
泉州府文庙 ……………………… 摄影　江义民　017
泉州真武庙 …………………………………………… 017
中国现存最古老、最完好的伊斯兰圣迹——泉
　州清净寺 ……………………… 摄影　林丕鼎　018
泉州清净寺 ……………………… 国画　薛建础　018
清净寺 ………………… 诗 陈泗东/书法 陈玉富　019
泉州江口码头 …………………… 摄影　成冬冬　020
泉州天后宫 ……………………… 摄影　陈铭福　020
市泉州舶司遗址 ……………………………………… 021
泉州南外宗正司 ……………………………………… 021
泉州顺济桥遗址 ……………………………………… 022
泉州安溪草埔冶铁遗址 ……………………………… 022
泉州磁灶窑址 ………………………………………… 022
泉州德化窑址 ………………………………………… 023
泉州德济门遗址 ……………………………………… 023
泉州伊斯兰教圣墓 …………………………………… 023
清源集锦 ………………………… 国画　李硕聊　024
清水岩云烟 ……………………… 国画　王兆琴　024
咏泉州 ………………… 诗 郭沫若/书法 陈秀玉　025
到泉州 ………………… 诗 梁披云/书法 林济文　026
泉州承天寺主殿 ………………… 摄影　吴达平　027
崇福寺应庚塔 …………………… 摄影　郑景勋　027
泉州崇福寺 ……………………… 摄影　黄卿洲　027
市井十洲人 …………………… 漆壁画　陈立德　028
桂枝香·海丝起点泉州 …………… 词　王仁山　028
海丝涛声 ………………………… 篆刻　陈荣嘉　029
泉州元宵之夜 ………………………………………… 030
睇灯 ……………………………… 国画　陈登标　030
泉州元夜（二首）… 诗 赵朴初/书法 陈显畴　031
丝路之情 ………………………… 摄影　王暾晖　032
中国最早的三世佛石像——喇嘛教三世佛
　造像 ………………………………………………… 032
清源山老君岩 ………… 诗 陈金春/书法 肖济通　033
老君岩 …………………………… 油画　江　和　033
泉州钟楼 ………………………… 摄影　林海峰　034
泉州城雕——飞天迎宾 ………… 摄影　郑景勋　034
泉州市海峡体育馆 …………………………………… 034
泉州晋江机场 ………………………………………… 035
泉州威远楼 ……………………… 摄影　董介鼎　035
泉州动车站 …………………………………………… 035
泉州市民广场 …………………… 摄影　黄国炎　036
泉域七都 ………………………………… 诗　方成义　037
青山绿水　生态文明 …………… 篆刻　林圣团　037
田安大桥 ………………………… 摄影　肖新文　038
城市圣火（泉州市）…………… 摄影　蔡金宝　038
临漳门夜景 ……………………… 摄影　蔡婉如　039

泉州中山路骑楼一角	摄影 陈铭福 040	德化岱仙飞	国画 张新民 陈桂才 060
泉州府文庙泮宫	摄影 郑景勋 040	温柔的"龙泉圣水"——闽南英都名刹宝湖岩游感	诗 许步书 060

二 生态文明 乡村振兴

晋江调研对发展农业作出指示	书法 黄贤模 042	龙水新姿	国画 薛光亮 061
满庭芳·清源山	词/书法 何泽中 043	永春仙夹镇——秋分图	摄影 泉州市农业局提供 061
泉州十八景点	044	聚龙揽胜图	国画 王世章 061
安溪县城区一角	摄影 陈世荣 048	赞晋江深沪湾自然保护区	诗 肖守华/书法 林永正 062
安溪县龙门镇洋坑村美丽田园	摄影 泉州市农业局提供 048	永春牛姆林	诗 方成义 063
安溪新城一望收	国画 吴木榕 049	岱仙瀑布	国画 黄 坚 063
清源山与洛阳桥	国画 李硕卿 050	泉州市美丽乡村建设目标	书法 余端照 064
咏清源山	诗 钱熙/书法 杨惠萍 051	横跨晋江三桥	摄影 张秋琼 065
清源毓秀	篆刻 林炜平 051	闽南黄金海岸	摄影 刘友良 065
清源胜景	国画 李克朗 052	泉州经典美食（组图）	066
清源胜景——泉州高铁站贵宾厅壁	国画 黄 坚 052	永春县发展战略宏图	书法 梁振良 067
登南台岩	诗 韩偓/书法 张建成 053	金山银水富千村	国画 唐世泉 068
石狮中骏黄金海岸美	诗 肖守华/书法 朱其谈 054	美丽的荔枝园	国画 薛光亮 068
海天浩渺古城新姿	国画 黄 坚 054	永春县谱写绿色崛起新篇章	书法 陈金榜 069
黄金海岸之一	摄影 李侃如 055	山乡新貌	国画 谢火狮 070
黄金海岸之二	摄影 李侃如 055	杨柳岸南星古韵	国画 吴木榕 071
九仙云海	摄影 洪丽萍 055	永春县桃城镇南星村（组照）	摄影 陈世荣 071
九仙山麓	国画 黄达德 056	永春岵山荔枝林	摄影 洪丽萍 072
石州慢·游九日山感赋	词 王仁山 056	田格里拉生态园	国画 许步书 073
致九日山	诗 林德冠 057	泉港区界山镇——涂岭镇设施大棚	摄影 泉州市农业局提供 073
九仙山	国画 杨兆震 057	永春县打造全域生态综合体模式	书法 蔡天生 074
泉州九日山石刻	057	安溪全面推行山长制	书法 林鸿津 075
泉州洛江区家风建设感赋	诗 陈汉民/书法 李祥桂 058	安溪参内乡岩前山长制公示牌	075
洛江温室蔬菜	058	安溪县云岭金色茶园	摄影 泉州市农业局提供 076
九仙佛光	摄影 洪丽萍 059	浔埔风情	国画 唐世泉 076
永春呈祥乡	摄影 郑世祥 059	水调歌头·安溪行园	词 王仁山 076
永春雪山岩晨曦	摄影 方 鼎 059	除陋习，转观念，建机制，树新风	书法 陈 辉 077
		泉州市林业改革发展战略目标要求	书法 林子利 078

惠安小岞风车岛	国画 潘兆耀	079
清源翠色吟	诗 林德冠	079
山腰盐田	摄影 魏振贤	080
渔港晨曦		080
形影相随	摄影 害 军	080
渔家曲	摄影 郑美魁	081
风车岛	摄影 林致凡	081
浔埔游	诗 陈长辉/书法 黄中流	082
印象蟳蜅女	诗 陈汉民/书法 刘天林	082
浔埔女民俗——挽脸	摄影 陈敬聪	083
小小浔埔女	摄影 陈敬聪	083
时代脉搏	油画 吴自成	084
惠安小岞女	摄影 陈世荣	084
勤劳惠女	摄影 唐 军	084
最美乡村赞	国画 许 秋	085
美丽永春行	诗 应 稚	085
晋江五里桥生态湿地公园	摄影 张梓昌	086
泉州美丽乡村——崇武大岞村		086
一剪梅·西湖公园	词 何锦龙	087
南安市致力打造水升级版	书法 王忠智	087
安溪清水岩省级风景名胜区樟树王	摄影 孙 阁	088
泉州台商投资区百崎湖	摄影 林乙方	088
替山河妆成锦绣，把国土绘成丹青（惠安小岞妇女林场）	摄影 蔡金宝	088
恭贺《美丽福建看泉州》一书出版	书法 涂瑞南	089
白奇回族乡	国画 王伟荣	090
泉州美丽乡村——晋江磁灶镇大埔村		090
东湖荷香	国画 洪 峰	091
东湖荷香	诗 黄福强	091
洛江区建设全域美丽乡村方略	书法 黄清禄	092
泉港区前欧村以"党建+"引领乡村振兴（组照）	摄影 福建日报提供	093
梅塘村新貌		094
梅塘村天守服装织造车间		094
梅塘村农民连排别墅		094
梅塘村村部		095
梅塘村文化展览馆		095
梅塘村村中心小学		095
梅塘村敬老院		095
中国美丽乡村——新民村（组照）	摄影 方 鼎	096
泉州围头前沿观感	诗 胡亦璧/书法 林金枝	097
晋江市城乡一体建设经验	书法 杨永让	098
德化县水口镇坂里村的中共福建省委坂里旧址		099
福建省委机关革命遗址		099
永春县横口乡朱德红军革命旧址		099
遍地黄花（泉州洛江区虹山乡）	摄影 黄慰州	100
红色之旅花石村	国画 吴木榕	100
艺术殿堂	摄影 李侃如	100

三　海滨邹鲁　文献名邦

题海丝涛声美丽福建看泉州	书法 黄瑞霖	102
海滨邹鲁重儒风	书法 李思嵘	103
温陵春晖（泉州大坪山顶鸟瞰温陵城区）	摄影 黄丽蓉	104
海滨邹鲁 文献名邦	篆刻 陈金光	104
破阵子·瞻望郑成功施琅雕像浮想	词 王仁山	105
丝海逐浪	书法 庄晏成	106
泉州历代名人		107
欧阳詹		107
曾公亮		107
蔡　襄		107
郑成功		107
俞大猷		108
李　贽		108
施　琅		108

李光地	108	陈木法	122
吴　鲁	109	黄　如	122
道心书味七言联　　　书法 吴　鲁	109	姚建年	122
张瑞图	110	刘兴土	123
今春花开委难当　　　书法 张瑞图	110	林　鹏	123
李叔同	111	林俊德	123
不为自己求安乐　　　书法 李叔同	111	吴硕贤	124
弘一法师纪念馆　　　摄影 浔埔老太	111	陈志坚	124
悲欣交集　　　书法 李叔同	111	李爱珍	124
瞻仰弘一法师　　　诗/书法 方成义	112	林幼堃	125
李光地	113	部分泉州英才（现代）	125
虚堂一游瞩骤雨　　　书法 李光地	113	叶　飞	125
朱　熹	114	叶飞故居（南安市金淘镇占石村）	125
知来者逆是故易逆数也　　　书法 朱　熹	114	李亦园	125
欧阳詹	114	吴文季	126
不二　　　书法 欧阳詹	114	司马文森	126
王十朋	115	李焕之	126
小小精蓝亦自奇　　　书法石刻 王十朋	115	潘　受	126
部分泉藉院士（2019）	116	刘　抗	127
庄长恭	116	莫　耶	127
王应睐	116	蔡其矫	127
蔡镏生	116	龚书铎	127
张文裕	117	王仁杰	128
谢希德	117	黄奕缺	128
陈宗基	117	苏双碧	128
蔡其巩	118	李硕卿	129
施教耐	118	移山填谷　　　国画 李硕卿	129
张乾二	118	蔡国强	130
王启明	119	故乡	
黄荣辉	119	烟火艺术图 蔡国强 摄影 Justin Jin	130
李龙土	119	曾静萍	130
陈火旺	120	曾静萍梨园戏表演	130
欧阳钟灿	120	闽南红砖老厝　　　漆画 陈立德	131
李幼平	120	闽海清风　　　水彩 郭　宁	131
吴新涛	121	李光地故居行　　　国画 许　秋	132
陈桂林	121	陈祥耀	133
郭光灿	121	清源山　　　诗文/书法 陈祥耀	133

郑成功墨迹 …… 诗 潘受／书法 张积鹏	134
柳梢青·凭吊蚶江再借亭 …… 诗 胡亦璧／书法 阮连明	135
读余光中《乡愁》有感 …… 书法 黄文麟	136
余光中纪念馆 …… 国画 王兆琴	137
乡愁 …… 诗文 现代·余光中	137
敢为天下先 爱拼才会赢 …… 书法 陈万里	138

四　著名侨乡　台胞祖地

习近平总书记对福州向马祖和晋江向金门供水工程的指示 …… 书法 袁锦贵	140
两岸一家亲　同饮一江水 …… 书法 黄文麟	141
著名侨乡　台胞祖地 …… 篆刻 史迎光	141
中国闽台缘博物馆 …… 摄影 洪丽萍	142
海丝泉州 …… 书法 李冀平	143
《泉州海交史诗》序 …… 诗 吴捷秋／书法 庄崇宏	144
闽南人之精神 …… 书法 江义民	145
泉南歌 …… 诗 谢履／书法 李德谦	146
泉籍华侨投资企业——泉州糖厂	146
民国时期侨办汽车站	147
泉州侨光电影院——印度尼西亚泗水归侨陈启水先生创办	147
泉籍华侨投资企业——漳厦铁路设于蒿峪的火车站	147
南侨机工们途中休息	147
陈嘉庚	148
林惠祥	148
庄希泉	148
梁披云	148
梁灵光	149
陈青山	149
罗浪	149
庄炎林	149
罗豪才	150
周南京	150
光前学村	150
华侨大学 …… 摄影 郑柳枝	151
泉州师范学院 …… 摄影 郑柳枝	151
泉州黎明大学 …… 摄影 郑柳枝	152
泉州仰恩大学 …… 摄影 李明晋	152
晋江养正中学印象 …… 诗 陈奕良／书法 雷强	153
养正中学（旧）	153
养正中学	153
泉州师范学院东海校区俊秀文学院	154
泉州工艺美术职学院 …… 摄影 陈世荣	154
黎明职业大学"慈山大楼"	155
石狮五星小学	155
南安侨光中学	155
泉州师范学院"陈守仁工商信息大楼及陈亨利文科教学大楼"	156
陈延奎体育场	156
晋江华侨中学职业中专学校	156
郑信顺夫人基金委员会2011年度讲学助学金颁发大会	157
泉州华侨职业中专学校	157
南安诗山南侨医院新门诊楼	157
诗山中学教学楼"诗侨楼"	157
陈水俊独资捐建的南安溪美的溪美鹏峰中学	157
泉州师范学院大礼堂	158
晋江祖昌体育馆	158
石狮地方人士及旅居菲律宾乡亲共同发起创办石光中学	158
厦门必利达大厦	159
南安必利达大厦	159
泉州贤銮福利大厦	159
晋江安海医院	160
金井石圳文化中心	160
金井峻山阅书报社	160
晋江金井卫生院门诊楼	160
安溪官桥医院	160

| 侨资捐建晋江市图书馆 …………………………… 161
| 华侨捐建石狮敏月公园 …………………………… 161
| 侨资捐建石狮体育馆 ……………………………… 161
| 泉州华侨历史博物馆 ………………… 摄影 骆明育 162
| 华侨新村住宅 ……………………………………… 162
| 华侨革命历史博物馆 ……………………………… 162
| 侨批原件两件 ……………………………………… 163
| 闽南地区的侨批馆——鲤安信局遗址 …………… 163
| 侨建楼房·斗南九十九间中西式古厝 ……………
| ……………………………………… 摄影 张梓昌 164
| 侨建楼房·六也亭 ………………………………… 164
| 侨建楼房·景胜别墅 ……………………………… 164
| 侨建楼房·南安眉山黄奕住八卦楼 ………………
| ……………………………………… 摄影 洪丽萍 164
| 泉州西街八角楼 ……………………… 油画 戴毅强 165
| 旭日方升 ……………………………… 摄影 庄灿枝 165
| 郑成功纪念馆 ………………………… 摄影 林致凡 166
| 民族英雄郑成功雕像 ………………… 摄影 林致凡 166
| 瞻仰坪山郑成功塑像 ………………… 诗文 江 一 166
| 拜谒郑成功陵园 …………… 诗 陈金春/书法 俞其锐 167
| 海峡两岸文化交流 …………………… 摄影 林致凡 168
| 郑成功史迹 …………………………… 诗 陈祥耀 168
| 福建台湾巡抚关防印章 …………………………… 169
| 海底管道铺设施工现场 ……………… 陈国樑供稿 170
| 海峡两岸防汛抗旱救灾技术交流研讨会 …………
| ……………………………………… 陈国樑供稿 170
| 颂福建（泉州）向金门供水 ……………………
| ……………………………… 诗 陈金春/书法 曹文彬 171
| 话剧《共饮一江水》 ………………… 陈国樑供稿 172

五　海丝文化　世界遗产

| 风云四海 ……………………………… 书法 曾喜祥 174
| 福建是中国古代造船中心 …………… 书法 林圣团 175
| 泉州开元寺 …………………………… 摄影 陈铭福 176
| 开元寺 ………………………………… 诗 陈祥耀 177
| 海丝陆路七言联 ……………………… 书法 王兴喜 178
| 泉州开元寺 ………………… 诗 虞愚/书法 曹飞群 179
| 一剪梅·泉州丝路震古耀今 ………………………
| ……………………………… 词 肖守华/书法 林　鸣 180
| 开元寺婆罗门教石柱 ………………… 摄影 唐　军 181
| 开元寺内宋代二塔 …………………… 摄影 骆明育 181
| 草庵组图 ……………………………… 摄影 唐　军 182
| 泉州草庵 …………………………………………… 182
| 清水祖师 ……………………………… 油画 林依发 183
| 草庵摩尼光佛像 …………… 诗 陈奕良/书法 陈家毅 183
| 清源春晓 ……………………………… 国画 郭　宁 江松 184
| 海上丝绸之路起点 …………………… 篆刻 高　浩 184
| 莺啼序·咏泉州 ……………………… 词 刘　旭 185
| 海上丝路 ………………… 壁画 陈立德 孙宏图 金程斌 185
| 中国第一座中外海上交通史博物馆——泉州
| 　海外交通史博物馆 ………………… 摄影 董介鼎 186
| 泉州市舶司遗址 …………………………………… 186
| 宋代沉船 ……………………………… 摄影 林海峰 187
| 四翼天使 …………………………………………… 187
| 海丝溯源 ……………………………… 摄影 吴秋桂 187
| 双塔辉映 ……………………………… 水彩 吴　斌 188
| 泉州双塔（开元寺）………………… 水彩 林　峰 188
| 咏双塔 …………………… 诗 詹仰庇/书法 林　琴 189
| 赠佛岩禅师诗 ……………………………………
| ………………… 诗 卢同白/书法 九日山人黄子立 190
| 海丝源头九日山 ……………………… 国画 潘汉柱 190
| 老子"不是"天下第一——在清源山老子石
| 　像前感悟 …………………………… 诗文 许步书 191
| 老君岩 ………………………………… 国画 王伟荣 191
| 泉州天后宫 …………………………… 水彩 游遵绍 192
| 洛阳古桥 ……………………………… 水彩 陈义赋 192
| 泉州海丝公园 ………………………… 摄影 郑景勋 192
| 临江仙·泉州天后宫 ………………………………
| ……………………………… 词 陈金春/书法 傅清祥 193
| 地灵人杰 ……………………………… 篆刻 洪　姗 193
| 泉州少林寺 …………………………… 摄影 吕琅珊 194
| 南少林功夫 …………………………… 摄影 林　珊 194

真武庙	摄影 骆明育	195
真武庙江口码头	诗 陈一鸣	195
辉映真武庙	水彩 蔡永辉	195
灵山伊斯兰圣墓	诗 王仁山/书法 董介鼎	196
清真夕照	国画 杨荣发	197
泉州中山路基督教教堂		197
泉州花巷天主教教堂		197
晋江安海安平桥	国画 薛建础	198
江口码头	水彩 蔡鑫	198
憩（惠安小岞）	摄影 唐军	198
磁灶窑址	诗 陈泗东/书法 林景辉	199
海西潮	壁画 王绍昌	200
静泊	油画 蔡笃取	200
石湖港赞	诗 胡亦壁/书法 陈孝瑜	201
海丝故事之一	水粉 戴毅强	202
立岸石湖码头感吟	诗 肖守华/书沄 张银法	202
泉州南音入世遗喜赋	诗 刘旭/书法 徐碧芳	203
减字木兰花·泉州南音申报"世遗"	词 施永康/书法 骆良益	204
闽南古韵	油画 蔡永辉	205
海丝故事之二	水粉 戴毅强	205
梅花馆听曲奉和	诗/书法 周琨民	206
中国音乐活化石——南音	摄影 张梓昌	207
颂泉州南音	诗 陈金春	207
海丝文化世界遗产	篆刻 丛建大	207
高甲戏剧照		208
为泉州高甲剧团晋京演出题词	诗 邓拓/书法 池亚璇	209
岑兜村高甲戏发祥地	摄影 方鼎	210
昭君出塞（陈娟娟饰）	摄影 周健行	210
高甲戏露天剧《宋宫奇怨》	摄影 黄卿洲	210
泉州木偶戏剧照		211
上下一台戏	摄影 黄丽蓉	211
傀儡唱传奇	国画 林聪权	212
东亚文化之都——泉州（四首）	诗 刘旭	212
经典木偶剧《火焰山》剧照		213
泉州市地方传统戏剧——打城戏剧照		213
泉州民间曲艺歌舞表演	摄影 陈世荣	214
留伞	国画 吕超然	214
火鼎公婆	摄影 黄丽蓉	214
安海嗦啰嗹	摄影 洪丽萍	215
迎神	摄影 郑美魁	215
蟳埔女舞龙	摄影 林致凡	215
拍胸舞	国画 黄曦农	216
拍胸舞表演		216
拍胸舞	国画 吴跃华	217
拍胸舞	摄影 李侃如	217
海上泼水节	国画 林善忠	218
水花点点泼出两岸情	摄影 洪丽萍	218
惠安女服饰传承	摄影 林致凡	219
心系	国画 吴跃华	220
最美发结	摄影 郑美魁	220
浔埔女	摄影 许文晓	220

六　古建独特　工艺精湛

闽南建筑大观园　蔡氏古民居建筑群	摄影 张梓昌	222
古建独特·工艺精湛	篆刻 陈辉	222
古宅集萃	诗 黄福强/书法 丁金潮	223
德化县打造现代化世界瓷都	书法 郑增辉	224
民居建筑艺术——出砖入石	摄影 郑景勋	225
泉州蔡氏家庙组图	摄影 高安华	226
蔡氏古民居	诗 陈泗东/书法 彭新国	227
晋江五店市特色建筑风貌		228
晋江五店市全景		228
晋江五店市古街景		229
晋江五店市		229
五店市商铺——老晋江美食街		229
泉州西湖刺桐阁		230
泉州关帝庙	摄影 林丕鼎	230

关帝庙	水彩 吴　斌 230	六胜塔咏	诗 林发祥 / 书法 徐力建 253
泉州开朝天门	摄影 林海峰 231	咏姑嫂塔	诗 何锦龙 / 书法 林承健 254
泉州开元寺镇国塔	摄影 董介鼎 231	姑嫂塔	摄影 陈秉发 255
泉州开元寺仁寿塔	摄影 郑景勋 231	姑嫂塔	油画 戴毅强 255
杨阿苗故居	232	军嫂自筹资金建军庙	摄影 张文林 256
古厝人家	摄影 陈敬聪 232	永春百丈岩仙妈庙	摄影 方　鼎 257
浔埔风情	国画 杨荣发 233	泉州市元妙观凌霄殿	摄影 林丕鼎 257
洛阳桥上小赋	诗 林德冠 234	泉州泉山门	摄影 郑景勋 257
洛阳桥	诗 / 书法 方成义 235	古城西街	油画 彭传芳 258
临江仙·洛阳桥	词 陈一鸣 / 书法 吴远洲 236	雪峰寺	摄影 方　鼎 258
洛阳古桥	国画 庄裕奉 237	留住的乡愁	国画 马志瑞 259
洛阳桥光影	摄影 吴友亮 237	土坑古韵	国画 马志瑞 259
古石桥	摄影 陈碧珍 237	千年古刹惠安净峰寺	国画 庄裕奉 260
万安桥	诗 刘子翚 / 书法 张元清 238	清水岩	诗 陈祥耀 / 书法 张文璟 260
万安桥	诗 宋·王十朋 238	晋江草庵	国画 苏佑辉 260
安平桥	诗 于福玉 / 书法 吴思安 239	月记窑	国画 王兆琴 261
安平桥组图	摄影 张文林 240	临漳月色	摄影 洪丽萍 261
咏水头五里桥	诗 陈奕良 / 书法 林元桂 241	绣花楼中郎书声	国画 王世章 262
岵山茂霞古民居	国画 吴木榕 242	阮居桥畔	国画 黄达德 262
泉州土楼厚德堡	国画 董介鼎 242	故居春雨	摄影 章庆煌 262
古街掠影	国画 郑琦玮 243	**樟脚村古民居**	诗 王仁山 262
家园系列之一	水彩 戴毅强 243	构思	摄影 陈世荣 263
今日洪氏家庙村	摄影 王兴喜 243	重修清水岩海会院	摄影 陈世荣 263
崇武古城	诗 黄福强 / 书法 王树华 244	永春漆篮	摄影 陈世荣 263
崇武古城	诗 陈祥耀 / 书法 杨春添 245	惠安木雕	摄影 潘　登 264
崇武古城	诗 陈义庆 / 书法 吴学标 246	福在眼前	木雕 蒋杰雄 264
古城遗韵	水彩 郭子健 247	清净（德化陶瓷）	水彩 江　和 264
惠安崇武古城	国画 潘兆耀 247	鲤鱼化龙	摄影 江义民 265
护海安民永宁城	诗 肖守华 / 书法 戴涤吾 248	惠安石雕	摄影 陈起拓 265
望海潮·永宁古卫		达摩	瓷雕 明·何朝宗作品 266
	词 胡亦壁 / 书法 林德斌 249	观音立像	瓷雕 明·何朝宗作品 266
仙公山	摄影 王兴喜 250	咏德化白瓷	诗 江义民 266
仙公山	诗 陈祥耀 250	戏珠弥勒	瓷雕 苏清河 267
仙公山	水彩 游遵绍 250	泰国佛	瓷雕 苏清河 267
首谒洛江仙公山	诗 陈汉湘 / 书法 林秋铭 251	静思自在	瓷雕 郑雄彭 267
六胜塔	水彩 郭子健 252	贵妃醉酒	瓷雕 郑雄彭 267
泉州六胜塔	摄影 张梓昌 252	江加走木偶头·寿星	268

江加走木偶头·黑奸	268	名城	书法 陈基立 291
泉州花灯二盏	268	晋江经验最鲜明特色	书法 林海峰 292
卢思立木雕作品	269	南安市立足经济稳增长	书法 梁全胜 293
黄福泉木雕作品	269	泉州县域品牌的看家法宝	书法 方成义 294
十二生肖馆	木雕 郊银聘 269	丰泽区凸显中心城区辐射带动效应	
泉州开元寺飞天木雕	摄影 吴其魁 269		书法 林海峰 295
泉州竹编工艺	270	南安市加快构建现代产业体系	书法 陈开欣 296
泉州竹编	270	晋江经验处理好五大关系	书法 曾振宗 297
泉州漆篮	270	洞仙歌·赞晋江经商敬业有道	
泉州剪纸四件	271		词 肖守华／书法 洪锦汀 298
惠女影雕	国画 潘泽涵 272	安溪县摆脱集体经济空壳村四种模式	
永春纸织画工艺	摄影 陈世荣 272		书法 姚国培 299
		泉州台商投资区白沙片区棚户区改造项目	
			摄影 陈明理 300

七　泉州模式　晋江经验

石湖港区	摄影 张梓昌 274	泉州市科技馆	摄影 骆明育 300
贺《美丽福建看泉州》出版	书法 游德馨 275	晋江走向未来	书法 周贤本 301
泉州人精神	书法 黄文麟 276	安踏集团企业精神	书法 杨福雄 302
泉州人最为宝贵的人生信条	书法 陈桦 277	泉州安踏有限公司	303
正确处理好五大关系	书法 叶双瑜 278	安踏生产车间	摄影 黄国炎 303
泉州现象	书法 陈荣凯 279	中国水暖城一角	摄影 黄国炎 304
晋江之路六个始终坚	书法 江碧玉 280	申鹭达股份有限公司	摄影 山 川 304
晋江经验	281	中国水暖城（南安）全景	摄影 山 川 304
晋江市对外来工的理念与实践	书法 游嘉瑞 282	九牧厨卫股份有限公司（南安）	摄影 山 泉 304
泉州市是中国改革开放的地方经济发展的杰出代表	书法 应稚 283	辉煌水暖集团（南安）	摄影 山 泉 304
		泉州科发卫浴有限公司	304
泉州市久久为功做强非公企业党的建设		南安市联袂打造传统和新兴产业互补新格局	
	书法 陈晓灵 284		书法 蔡建荣 305
晋江经验的时代性规律性典型性	书法 林子利 285	泉州市营造一流营商环境三年行动经验	
石化新貌	摄影 林建祥 286		书法 梁全胜 306
泉州模式 晋江经验	篆刻 黎汉秋 286	中国石材城（南安水头）	摄影 黄国炎 307
晋江人的拼	书法 李宗明 287	南安水头精品石材中心	摄影 山 川 307
泉州模式	书法 陈金榜 288	南安水头石材场	摄影 黄国炎 307
晋江经验的主要启示	书法 吴达平 289	南安石材机械展示中心	摄影 山 泉 307
泉州市独特的经济发展模式	书法 尚小虎 290	世界石材博物馆	摄影 陈碧珍 307
泉州市站在新起点，打造具有全国影响的海丝		福建盼盼食品集团有限公司	308
		泉州亲亲食品有限公司	308
		八马茶业股份有限公司	308

福建雅客食品有限公司	308
盼盼的愿景	书法 杨明安 309
万众一心	篆刻 林 兰 309
石狮服装城	诗 于福玉／书法 陈宝琦 310
泉港区敢闯敢试争当改革先行者
	书法 李瑰明 311
九牧王股份有限公司智能制造工厂智能吊挂
生产车间	312
九牧王股份有限公司	摄影 黄国炎 312
九牧王股份有限公司车间一角	摄影 许庆武 312
九牧王集团企业精神	书法 胡洪林 313
匹克集团追求目标	书法 金晓峰 314
玖龙纸业（泉州）有限公司	摄影 黄国炎 315
福建泉州匹克集团	315
泉州市最美家庭揭晓仪式	316
晋江荆山外来工子弟学校	316
晋江西坂外来工子弟学校	316
晋江向首批外来务工人员发放居住证	317
敢拼会赢	篆刻 王国瑞 317
晋江持续深化放管服改革的四办理念
	书法 郑清彪 317
候潮	摄影 唐 军 318
惠东船坞	油画 郭 宁 318
海丝涛声扬天下	书法 方成义 319
泉港海上养殖基地	摄影 洪丽萍 320
渔歌	油画 刘宗益 320
看洛江双阳开发区有感
	诗 陈奕良／书法 潘家驹 321
晋江市委市政府的自身定位	书法 庄长流 322
南安市提升项目审批手续服务效能
	书法 吴西湖 323
石湖港	水彩 蔡 鑫 324
浔埔渔港码头	水彩 薛建础 324
泉州市打造老新旧街巷改造泉州样板
	书法 林荣辉 325
南安市在全国百强中的排位	书法 吴富復 326

八 创新智造 品牌集群

品质泉州	书法 陈增光 328
山水古城（远眺泉州鲤城市区）	摄影 陈敬聪 329
蓝蓝泉州湾	摄影 吴少锋 329
创新智造 品牌集群	篆刻 林伯森 329
泉州市现代化建设目标	书法 陈奋武 330
晋江市产业转型提档升级	书法 高培新 331
泉州市企联向会员企业发出的旦旦诺言
	书法 陈 吉 332
志在千里	书法 林哲生 333
泉州部分品牌示意图	333
泉州江南高新技术产业园区	334
泉州经济技术开发区	334
洛江区围绕"四条主线"为业转型升级提供
支持和帮助	书法 黄金龙 335
福建炼油厂一角	摄影 黄慰州 336
泉港石化炼油厂	油画 林 峰 336
泉州市企联服务理念	书法 吴木榕 337
福建恒安家庭生活用品有限公司一期工程	338
福建百宏聚纤科技实业有限公司自动化包装
线	338
阳光中科晶体硅太阳能电池片生产车间	338
恒安集团企业精神	书法 吴玉仲 339
七匹狼集团企业精神	书法 陈志藏 340
福建柒牌时装科技股份有限公司大楼	341
走向世界的柒牌	摄影 张小梅 341
福建恒利纸业有限公司新造纸生产设备	342
申鹭达阀芯装配车间	342
福建南方路面机械有限公司并联式工业机器
人设备焊接作业	342
福建凤竹纺织科技股份有限公司	343
福建浔兴拉链科技有限公司车间一览
	摄影 刘友良 343
虞美人·安踏咏	词 林发祥／书法 崔孝仁 344
奔向冠军的安踏	摄影 张小梅 345

安踏连年领跑运动鞋服产业，为东京奥运会中国代表团提供科技运动装备 …摄影 潘 登	345
卡尔美体育用品有限公司 ……………………	346
晋江龙峰纺织智能化生产车间 …摄影 潘 登	346
达利食品集团有限公司无菌灌装机 …………	346
卡尔美品牌文化 …………………书法 蔡治南	347
三六一度（中国）有限公司自动印花机车间…	348
361°集团…………………………………………	348
福建省晋江市励精汽配有限公司智能化设备…	349
泉州海天材料科技股份有限公司 ……………	349
泉州海天材料科技股份有限公司吊挂生产线…	349
石狮市打造中国时尚创新之都 …书法 黄荣裕	350
石狮森科智能科技创新设计的发光服装 ……	351
石狮森科智能科技通过三维显示技术为服装厂商提供展示方案 …………………………	351
石狮森科智能科技利用3D打印技术制作产品模型 ……………………………摄影 潘 登	351
亿达电器的小家电不断创新技术，产品丰富特色明显 ……………………………………	352
铂阳精工太阳能电池靶材生产车间 …………	352
三星电气数控加工车间 ………………………	352
钟山化工中控室，数字化生产车间设备状态一目了然 …………………………摄影 潘 登	352
永春达埔兴隆香业有限公司 …………………	353
永春县达埔金丰香业股份有限公司 …………	353
永春县达埔彬达制香厂有限公司 ……………	353
永春香都制香场 …………………摄影 洪丽萍	354
晒场黄花分外香 …………………摄影 刘宝生	354
抡香制作技艺 ……………………摄影 刘宝生	354
省生态文化示范企业泉州市泉美生物有限公司 …………………………………摄影 方 鼎	354
赞安溪铁观音………诗 陈金春/书法 曾光明	355
为安溪茶文化题联…………诗/书法 王光中	356
茶市 ………………………………摄影 刘友良	356
鉴茶 ………………………………摄影 陈世荣	357
安溪八马茶山 ……………………摄影 黄国炎	357
安溪八马茶叶工场 ………………摄影 黄国炎	357
引来出自七言联 …………………书法 曾光明	358
泉州芯谷正在南安兴建 …………摄影 方 鼎	359
华数机器人组照 …………………摄影 方 鼎	359
建设中的南安三安半导体研发与产业化项目 …………………………………摄影 林劲峰	360
泉州芯谷，成功梦谷——南安高新技术产业园区观感 …………………………诗 许步书	360
砥砺前行 …………………………篆刻 潘国基	360
泉州芯谷赞………诗 陈长辉/书法 唐肖洪	361
泉州湾跨海大桥 …………………摄影 郑景勋	362
晋水长流 …………………………篆刻 吴青宝	362
泉州企业生产泉州湾大桥油漆涂料 ……………………………………………摄影 潘 登	363
晋江经验颂………诗 陈奕良/书法 黄友超	364
编后语 ……………………………………………	365

一

刺桐花艳
光明之城

CI TONG HUA YAN　GUANG MING ZHI CHENG

美丽福建看泉州

泉州位于福建东南沿海，最早开发于周秦两汉，是一个充满魅力与活力的地方。

"南国清和烟雨辰，刺桐夹道花开新。树梢簇簇红霞烂，暑天别觉生精神。""初见枝头万绿秾，忽惊火伞欲烧空。花先花后年俱熟，莫道时人不爱红。"这是唐代诗人王毂和宋代泉州太守王十朋赞美刺桐花的两首诗。刺桐花是泉州市花，在五代十国时泉州刺史留从效在扩鲤建城时遍植刺桐，因此得名刺桐城，泉州港即以刺桐港而闻名于世，是唐朝时世界的四大口岸之一。宋元时期泉州刺桐港海上贸易与亚历山大港齐名，是东方第一大港，曾有"市井十洲人""涨海声中万国商"之盛景，被《马可波罗游记》称为"光明之城"而享誉世界。

但由于明清时期倭寇屡犯，实行海禁，历经沧桑。改革开放四十年来，泉州重新焕发青春，发生了天翻地覆的变化，城市数倍扩展，高楼无数直插云天，经济、文化、科技等迅猛发展，刺桐港再现了古港雄风，刺桐之城重放光明。

1982年泉州入选国务院公布的首批历史文化名城。

2014年泉州被评为我国首个东亚文化之都。在改革开放和"一带一路"海丝战略中，刺桐港正以不同凡响的涛声，磅礴于东海之滨。

海上丝路扬帆起,刺桐花开新时代。
南音欢奏筑梦曲,文化之都展新颜。

泉州再出发　再创新辉煌　书法　袁启彤

昔日海丝开站首；
今朝绮梦舞龙头。

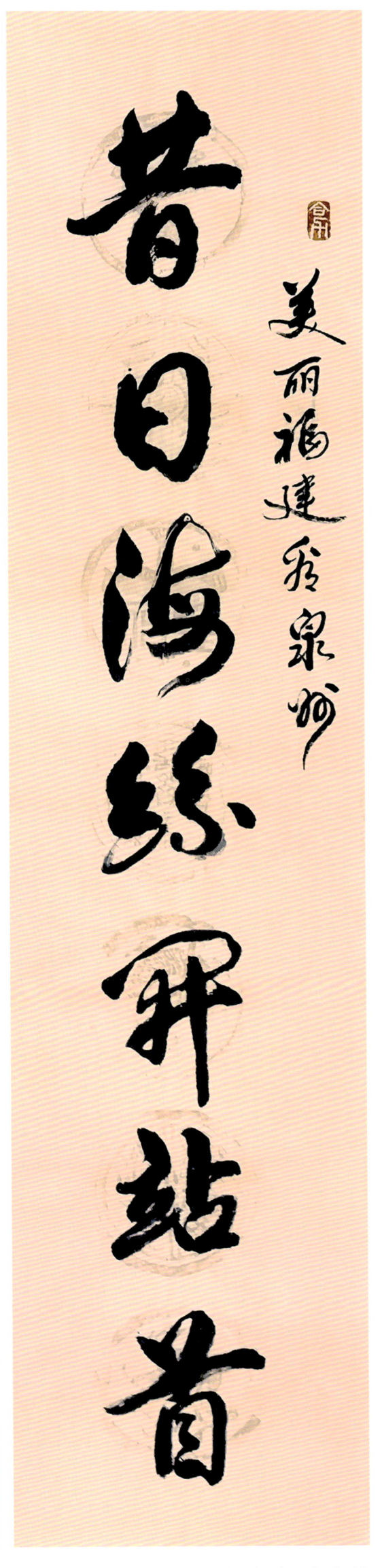

昔日今朝七言联 书法 黄文麟

泉州东西塔　摄影　洪丽萍

美丽福建看泉州
篆刻　陈金光

咏泉州

郁达夫

野分牛女领泉州，紫帽蓝溪景最幽。
南渡衣冠留晋俗，四门诗赋壮唐猷。
里中志记曾明仲，桥上人歌蔡状头。
读罢温陵稽古史，满怀羁思涕横流。

　　泉州东西塔是镇国塔、仁寿塔的合称，是中国现存最高的一对石塔，位于泉州市区西街泉州开元寺内。东西塔以其古老精湛的建筑艺术和独具魅力的神韵著称于世，为全国重点文物保护单位。其东为"镇国塔"，始建于唐咸通六年（865），高48.27米；西为"仁寿塔"，始建于五代梁贞明二年（916）高45.06米。东西两塔是中国最高也是最大的一对石塔。东西塔历经风雨侵袭，地震摇撼，仍屹然挺立，表现了宋代泉州石构建筑和石雕艺术的高度成就，是中国古代石构建筑瑰宝。

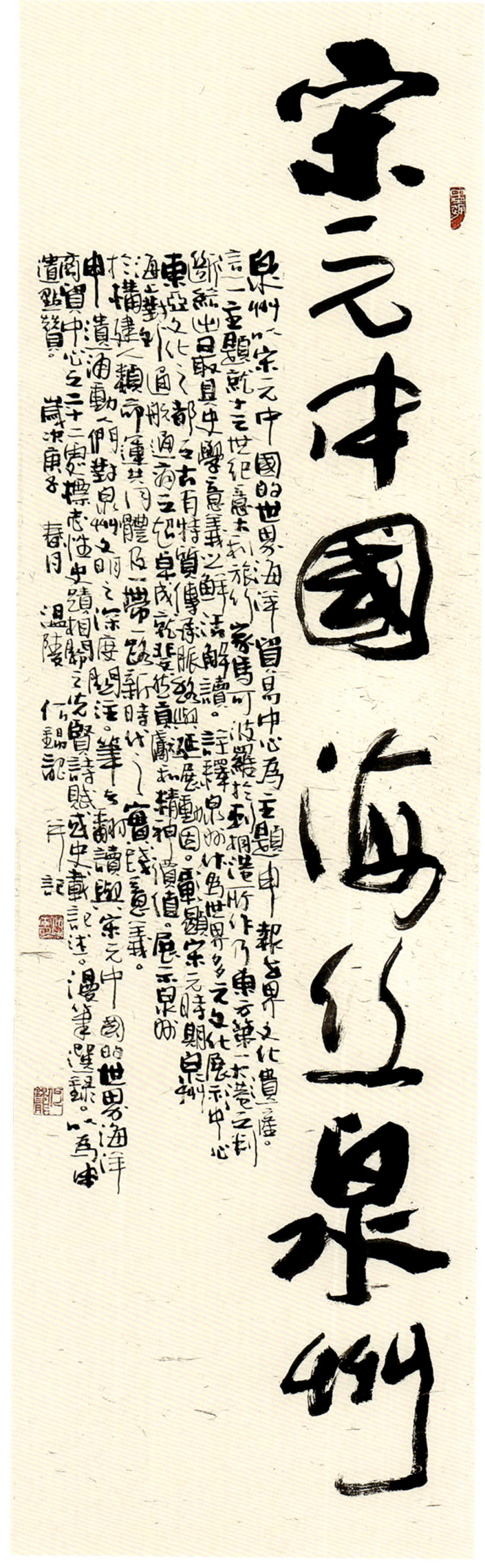

宋元中国 海丝泉州 书法 何锦龙

泉州以宋元中国的世界海洋贸易中心为主题申报世界文化遗产。这一主题就13世纪意大利旅行家马可波罗于刺桐港所作乃东方第一大港之判断给出最具史学意义之鲜活解读，诠释泉州作为世界多元文化展示中心东亚文化之都之故有特质传承脉络与延展动因；彰显宋元时期泉州海上对外通航通商之成就斐然、贡献卓越和精神价值；展示泉州于构建人类命运共同体及一带一路新时代之实践意义。

"申遗"涌动人们对泉州文明之深度关注。笔者翻读与宋元中国的世界海洋商贸中心之22处标志性史迹相关之先贤诗赋或史载记述，漫笔选录，以为"申遗"点赞。

九日山祈风颂

林子利

宋代祈风碑刻留，
变迁世事已千秋。
梯航万国同声赞，
起点海丝通五洲。

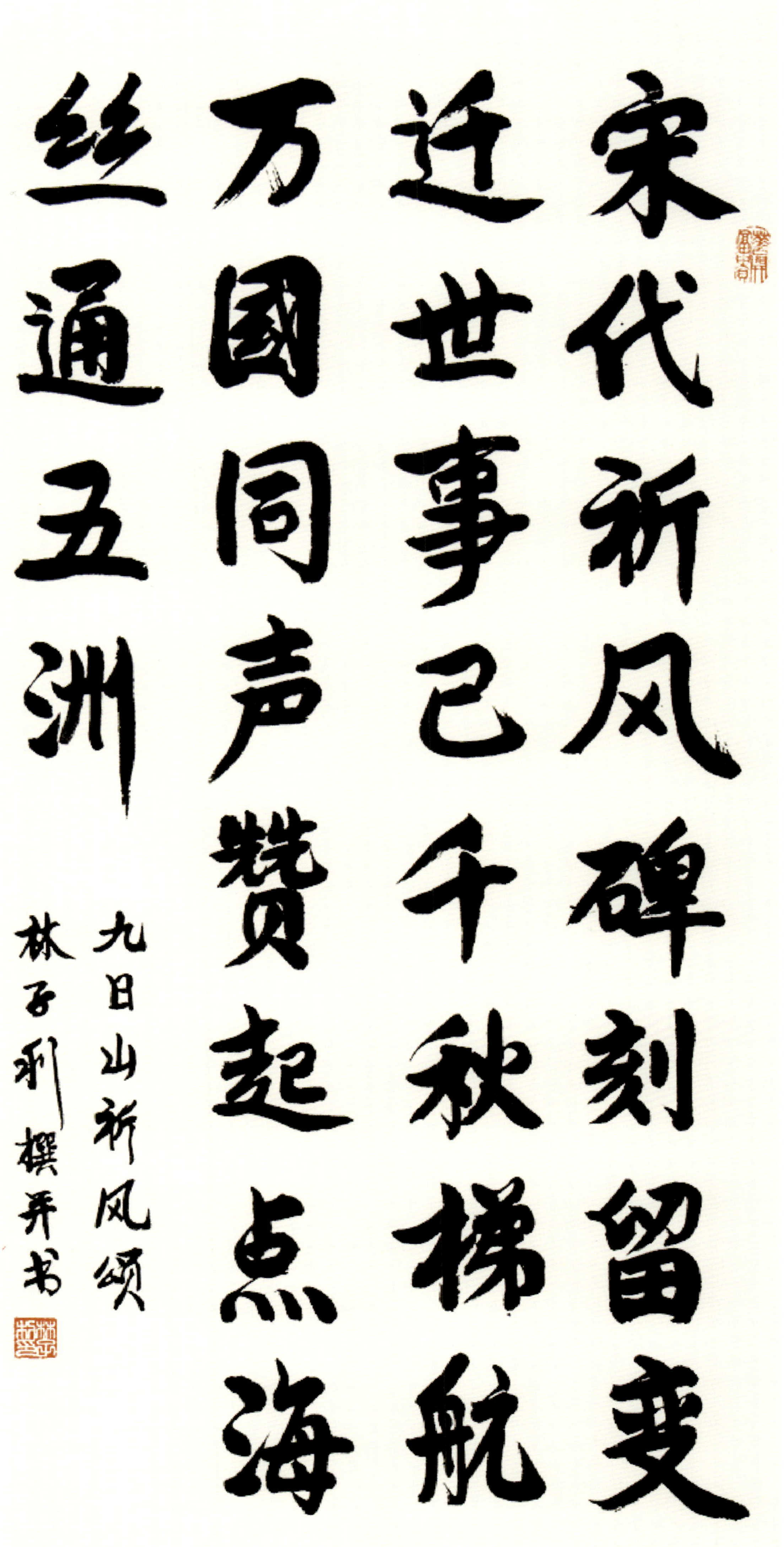

九日山祈风颂 诗/书法 林子利

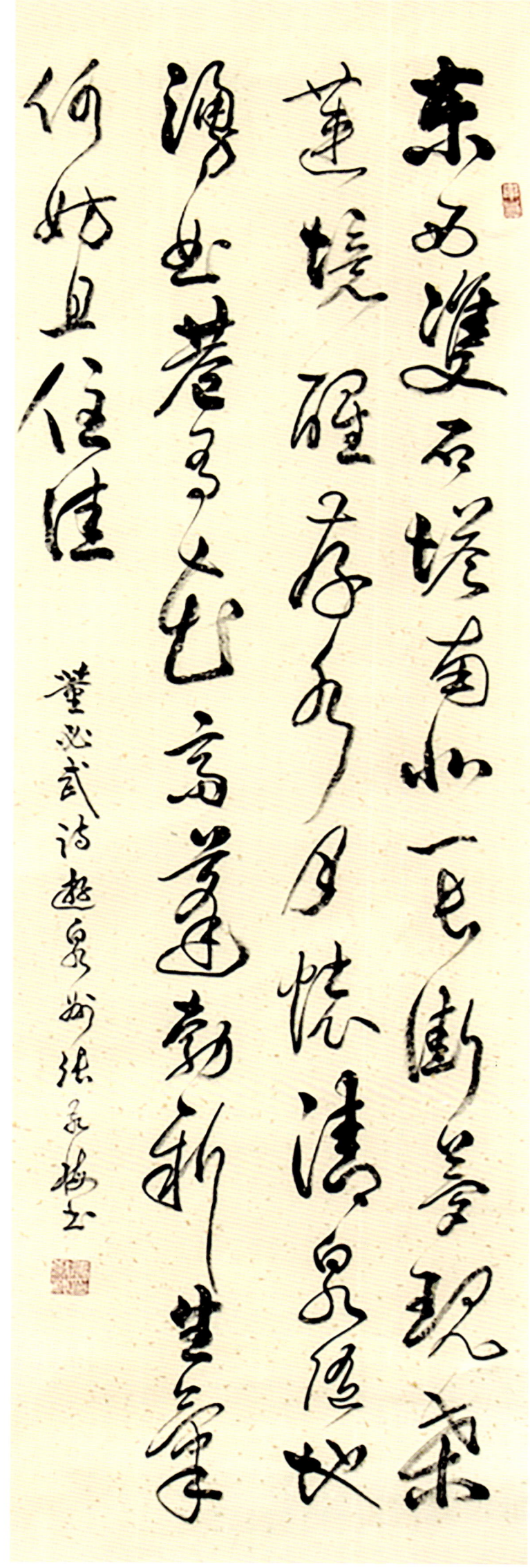

游泉州 诗 董必武／书法 张敬梅

马可·波罗游记

马可·波罗，13世纪末意大利的著名旅行家和商人，他在中国游历了17年，写下了著名的《马可·波罗游记》，书中记述了他在东方最富有的国家——中国的见闻。书中称泉州为"光明之城"。

游泉州
董必武

东西双石塔，南北一长街。
梦现桑莲境，醒存水月怀。
清泉随地涌，曲巷有花斋。
蓬勃新生气，何妨且住佳。

1949年前泉州城区

1949年前泉州郊区

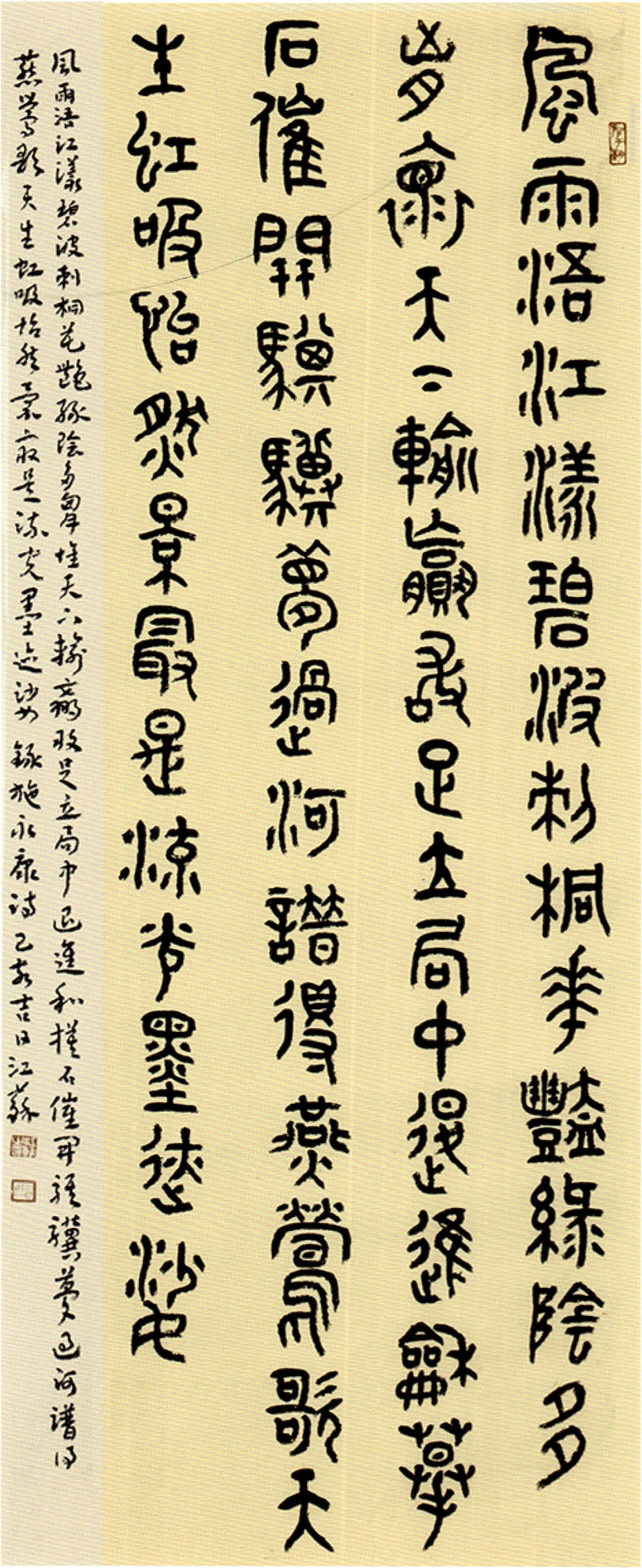

泉州现象

施永康

风雨浯江漾碧波,
刺桐花艳绿阴多。
胸怀天下输赢敢,
足立局中退进和。
摸石催开骐骥梦,
过河谱得燕莺歌。
天生虹吸怡然景,
最是流光墨迹娑。

泉州现象 诗 施永康/书法 江苏

火红岁月火红的花 国画 蔡光仁

咏刺桐
宋·王十朋

初见枝头万绿浓，
忽惊火伞欲烧空。
花先花后年俱熟，
莫道时人不爱红。

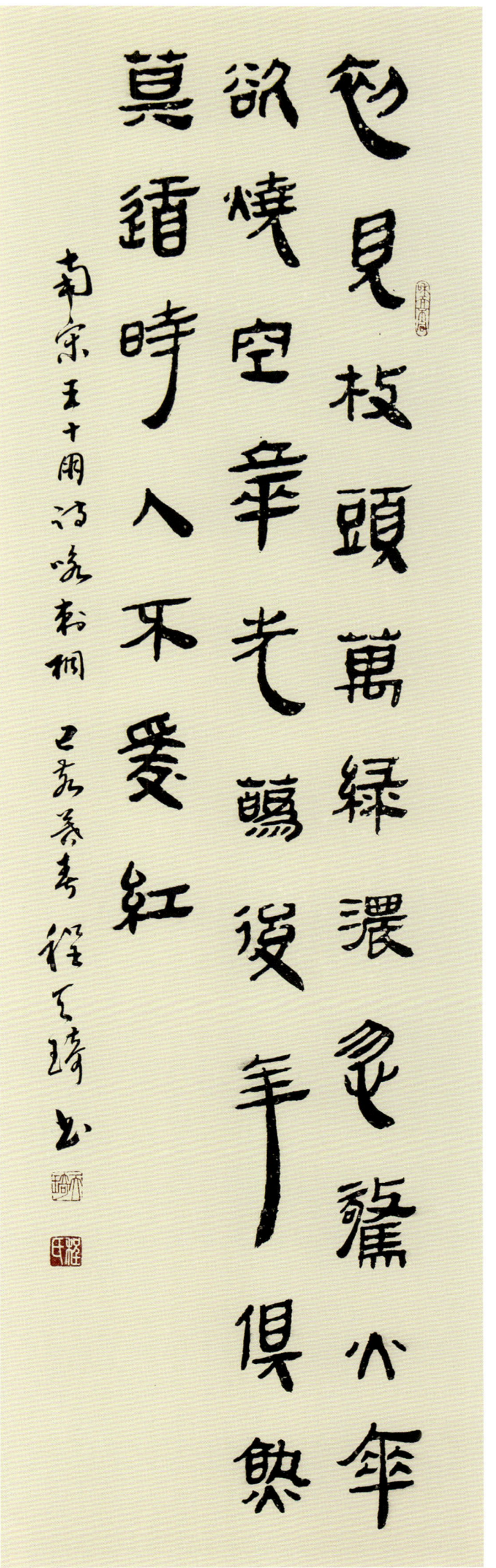

咏刺桐 诗 王十朋／书法 程天琦

吉祥泉州 泉州高铁站贵宾厅壁画 郭宁 王绍昌 戴毅强

开元双塔
黄福强

巍峨庙宇好优游，
乐伎飞天互唱酬。
一片刺桐红胜火，
东西双塔耀泉州。

双塔擎天 篆刻 林飞煌

开元寺·桑莲法界　水彩　蔡鑫

　　开元寺是宋元时期泉州规模最大、官方地位最突出的佛教寺院，其寺院经济及多元文化遗迹反映出宋元海洋贸易带给泉州的经济繁荣和文化共存特征，与寺院关联的割据政权统治者、宋元官方、僧侣、地方大族等人群对宋元社会经济和海洋贸易具有重要贡献。

中国最古老的桑树——开元寺内的千年古桑

念奴娇·刺桐花
黄福强

刺桐郡南城北,记桐花万朵,点燃春色。妆就香霞惊灼眼,娇艳如何消得。绿早红迟,丰年瑞兆,千载争怜惜。浅斟低唱,耗磨多少诗客。

欲问解语谁人,六庵清藻,读之闲愁集。怅只今窗前屋后,难觅旧时踪迹。梦里销魂,枝头弄影,总是斜阳陌。宜多栽植,殷殷堪慰游屐。

刺桐花艳 光明之城
篆刻 周悌

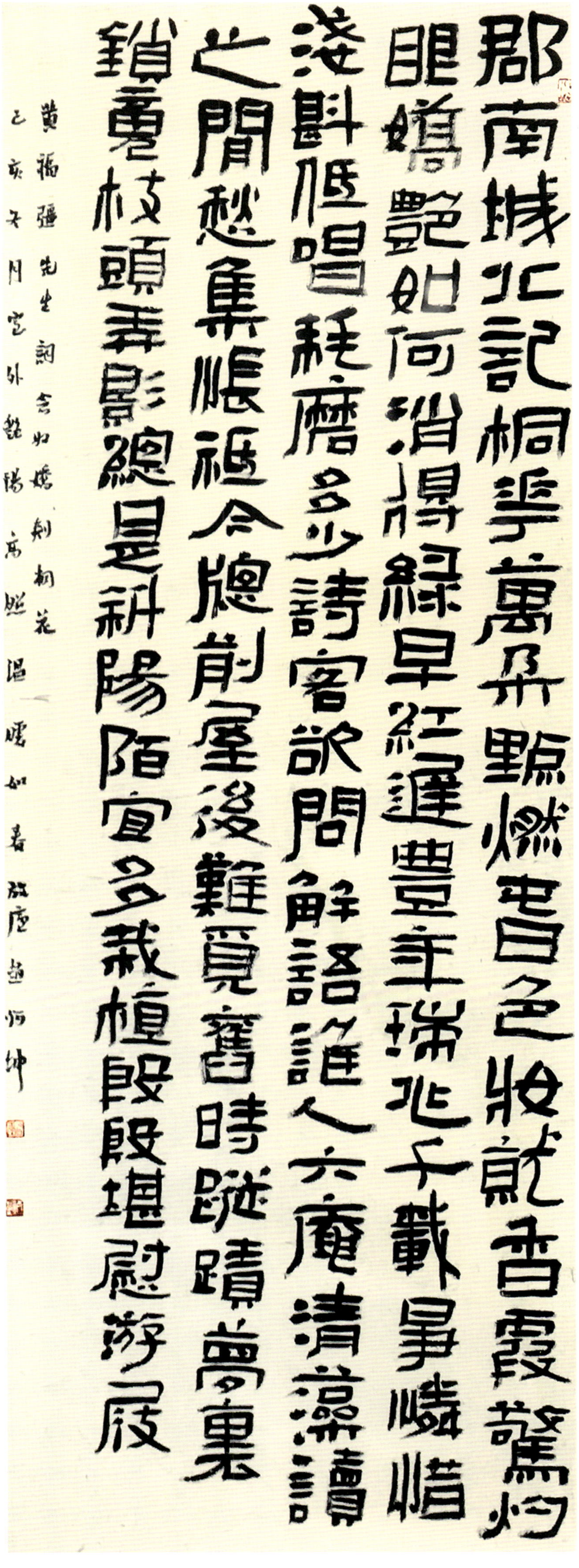

念奴娇·刺桐花 词 黄福强 / 书法 赵炳坤

泉州九日山　摄影　成冬冬

　　九日山，为泉州清源山支脉，是泉州文化的发祥地，也是历代泉州城郊的风景胜地。九日山祈风石刻是一组记载了宋代在泉州负责海外贸易管理的国家专员、地方官以及皇室成员等为海外贸易商舶举行祈风仪式的摩崖石刻。

泉州石狮市万寿塔

　　万寿塔是商船抵达泉州港的地标，也是镇守海口、护佑商旅的精神寄托，其望夫成石的传说承载了泉州民众对海洋贸易的历史记忆。

泉州府文庙　摄影　江义民

泉州府文庙是古代官方纪念和祭祀儒家思想创始人孔子的场所，是古代泉州最高等级的教育机构，是泉州社会精英群体的象征，这些社会精英对宋元海洋贸易的推动和管理发挥了重要作用。

泉州真武庙

真武庙位于泉州城东部石头山麓的晋江北岸，是宋元时期祭祀真武大帝的道教庙宇，也是古法石港的重要地标。这里是泉州官员祭海的场所，体现了政府对海洋贸易的鼓励与推动。

中国现存最古老、最完好的伊斯兰圣迹——泉州清净寺　摄影　林丕鼎

　　清净寺是泉州古城商业性城区中的伊斯兰教寺院,是宋元时期跨越重洋来泉州营商的波斯、阿拉伯等地穆斯林商人及其族群的珍稀物证。它见证了10至14世纪泉州海洋贸易繁荣时期,中国与阿拉伯地区间密切的经济与文化交流。

泉州清净寺　国画　薛建础

清净寺
陈泗东

迢递万水接天方，
雨楫风樯史话长。
清净寺虽基北宋，
古兰经已播初唐。
穹庐饶有麦加意，
藻井犹参华夏装。
文化交流稽往事，
中阿友谊足赓扬。

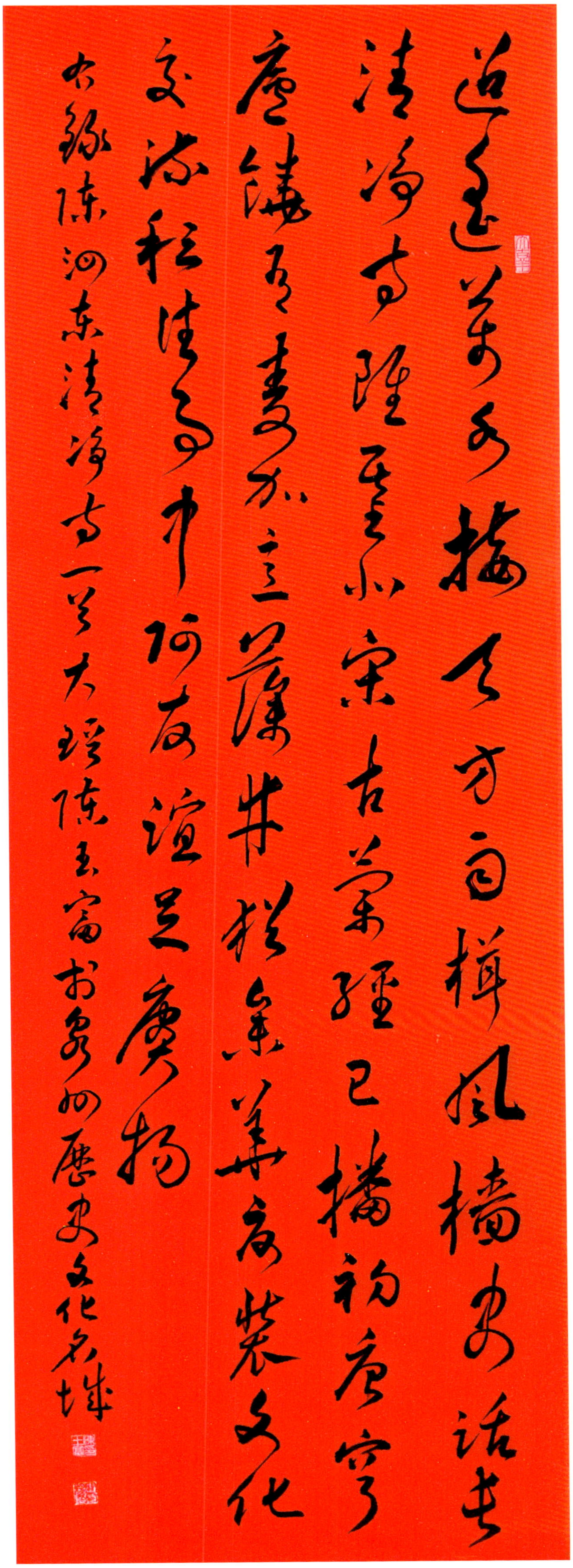

清净寺 诗 陈泗东／书法 陈玉富

泉州江口码头　摄影　成冬冬

　　江口码头位于泉州古城东南的晋江北岸，是连接古城的水陆转运节点，与真武庙同为泉州城郊的重要内港"法石港"的遗存，反映了内港码头的功能构成和使用方式。它与石湖码头、六胜塔、万寿塔等共同体现了宋元泉州由内港码头、外港码头、航标塔等共同构成的河海运输网络。

泉州天后宫　摄影　陈铭福

　　天后宫位于泉州古城南端，南临晋江及沿岸港口，是祭祀泉州海神妈祖的庙宇，也是世界范围妈祖信仰的重要传播中心之一。天后宫见证了妈祖信仰伴随海洋贸易的形成和发展历程。

泉州市舶司遗址

泉州市舶司遗址位于泉州古城罗城的镇南门外、翼城的南熏门内。泉州市舶司是宋元国家政权设置在泉州管理海洋贸易事务的行政机构，其设置标志着泉州正式成为开放的国家对外贸易口岸，对宋元泉州的经济繁荣、文化交流以及海洋贸易各参与方的共同发展有至关重要的意义。

泉州南外宗正司

南外宗正司是南宋建炎年间对迁居泉州的皇族群体进行管理的机构。这一群体是泉州世界性多元社群中具有影响力的组成部分，他们不仅提升了泉州的消费能力，还积极参与海洋贸易。南外宗正司的设置进一步强化了国家政权对泉州海洋贸易的推动，体现了强有力的官方管理保障。

泉州顺济桥遗址

顺济桥位于泉州古城南门德济门外，横跨晋江两岸，以临近顺济庙（天后宫）而得名。顺济桥是伴随海洋贸易发展而建设的出入古城商业区的主要通道，完善了泉州的水陆转运系统，它使晋江南岸广大地区与泉州城紧密联系在一起。

泉州安溪草埔冶铁遗址

安溪青阳下草埔冶铁遗址是宋元时期泉州冶铁手工业的珍贵见证，与泉州的陶瓷生产基地共同显示出宋元泉州强大的产业能力和贸易输出能力。

泉州磁灶窑址

磁灶窑址（金交椅山窑址）是宋元时期泉州城郊外销瓷窑址的杰出代表，反映了泉州以外贸手工业为显著特点的产业结构，其生产体系和生产规模展现了世界海洋商贸中心强大的基础产业能力和贸易输出能力。

德化窑址（尾林-内坂窑址、屈斗宫窑址）是宋元时期泉州内陆地区外销瓷窑址的杰出代表，其兴起受益于宋元泉州海洋贸易的繁荣，在发展过程中创烧出独特的白瓷产品，显示出海洋贸易推动下泉州本地制瓷产业的创新和发展。

泉州德化窑址

德济门遗址是宋元泉州城的南门遗址，记录了宋元泉州城市向南部拓展的历史。德济门及与之相连的翼城，是进入城市南部商业区的交通要道。

泉州德济门遗址

伊斯兰教圣墓位于泉州城东门外2千米的灵山南麓，这里原可望见晋江入海口的来往船只，是泉州伊斯兰教的重要史迹，与清净寺共同见证了穆斯林商人及其族群在泉州的活动，反映了宋元泉州多元文化的交往与融合。

泉州伊斯兰教圣墓

清源集锦　国画　李硕聊

清水岩云烟　国画　王兆琴

咏泉州

郭沫若

刺桐花谢刺桐城，
法界桑莲接大瀛。
石塔双擎天浩浩，
香炉独剩铁铮铮。
亚非自古多兄弟，
唐宋以来有会盟。
收复台澎今又届，
乘风破浪待群英。

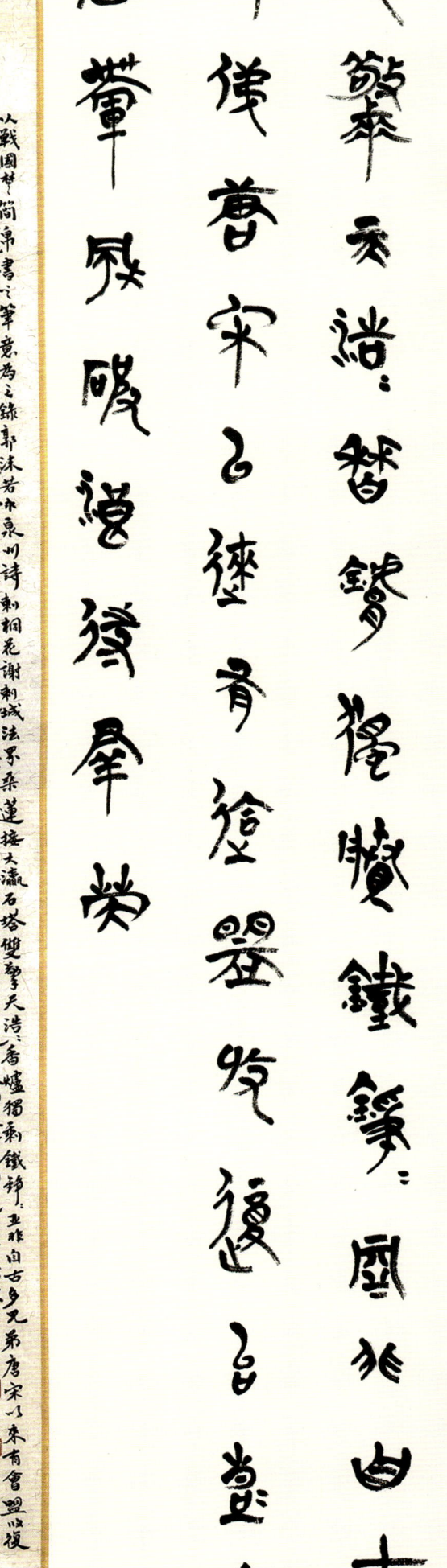

咏泉州 诗 郭沫若／书法 陈秀玉

到泉州
梁披云

走马看花一日程,
清源紫帽赏新晴。
笋江月色秋逾好,
双塔千年老气横。

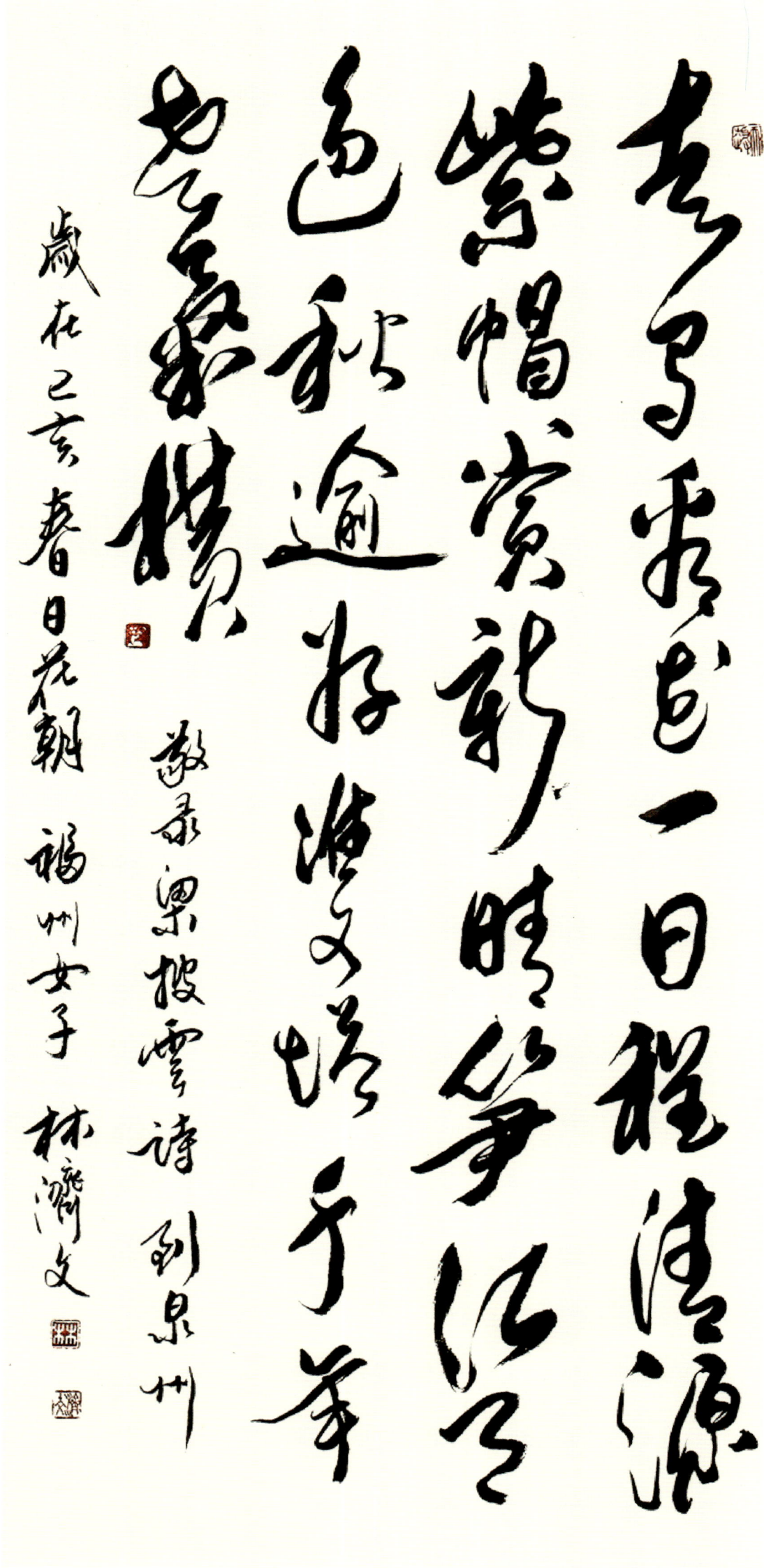

到泉州 诗 梁披云 / 书法 林济文

泉州承天寺主殿　摄影　吴达平

泉州承天寺位于市中心南俊巷，又名月台寺，南唐保大末年至中兴初年（957—958）建寺，历代屡经重修，与开元寺、崇福寺并称泉州三大丛林，有"一尘不染""梅石生香"等奇景，为五代十国时期清源军节度使留从效的南花园。

崇福寺应庚塔　摄影　郑景勋

泉州崇福寺　摄影　黄卿洲

泉州崇福寺位于鲤城区崇福路，初名千佛庵，后改名崇胜寺、洪钟寺、崇福寺，与开元寺、承天寺并称为泉州三大丛林，1982年被福建省政府定为第二批省级文物保护单位。崇福寺是泉州少林寺废后传授少林武功的又一寺院。重修后大雄宝殿的风格保持明代规制，有应庚塔、千人鼎、大洪钟崇福寺"镇山三宝"。大洪钟，铸于明初，声音洪亮，"崇福晚钟"为泉州八景之一。应庚塔建于北宋乾德初，位于藏经阁北侧。传说此塔有"应利敬斜"之灵，斜向何方，该方便五谷丰登，六畜兴旺，故名"应庚"。

市井十洲人　漆壁画　陈立德

桂枝香·海丝起点泉州
王仁山

华灯夜煜。引域外荇朋，丝路新续。自是山川形胜，画图难足。雄州气度赓唐宋，献南音、鹿鸣清曲。彩楼云涌，虹桥辐辏，蜡梅芳馥。忆曩昔、番商竞逐。

有聚宝长街，盈户珠玉。一度江荒舶逝，但余孤鹜。东方大港当恢复，看梯航、千百舻舳。节逢春淑，龙门腾鲤，海生初旭。

海丝涛声　篆刻　陈荣嘉

泉州元宵之夜

睇灯 国画 陈登标

泉州元夜（二首）
赵朴初

放大光明双宋塔，
花灯如海竞新奇。
平生看遍鱼龙戏，
不及今年元夜时。

管弦和雅听南音，
唐宋渊源大可寻。
不意友声来海外，
喜逢佳节又逢亲。

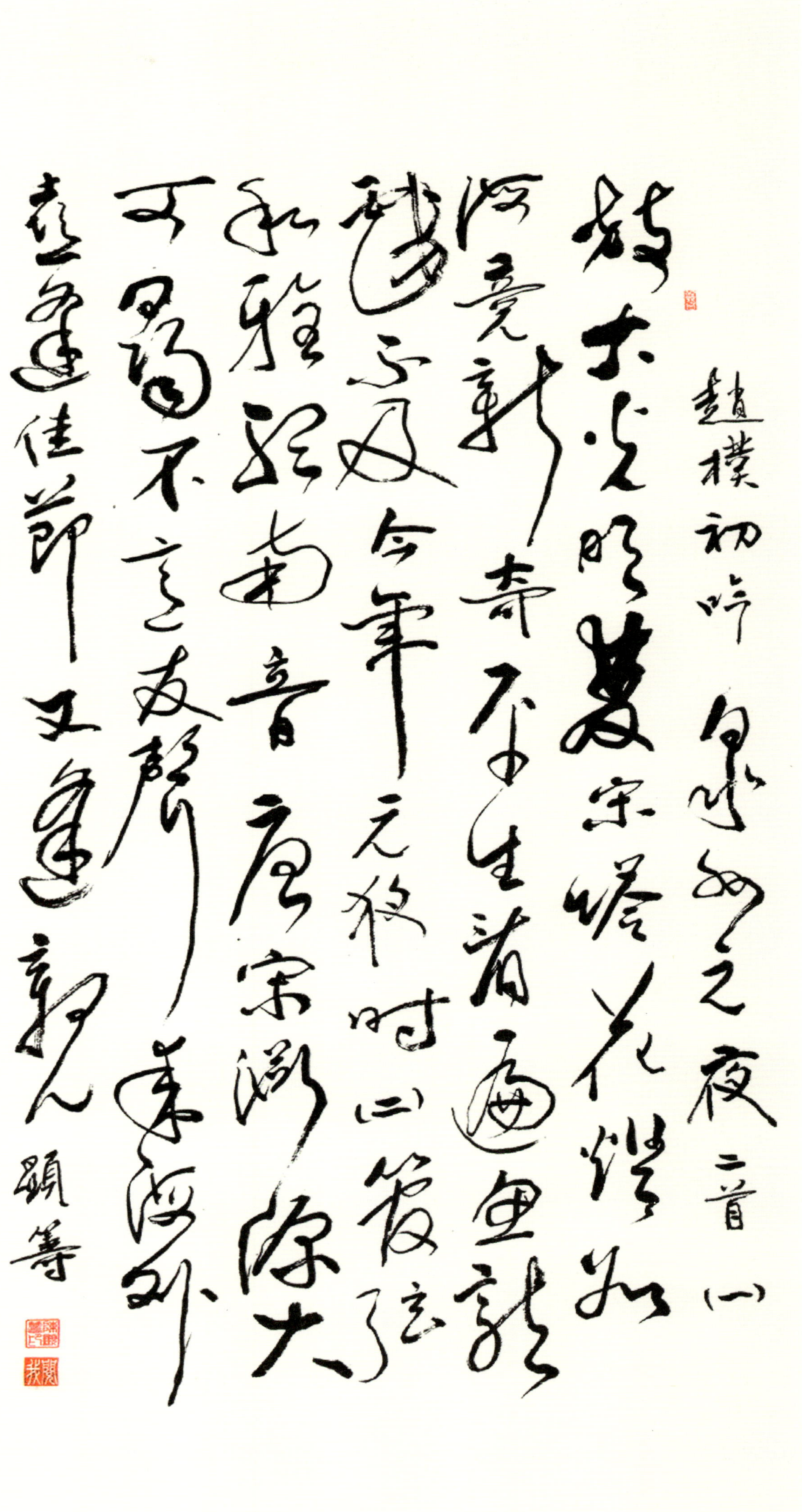

泉州元夜　诗　赵朴初 / 书法　陈显畴

丝路之情　摄影　王暾晖

中国最早的三世佛石像——喇嘛教三世佛造像

"三世佛"是13世纪以来喇嘛教佛堂中所供奉的主要佛像。泉州"三世佛"造像为元代泉州路监临官达鲁花赤河沙于至元二十九年（1292）选崖而雕并筑殿崇奉。

清源山老君岩 诗 陈金春／书法 肖济通

清源山老君岩

陈金春

千年稳坐清源麓，阅尽人间苦乐情。

道法自然含哲理，无为而治意深宏。

老君岩造像是道家学说创始人老子的石雕像，也是中国现存最大的道教石雕造像。这一巨大的石雕像是宋代泉州官方主流意识形态的象征，也反映出世界海洋商贸中心多元、活跃的文化特征和港口的繁荣成就。

老君岩 油画 江和

泉州钟楼　摄影　林海峰

泉州钟楼，东亚文化之都泉州的中心地标，始建于民国23年（1934），主体以西洋风格建造又融合闽南风格，是福建省首屈一指的标志性建筑之一。

泉州城雕——飞天迎宾　摄影　郑景勋

泉州城雕塑有8尊"妙音仙女"铜像，柱体下有圆形水池和喷泉，四周花草环绕。"妙音仙女"铜像源自开元寺大雄宝殿飞天乐伎。

泉州市海峡体育馆

泉州晋江机场

　　泉州晋江国际机场为 4D 级机场。机场始建于 1955 年 2 月,命名为"晋江机场";2014 年 11 月 11 日更名为"泉州晋江国际机场"。截至 2020 年 3 月,泉州晋江国际机场拥有一条长为 2600 米的跑道和一条长为 2600 米平行滑道,29 个停机位,航站楼面积 58293 平方米,设 13 座登机桥廊。除国内航线外还开通菲律宾、新加坡、印尼等航线。

泉州威远楼　摄影　董介鼎

泉州动车站

泉州市民广场　摄影　黄国炎

泉州市民广场位于山海轴线中部，包括城市规划建设与成就展示馆（用地面积39.3亩）、东海工人文化宫（泉州市会堂）（用地面积约39.4亩）、泉州歌剧院（用地面积16亩）和泉州图书馆（用地面积约35亩）等四幢公共文化建筑，总建筑面积约16万平方米。此所在地为泉州市地标性的公共建筑，泉州的现代城市新形象。配套建有行政管理服务中心、市民广场、传媒广场、商务广场。

泉域七都
方成义

温陵七都誉八闽,晋履穿邦走天下。
石垒南海御倭寇,茶辞安溪逛西洋。
惠女雕石听南音,德瓷北上出国门。
衣冠雄狮舞东风,香溢永春供九洲。

青山绿水　生态文明
篆刻　林圣团

田安大桥 摄影 肖新文

城市圣火（泉州市） 摄影 蔡金宝

临漳门夜景 摄影 蔡婉如

临漳门夜景 摄影 蔡婉如

泉州中山路骑楼一角　摄影　陈铭福

　　泉州中山街可以追溯到唐代，当时它是连接泉山门（今中山公园）和崇阳门（今花巷口）的一条主要街道。唐朝末期，泉州扩城，中山路的南端延伸到今天的涂门街附近。宋代中山街再次延长，向北到了朝天门（今环城路），往南至德济门，全长约2.5千米，基本形成现在的规模。民国期间，泉州府以"中山路"命名了这条街。

　　中山街是在20世纪初兴旺发达起来的。在南洋发了财的许多华侨将资金注入中山街的商铺，这条街便渐渐成长为繁华的商业街。

　　泉州府文庙泮宫始建于北宋大观三年（1109），是泉州府文庙建筑群主要附属建筑之一，泉州府文庙泮宫是古代高等学校，《礼记·王制》中有"大学在郊，天子曰辟雍，诸侯曰泮宫"的说法。泉州府文庙泮宫又称"圣贤门"或"庚门"，"泮宫"二字书法来自泉州最后一位状元吴鲁。

泉州府文庙泮宫　摄影　郑景勋

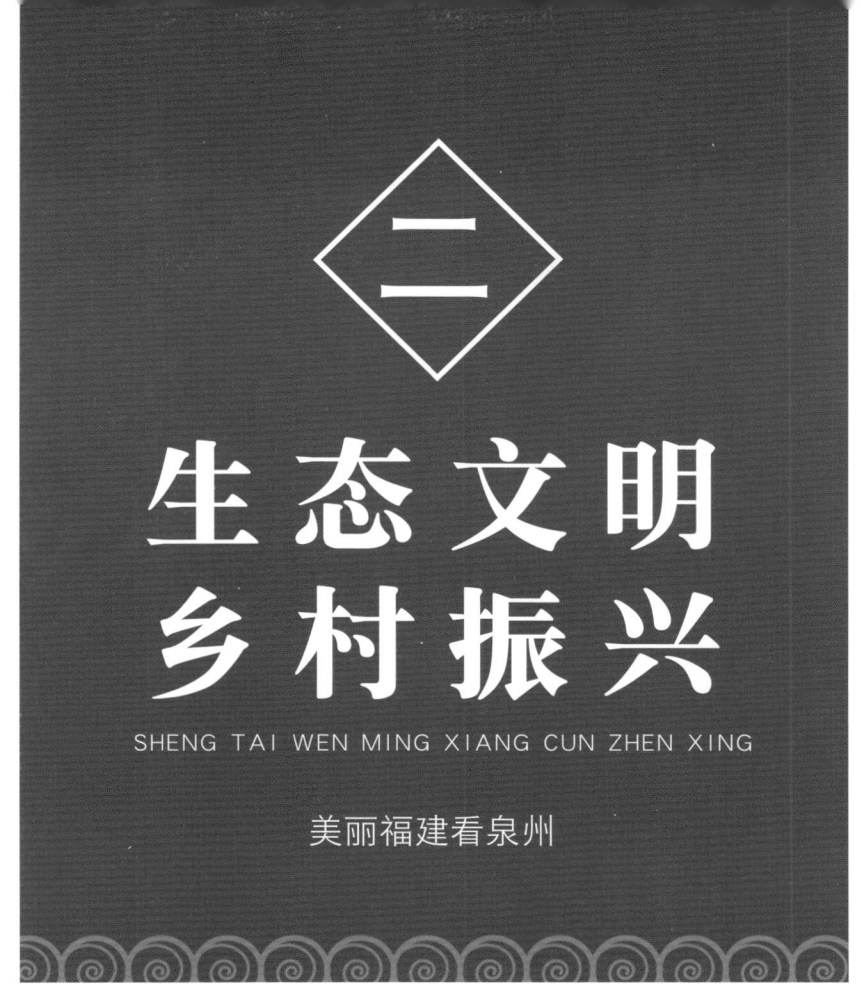

二 生态文明 乡村振兴

SHENG TAI WEN MING XIANG CUN ZHEN XING

美丽福建看泉州

泉州地处低纬度，依山临海，属亚热带海洋性季风气候。气候温和，四季如春，有"四序有花长见雨，一冬无雪却闻雷"之誉，因此泉州又称温陵，是个宜居的好地方，境内晋水名山，山清水秀，空气清新，景色宜人，有新旧十八之美景。无怪乎古今不少名人惊呼："莫被刺桐迷"，而却又喜欢上泉州，流连忘返，愿意长住于此，如九日山高士峰的诗人秦系、姜相峰的退隐宰相姜相，还有长期挂锡泉州的高僧弘一大师等。

除了名胜古迹、山水景观，在革命斗争的日子里，中共泉州地下党组织作出了艰苦卓绝的贡献，安永德不少地方成了红色的摇篮，留下不少革命遗迹，供人瞻仰。泉州还有奇异的民族服饰，十分引人注目，浔埔女、惠东女是摄影家们追逐的目标。泉州还是个美食之乡，众多美食不仅滋养着泉州人，还吸引着四方食客。泉州交通相当发达，有全国第三长的跨海大桥，有众多航线的泉州晋江机场，还有动车站、高速公路，旅游十分便利，是我国的优秀旅游城市之一。

多年来泉州重视开展城乡一体化建设，城市空间发展模式由"沿江发展"向"环湾面海"转型，环湾核心区现已初具雏形。因地理条件优越，著名侨乡，爱国华侨对家乡的关心支持，加上泉州人爱拼敢赢，这里成了一个得天独厚的生态宜居区。

全市绿化覆盖率43.2%，森林覆盖率58.7%，全市城市生活无害化处理率98%以上，城市污水处理率达91%以上。荣获全国创建文明城市工作先进城市、国际花园城市、国家园林城市和国家卫生城市。

泉州按照"村庄秀美，环境优化，生活甜美，社会和美"建设宜居、宜业、宜游的美丽乡村目标，努力把广大农村建设成更加优美、更加和谐、更加幸福的生态家园。如泉州石狮永宁的前埔村、晋江磁灶的大浦村和东石的梅塘村、南安的观山村和梅山村、永春的大羽村和北溪村、德化的佛岭村、南埕村和湖坂村、安溪的上智村和宝山村、惠安的大岞村和山霞村、洛江的炉田村、泉港的沙格村等都是合格的美丽乡村，有的甚至列入全国乡村"旅游模范村"和"中国最美休闲村"。

我们国家始终是农业大国,还是要更加重视农业发展。无农不稳,在就业结构里始终不能忘了农业这一环。

——一九九五年时任福建省委副书记习近平到晋江调研时对农业发展作出指示

书法 黄贤模

满庭芳·清源山 词/书法 何泽中

满庭芳·清源山
何泽中

紫气东来,春风浩荡,草木含翠峥嵘。物随行景,蝶鸟逐花明。髯叟榕荫百载,和崖壮,石像天成。清源梦,无形大象,桃李尽芳馨。　　碧霄霞似锦,瑞泉若涌,银瀑如倾。飘渺三峰隐,高处云屏。丽日满天风净,抬望眼,一海船行。丝绸路,曾经起始,不绝弄潮声。

泉州十八景点

清源山

天后宫主殿 摄影 潘泽涵

安平桥 摄影 黄慰洲

开元寺 摄影 吕良珊

清净寺 摄影 郑景勋

洛阳桥 摄影 江义民

府文庙 摄影 吴达平

蔡氏古民居 摄影 洪丽萍

仙公山 摄影 潘泽涵

崇武古城　摄影　林致凡

西湖公园

德化岱仙瀑布

清水岩　摄影　刘友良　　　　　　　　　　　　　东湖公园　摄影　黄卿洲

郑成功纪念馆　　　　　　　　　　　　　　　　　石狮黄金海岸

永春牛姆林　　　　　　　　　　　　　　　　　　深沪湾

安溪县城区一角 摄影 陈世荣

安溪县龙门镇洋坑村美丽田园 摄影 泉州市农业局提供

安溪新城一望收 国画 吴木榕

清源山与洛阳桥　国画　李硕卿

　　清源山国家重点风景区地处福建省东南部，晋江下游东北岸。因为山上泉眼诸多别称"泉山"，因山高入云称"齐云山"，位于城市北郊又称"北山"，山上有三峰亦称"三台山"。清源山国家重点风景区是泉州十八景之一，也是国家级重点风景名胜区，由清源山、九日山、灵山圣墓三大片区组成，总面积 62 平方公里。清源山景区以 36 洞天、18 胜景和老君岩、千手岩、弥陀岩、碧霄岩、瑞象岩、虎乳泉、南台岩、清源洞、赐恩岩等闻名于世。

　　洛阳桥，曾用名"万安桥"，泉州市境内连接台商投资区和洛江区的一座桥梁，位于洛阳江水道之上，是著名的跨海梁式大石桥，素有"海内第一桥"之誉，是古代"四大名桥"之一。宋庆历年间（1041—1048），在洛阳江修建浮桥，常被风浪冲垮；宋皇祐五年（1053），泉州太守蔡襄主持洛阳桥建桥工程；嘉祐四年（1059），前后历六年之久，建成了这座跨江接海的大石桥；民国 21 年（1932），洛阳桥改建为钢筋混凝土桥面；民国 27 年（1938），洛阳桥被日本飞机炸毁；1962 年，洛阳桥进行维修；1963 年 4 月，洛阳桥维修完成通车；1993 年，洛阳桥进行全面修建；1996 年 10 月，洛阳桥恢复古桥旧貌，开放通行。

咏清源山
宋·钱熙

巍峨堆压郡城阴，
秀出天涯几万寻。
翠影倒时吞半郭，
岚光凝处滴疏林。

清源毓秀
篆刻 林炜平

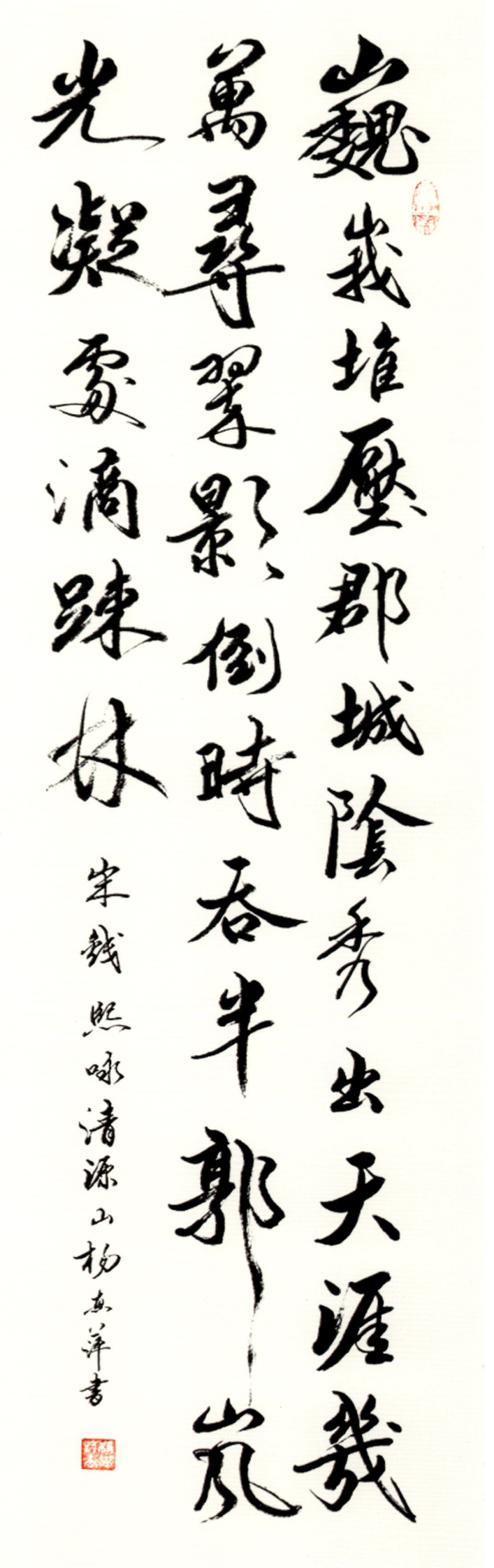

咏清源山 诗 钱熙／书法 杨惠萍

清源胜景　国画　李克朗

清源胜景——泉州高铁站贵宾厅壁　国画　黄坚

登南台岩
唐·韩偓

无奈离肠日九回，
强抟怀抱立高台。
中华地向城边尽，
外国云从岛上来。
四序有花长见雨，
一冬无雪却闻雷。
日宫紫气生冠冕，
试望扶桑病眼开。

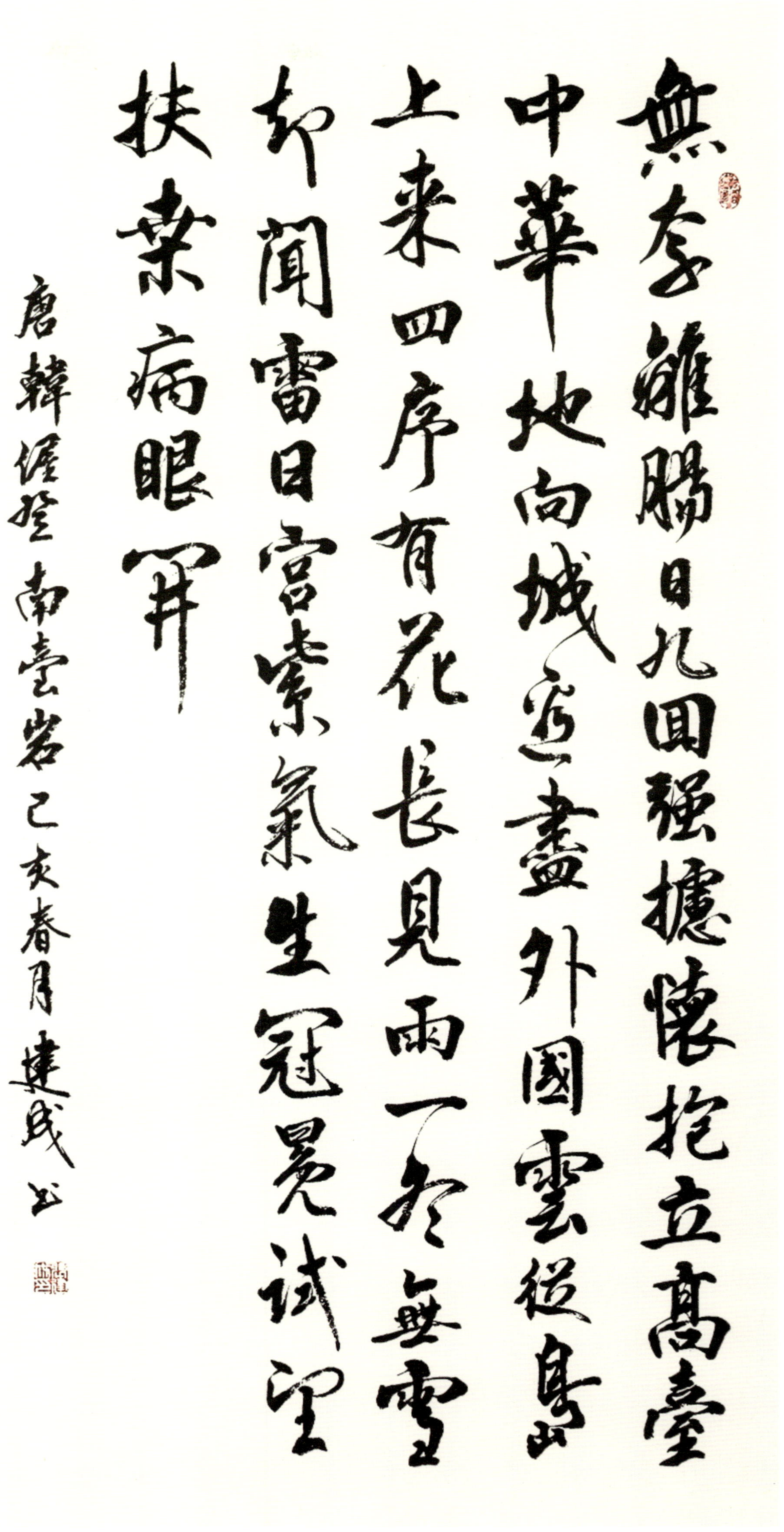

登南台岩 诗 韩偓／书法 张建成

石狮中骏黄金海岸美　诗　肖守华／书法　朱其谈

石狮中骏黄金海岸美
肖守华

长空悬耀紫金丹，一色连天丽壮观。
莽莽林源青柳絮，粼粼海岸白沙滩。
帆高浪急无穷景，民俗风情亦乐欢。
四季长春仙境度，晚年福享养心宽。

海天浩渺古城新姿　国画　黄坚

黄金海岸之一　摄影　李侃如

黄金海岸之二　摄影　李侃如

九仙云海　摄影　洪丽萍

九仙山麓 国画 黄达德

石州慢·游九日山感赋
王仁山

梅雨初收，岚翠又新，山雀迎客。林中孤寺疏钟，岭半双亭飞翼。攀萝拾级，一眺浩渺江天，白云苍狗驹过隙。剩有众摩崖，记悠悠文脉。

漫忆，秦君深隐，姜相偏居，共偷闲适。社稷难忘，叵奈当途荆棘。狎鸥垂钓，免与击楫中流，覆舟何似栖岩室。石佛自跏趺，任灯燃灯熄。

致九日山
林德冠

在漫长的岁月里
你被历史的烟尘掩盖
一副沉郁的面容
摩崖石刻
在青苔下欲哭无泪
连山中蕴藏的九颗太阳
也失去了光彩
噩梦消失是清晨
在春日金辉的轻抚下
峻峰，峭壁甦醒了
白云出岫
崖崖生色
——古径中有青春
石刻上生灵气
你露出崭新的笑颜
这里，那里
挽起新绿片片

九仙山 国画 杨兆震

泉州九日山石刻

洛江温室蔬菜

泉州洛江区家风建设感赋　诗 陈汉民／书法 李祥桂

泉州洛江区家风建设感赋
陈汉民

家风端正启儿孙，
奉伺双亲报养恩。
节俭辛劳勤砺志，
谦恭诚信善良心。
同根兄弟互帮进，
并蒂夫妻相爱深。
美德传承长焕彩，
和谐社会万年春。

九仙佛光　摄影　洪丽萍

永春呈祥乡　摄影　郑世祥

永春雪山岩晨曦　摄影　方鼎

德化岱仙飞瀑　国画　张新民　陈桂才

温柔的"龙泉圣水"
——闽南英都名刹宝湖岩游感

许步书

寒冬一日
游宝湖岩
临寺，一线玉带
从岩缝龙头飘下
像佛语，声声朗朗
似梵香，袅袅长长
有人品尝，说：
大山母亲的乳汁
我也想与人同乐
风吹过
泉水流畅濯洗我的心上
仿佛是梦回到孩提时代
偎依在慈母温柔的胸怀
感受着多情的关爱

龙水新姿　国画　薛光亮

永春仙夹镇——秋分图　摄影　泉州市农业局提供

聚龙揽胜图　国画　王世章

赞晋江深沪湾自然保护区
肖守华

峥嵘岁月历蹉跎，
生态平衡谱曲歌。
沧屿风和查海蚀，
碧津地貌探蜂窝。
港湾改土栽花木，
堤岸扶滩养蛎螺。
科学资源综合治，
千秋功业壮山河。

赞晋江深沪湾自然保护区　诗　肖守华／书法　林永正

永春牛姆林

方成义

拨开牛姆林繁枝
寻觅植物天堂
在蜿蜒根脉的小路
跌跌撞撞
听到一片片阳光的木香

高高的水松
珍稀的针萼木
长成一片浓荫
遮住了视线
沟沟壑壑
看到一阵阵潮湿的清风

南亚雨林与中亚绿阔叶林的
交姻
躲出葱茏的幽绿
走进草木世界
迷迷茫茫
摸到从高树垂下的一根根甜
蜜的情爱

蝴蝶泉的瀑布
头上的鸟鸣
与心中的歌交响
晕晕眩眩
闻到响彻牛姆林天籁的琴声

岱仙瀑布　国画　黄坚

泉州市美丽乡村建设目标 书法 余端照

按照村庄秀美,环境优美,生活甜美,社会和美的要求,建设宜居宜业宜游的美丽乡村。

横跨晋江三桥　摄影　张秋琼

闽南黄金海岸　摄影　刘友良

泉州经典美食——崇武鱼卷

泉州经典美食——安海土笋冻

泉州经典美食——面线糊

泉州经典美食——深沪水丸

泉州经典美食——泉州醋肉

泉州经典美食——石狮甜粿

泉州经典美食——永春榜舍龟

泉州经典美食——泉州蚵煎

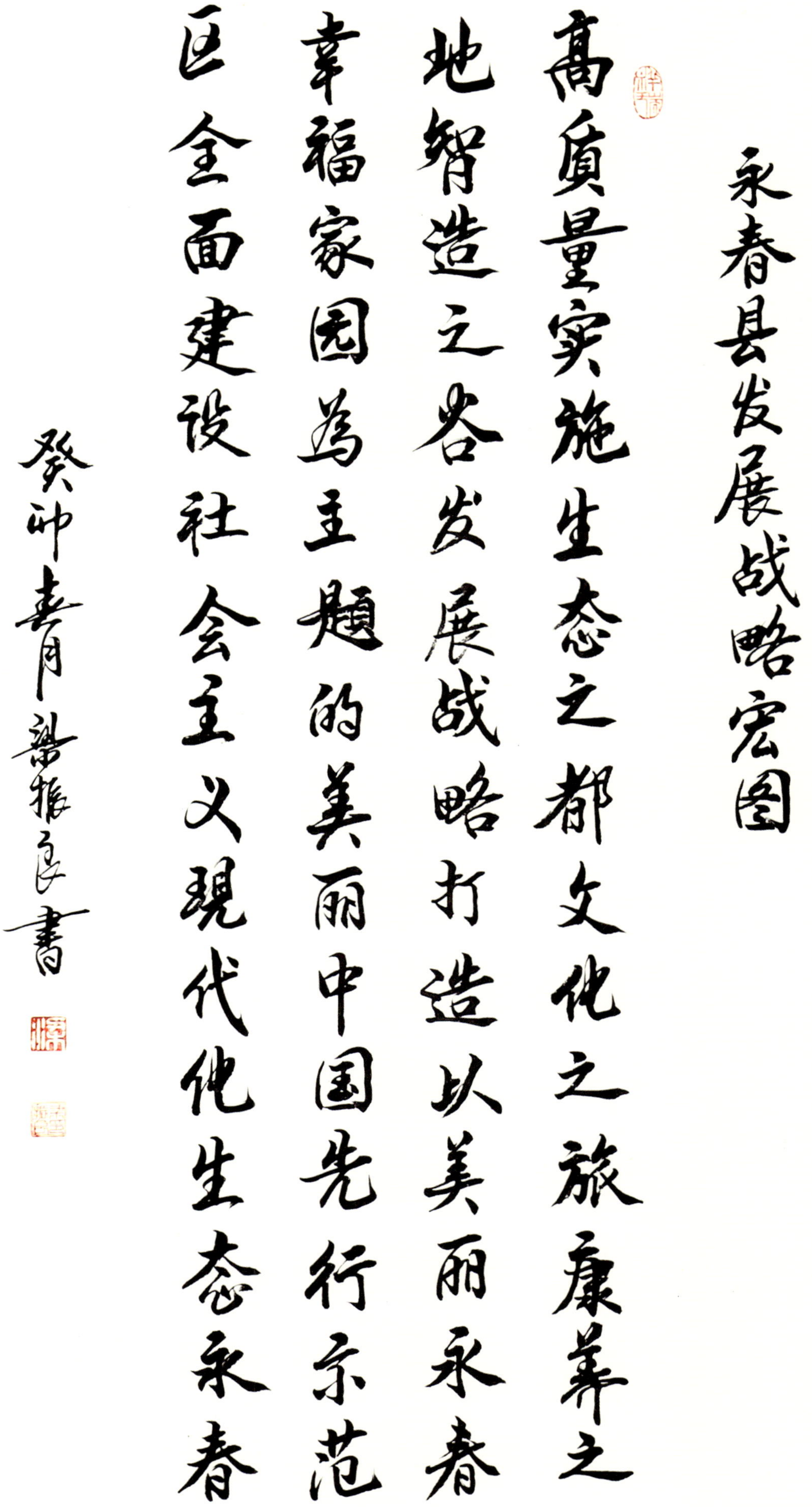

永春县发展战略宏图

高质量实施生态之都文化之旅康养之地智造之谷发展战略打造以美丽永春幸福家园为主题的美丽中国先行示范区全面建设社会主义现代化生态永春

癸卯春梁振良书

高质量实施"生态之都,文化之旅,康养之地,智造之谷"发展战略,打造以"美丽永春,幸福家园"为主题的美丽中国先行示范区,全面建设社会主义现代化生态永春。

永春县发展战略宏图　书法　梁振良

金山银水富千村　国画　唐世泉

美丽的荔枝园　国画　薛光亮

永春县谱写绿色崛起新篇章

聚力产业转型夯实绿色崛起根基
聚力乡村振兴增添绿色崛起活力
聚力生态引领塑造绿色崛起品牌
聚力改革创新积蓄绿色崛起能量
聚力民生提档共享绿色崛起成果

岁次己亥年季冬 陈金榜 书

聚力产业转型夯实绿色崛起根基，聚力乡村振兴增添绿色崛起活力，聚力生态引领塑造绿色崛起品牌，聚力改革创新积蓄绿色崛起能量，聚力民生提档共享绿色崛起成果。

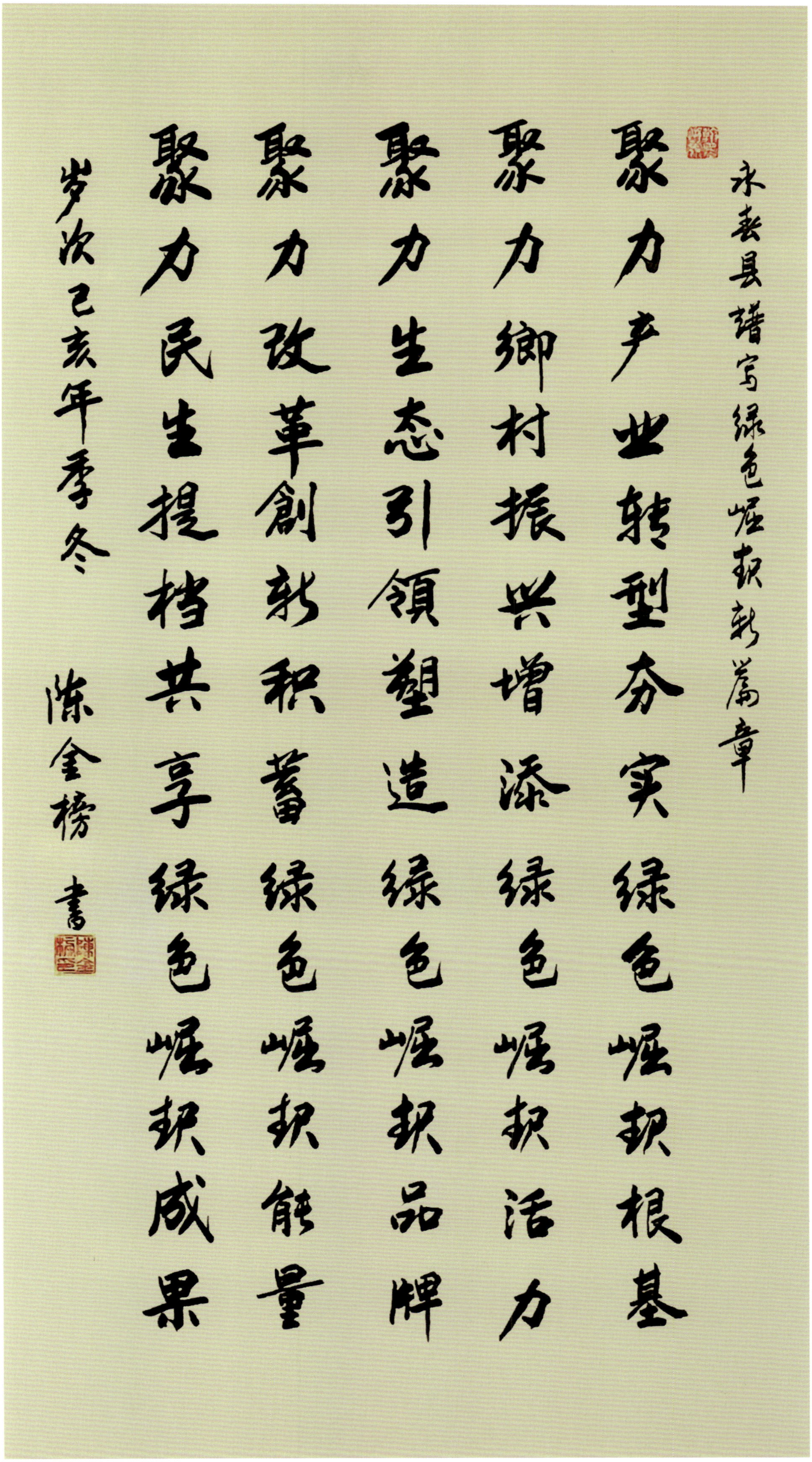

永春县谱写绿色崛起新篇章　书法　陈金榜

山乡新貌 国画 谢火狮

杨柳岸南星古韵　国画　吴木榕

永春县桃城镇南星村（组照）　摄影　陈世荣

　　田格里拉生态园位于洛江区河市镇新告村，是洛阳江支流源头，省级休闲农业示范基地，园内山清水秀空气清新，山泉木屋是人们生活的理想之地。

永春岵山荔枝林　摄影　洪丽萍

田格里拉生态园　国画　许步书

泉港区界山镇——涂岭镇种植大棚　摄影　泉州市农业局提供

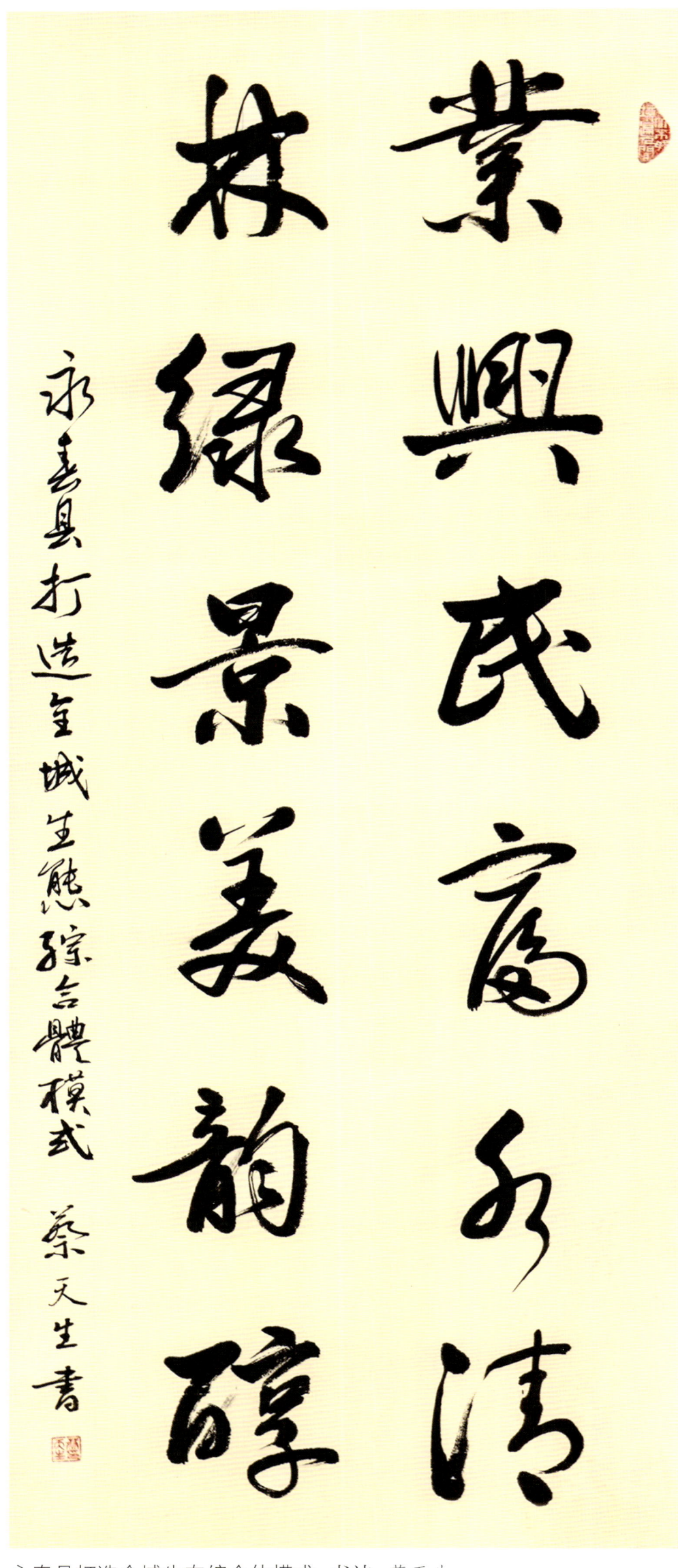

业兴民富水清 林绿景美韵醇

永春县打造全域生态综合体模式　书法　蔡天生

守护茶山生态，护好绿水青山

对责任区开展日常巡查做好林木林地保护

野生动植物，保护森林防火水流失治理，生态

茶园建设管理和矿区治理管护等工作。

安溪全面推行山长制 书法 林鸿津

安溪参内乡岩前山长制公示牌

安溪县云岭金色茶园　摄影　泉州市农业局提供

浔埔风情　国画　唐世泉

水调歌头·安溪行园
王仁山

香韵何从出？寻访入青山。但看山麓岚雾，霭霭漫畦园。见说观音梦赠，或道仕人移植，何用久衡铨。茶女沐风雨，力作最堪怜。

采青紧、做青急，每无眠。又逢客至，旋点活火煮岩泉。挽袖轻撩鬓鬟，敛衽端呈玉盏，一座气如兰。佳茗佳人集，后会拟来年。

除陋习,转观念,建机制,树新风。
——安溪县长坑村力倡移俗,树立文明新风,
让群众在乡村振兴中有更多获得感。

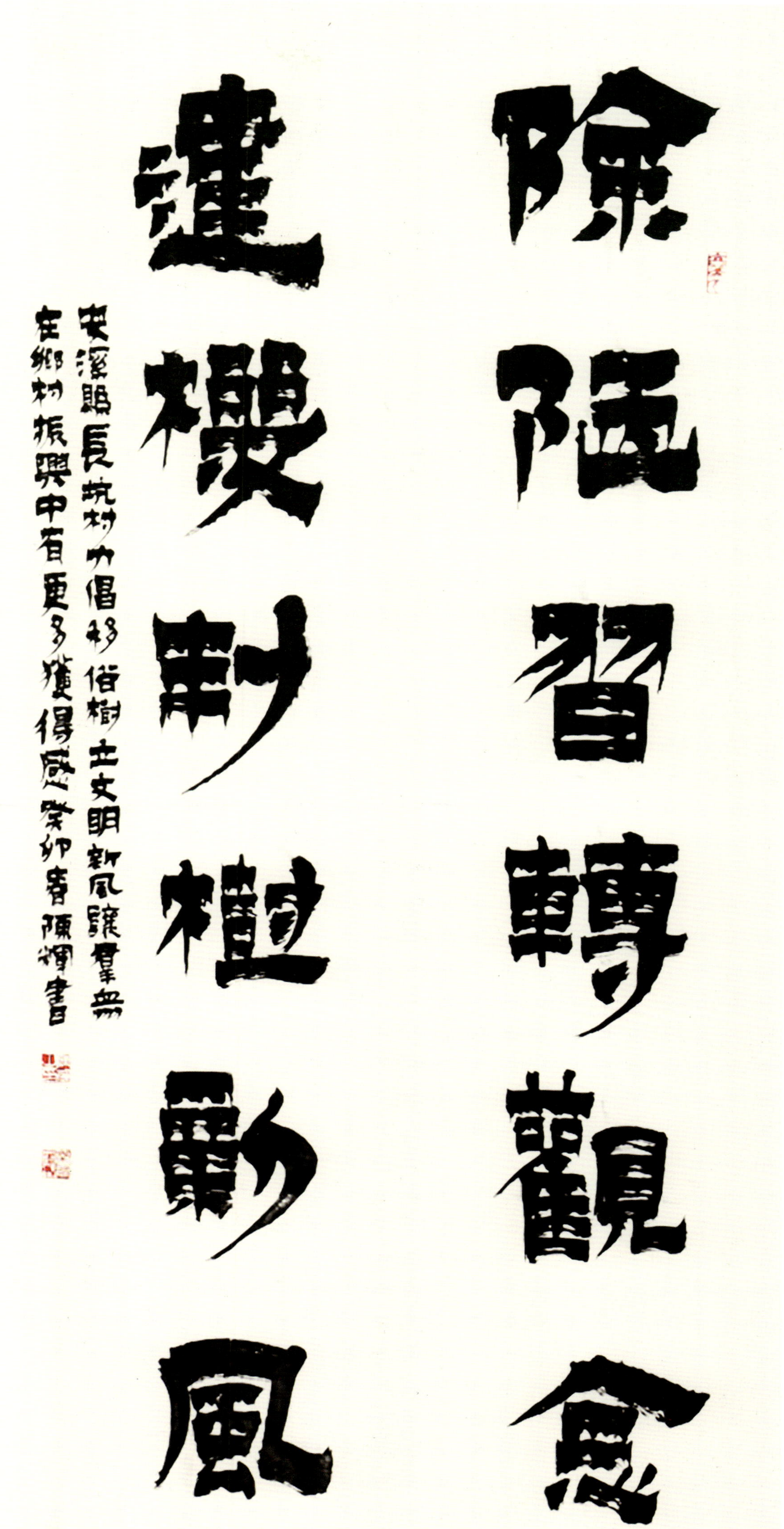

除陋习,转观念,建机制,树新风 书法 陈辉

深化林业改革,推进绿化美化,强化资源监管,注重修复保护,发展富民产业,努力实现林业生态高颜值,林业产业高素质,林区群众高福祉,谱写泉州林业绚丽篇章。

泉州市林业改革发展战略目标要求　书法　林子利

惠安小岞风车岛　国画　潘兆耀

清源翠色吟
林德冠

彩色的阳光在枝头笑
彩色的和风在叶间游
一树又一树的新芽争相萌发
一枝又一枝的花蕾竞相怒放
夏日的清源一派生机勃发
尽情地袒露内心的奇秀瑰丽

山是那样绿，天是这样蓝，
每一片花瓣都在阳光下撒欢
每一片树叶都在风中抖擞
枝枝相倚，叶叶相扶
都在各自位置上自由地成长
不同科目属却构成奇特的和睦世界
那么融洽，又是那么和谐

于是，清源风姿更拥有非凡气度
翠色从点到面流动，组成新鲜层次的画面
我听到每片叶子都在轻声弹唱
向蓝天抒怀，将怎样报答阳光的爱抚
我听到每枝花蕾都在倾吐情愫
向山野微笑，将怎样报答和风的吹拂

锦绣之中蕴含无限生机
和谐之中又各自纷呈把秀色舒展
上面是轻柔的云多彩的阳光
四周是大地的色彩斑斓
四十里清源是偌大的植物园
又多么像是悬挂在太阳和地球之间的花篮
装了太多太多人间的秀色
装了太多太多阳光的芬芳

山腰盐田 摄影 魏振贤

渔港晨曦

形影相随 摄影 唐军

渔家曲 摄影 郑美魁

风车岛 摄影 林致凡

浔埔游　诗　陈长辉／书法　黄中流

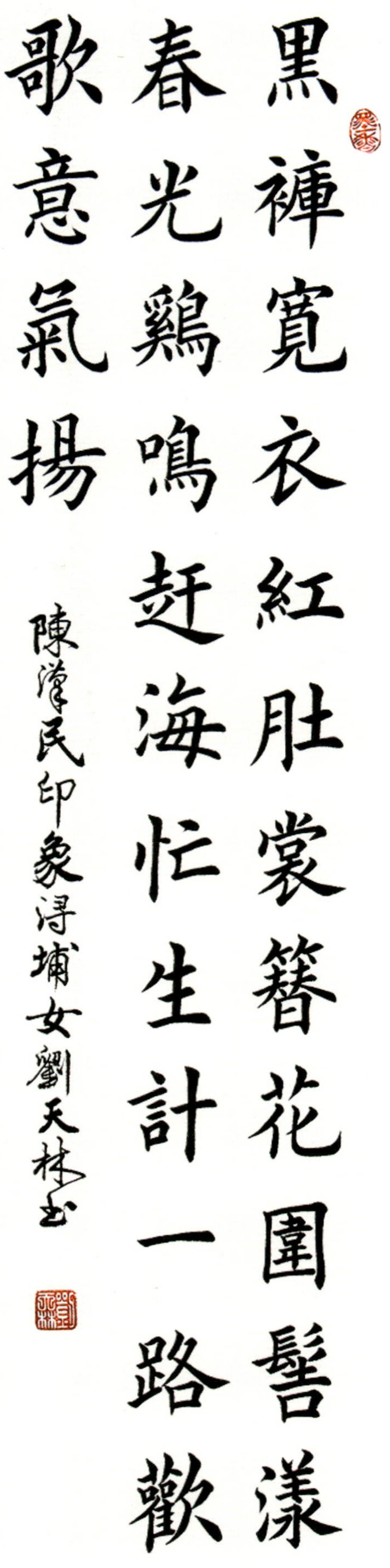

浔埔游
陈长辉

傍海临江尽入眸，蚵红蚝白誉泉州。
年年四季赢春色，老妇娇娃花满头。

印象浔埔女　诗　陈汉民／书法　刘天林

印象浔埔女
陈汉民

黑裤宽衣红肚裳，簪花围髻漾春光。
鸡鸣赶海忙生计，一路欢歌意气扬。

浔埔女民俗——挽脸　摄影　陈敬聪

小小浔埔女　摄影　陈敬聪

时代脉搏 油画 吴自成

惠安小岞女 摄影 陈世荣

勤劳惠女 摄影 唐军

最美乡村赞　国画　许秋

美丽永春行

应稚

朵朵白云在蓝天下飘逸，
潺潺溪水在密林中荡漾；
沉甸甸的稻穗低垂听涛，
绿油油的茶园环坡盘绕；
农家古厝修饰得绚丽高雅，
把村落点缀得格外多姿妖娆。
刺桐鲤城的后花园里，
古人先贤留下了传世佳话，
当代名家足迹踏遍了闽南的西双版纳；
在这梦幻般的世外桃源里，
"万紫千红花不谢，冬暖夏凉四序春"，

歌颂着瑰丽的自然风光，
浓郁的乡土文化。
如今，桃源人吹响激情号角，
谱写璀璨的秀美华章；
一曲曲恢宏磅礴的白鹤之歌，
重新描绘美丽家园巨变的图画；
啊！令人陶醉的田园风光，
让人们感叹，
桃源人的幸福，
在美丽中不断闪亮！

晋江五里桥生态湿地公园　摄影　张梓昌

突出生态为民，坚持高标规划，注重建设管理，打造"水清岸绿映新颜，百姓乐享生态美"的城市绿肺。

泉州美丽乡村——崇武大岞村

强化水治理，建设水项目，培植水经济。

一剪梅·西湖公园
何锦龙

吞吐霞烟比玉龙。鲤邑西施，美夺天工。曾经百世纳洪流。今看濑湖，红火刺桐。

新辈襟胸尤远宏。草树频栽，每趁春浓。晨歌暮曲和心弦。青剑花绸，舞伴群松。

南安市致力打造水升级版 书法 王忠智

安溪清水岩省级风景名胜区樟树王　摄影　孙阁

　　坚持普查摸底，建档管理，修复保护，落实责任，确保古树复壮生长。

泉州台商投资区百崎湖　摄影　林乙方

　　强化湿地保护修复，提升湿地生态功能，生物多样性逐步恢复。

替山河妆成锦绣，把国土绘成丹青（惠安小岞妇女林场）　摄影　蔡金宝

激活治理效能
创新美丽乡村

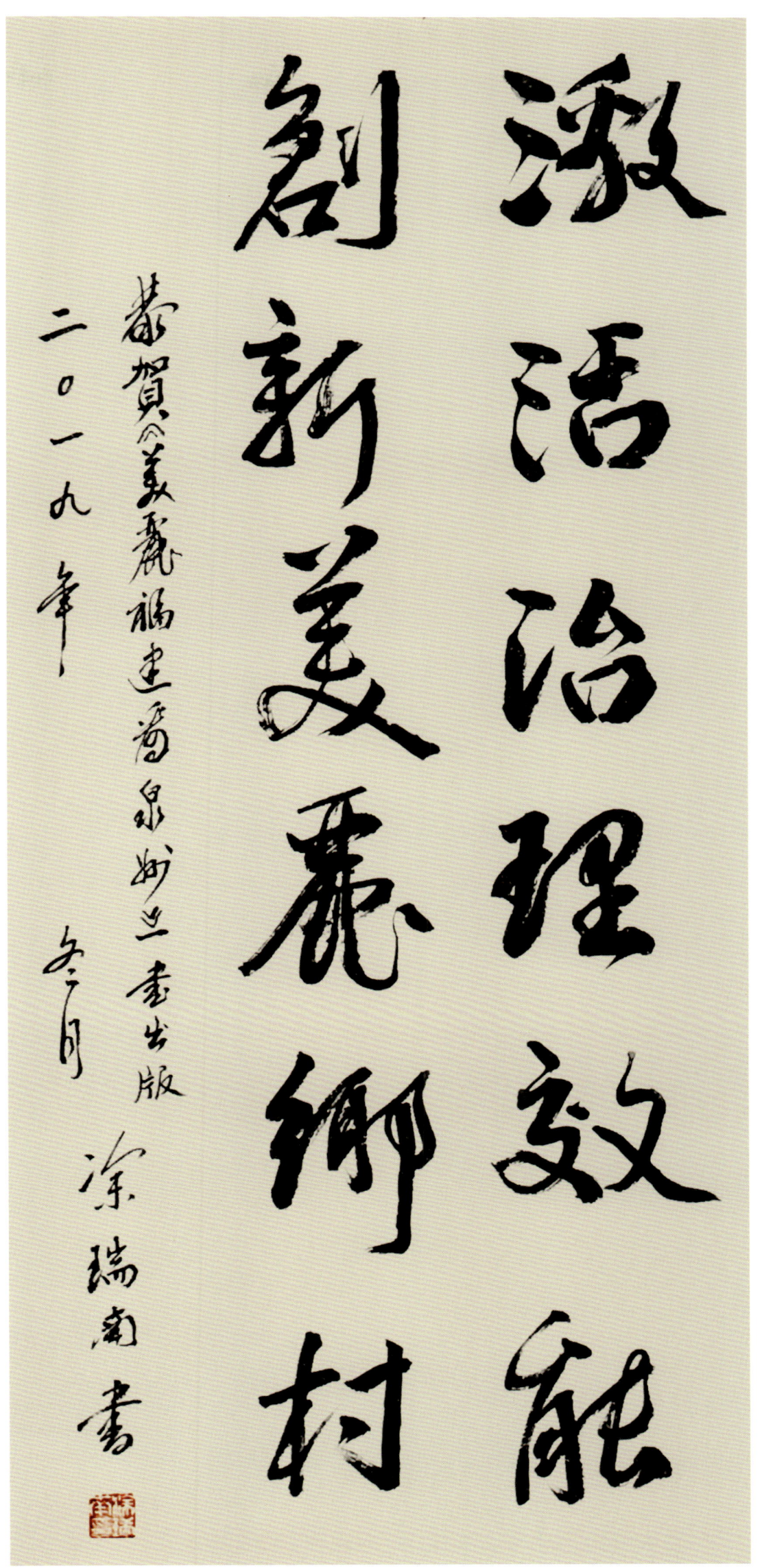

恭贺《美丽福建看泉州》一书出版　书法　涂瑞南

白奇回族乡　国画　王伟荣

泉州美丽乡村——晋江磁灶镇大埔村

东湖荷香
黄福强

亭台碧水足欢娱，
胜迹珍如掌上珠。
多少前贤皆作古，
荷香犹自满东湖。

东湖荷香　国画　洪峰

强化乡村规划,突出彰显特色,打造乡村旅游示范村,培育乡村个性之美,巩固成功经验,发挥示范效应,持续抓好美丽乡村建设。

洛江区建设全域美丽乡村方略　书法　黄清禄

获得全国文明村、省级文明村、省级乡村振兴试点村等荣誉称号的泉港区前欧村新貌

开展人居环境综合整治,为105幢农村楼房"穿新衣、戴新帽",带动了全村颜值提升

红星生态园成为泉港和周边县区的网红打卡点

家门口的加工企业,解决了本村劳动力就业问题

清晨,村民在村里的口袋公园打太极拳

生活水平提高了,村民经常聚在口袋公园一起喝茶唠嗑

泉港区前欧村以"党建+"引领乡村振兴(组照) 摄影 福建日报提供

梅塘村新貌

梅塘村天守服装织造车间

梅塘村农民连排别墅

晋江市东石镇梅塘村以纺织服装、汽配、雨伞、农业为支柱产业，其中有天守集团、帅萌等11家规上企业，2021年村集体经济收入50.2万元。梅塘村系晋江市首批旧村改造示范村，基础设施齐全完善，村容村貌整洁有序，先后获得了"全国敬老模范村居""福建省先进基层党组织""福建省文明村""千村整治、百村示范""美丽乡村创建村""福建省创建无邪教示范村""泉州市五个好先进村党组织""泉州市文明村""晋江市美丽乡村示范村"等荣誉称号。（本组图片由天守集团供稿）

梅塘村村部

梅塘村文化展览馆

梅塘村中心小学

梅塘村敬老院

中国美丽乡村——洛江区新民村（组照） 摄影 方鼎

泉州围头前沿观感
胡亦璧

五涅潮波两重天，
廿年万炮苦相煎。
围头倍惜亲情恋，
岛县难忘骨肉缘。
两岸劫消忙嫁娶，
双方嫌释隧龙泉。
金瓯一统中华梦，
盛世民康绘锦篇。

泉州围头前沿观感　诗　胡亦璧 / 书法　林金枝

秉承为民建城、为民爱城、为民创城的理念，以全市一城二乡一体的布局，推进城市建设改变，城市不像城市，农村不像农村的特大镇旧貌，致力打造让本地人留恋，让外地人向往的中小城市样板。

晋江市城乡一体建设经验　书法　杨永让

德化县水口镇坂里村的中共福建省委坂里旧址

福建省委机关革命遗址，位于水口镇坂里村，1943年，在国民党大肆"围剿"革命根据地时，为隐蔽积蓄力量，福建省委从闽北转移到闽中。

省委机关转移到坂里后，在德化和南安等地建立了几个据点，使闽北、闽东北、福州、永泰、大田及闽中地区的莆仙、晋南惠等根据地联结起来。这一时期，坂里村曾成为全省革命活动中心。

福建省委机关革命遗址

永春县横口乡朱德红军革命旧址

遍地黄花（泉州洛江区虹山乡） 摄影 黄慰州

红色之旅花石村 国画 吴木榕

艺术殿堂 摄影 李侃如

三 海滨邹鲁 文献名邦

HAI BIN ZOU LU WEN XIAN MING BANG

美丽福建看泉州

"此地古称佛国，满街都是圣人"的泉州历史悠久，文化发达，人文荟萃，名人辈出。据史料统计，由唐至清，泉州共有文进士2316人、武进士188人，其中文状元14人，武状元5人。唐代有首登龙虎榜的欧阳詹。宋代有一代贤相曾公亮，有来泉州当太守的王十朋、蔡襄。明代有思想家李贽，有抗倭英雄俞大猷，有书法大家张瑞图还有击退荷兰收复台湾的民族英雄郑成功。清代有名相李光地；有对统一祖国作贡献的施琅大将军，还有康熙题赐《作万人敌》匾的吴英将军，以及写《百哀诗》的爱国诗人、状元吴鲁。

在当代，有科学家苏颂、丁拱辰、谢希德、张文裕、欧阳钟灿、吴冲浒等27名院士，在文学界有著名诗人余光中、蔡其矫，有描写泉州在革命年代泉州地下党进行艰苦卓绝斗争活动的《风雨桐江》的作家司马文森，在历史学界有龚书铎、苏双璧，还有名闻世界的火药画家蔡国强，此外还有不少著名画家、名老教授、剧作家和戏曲表演艺术家，真可谓"闽南福地出英才，文章华国耀四海。"

历史文化名城,改革开放先声。

题海丝涛声美丽福建看泉州 书法 黄瑞霖

海滨邹鲁重儒风,孔庙恢宏载誉隆。
泮水仪坊凭眺仰,金声玉振缅高崇。

海滨邹鲁重儒风 书法 李思嵘

温陵春晖（泉州大坪山顶鸟瞰温陵城区）　摄影　黄丽蓉

海滨邹鲁　文献名邦
　篆刻　陈金光

破阵子·瞻望郑成功施琅雕像浮想
王仁山

立马坪山绝顶,观潮衙口临涯。满峡涛声皆入耳,彼岸墟烟长在怀。殷情同系台。

比岁东南激荡,汹汹恶浪连来。恍见双雄齐亮剑,统令千艘成并排。一心捍九垓。

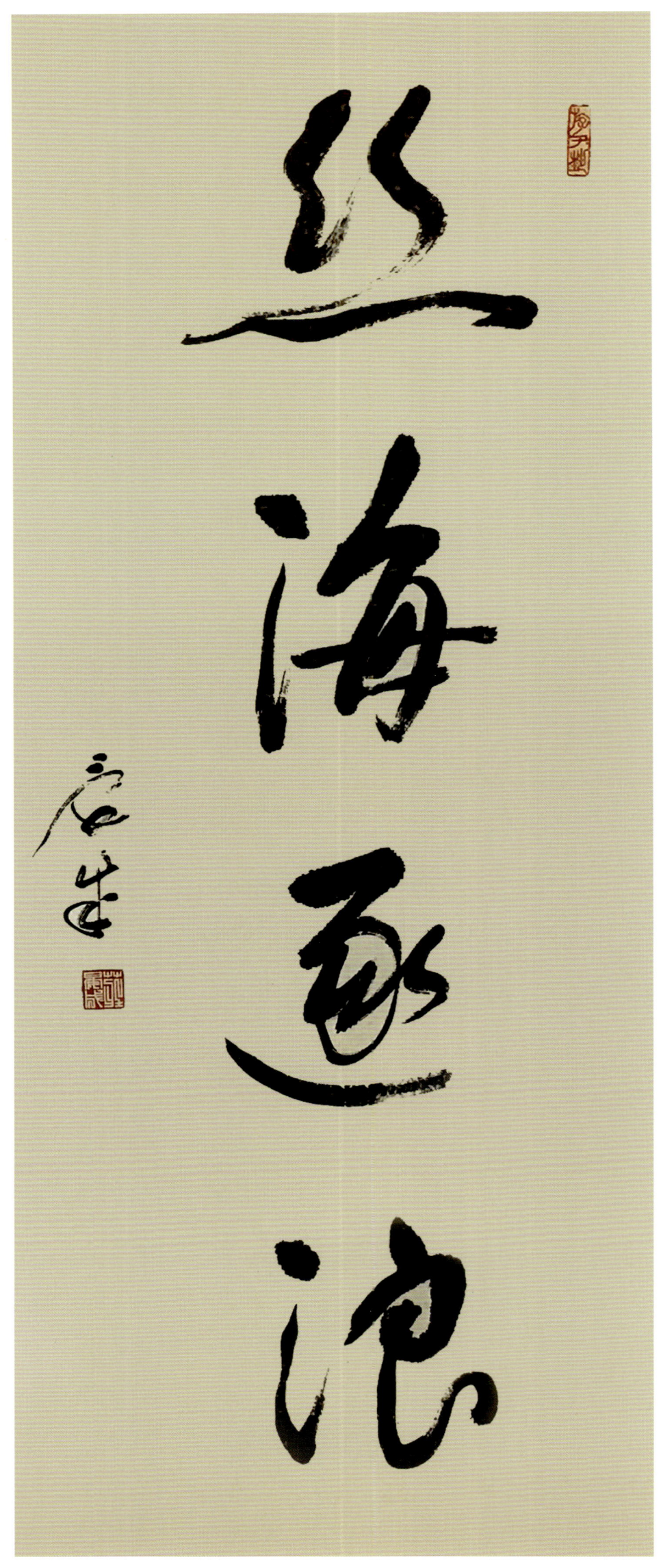

丝海逐浪 书法 庄晏成

泉州历代名人

欧阳詹
（755—800），晋江潘湖欧厝人，生活在安史之乱后的中唐，一生没有离开国子监四门助教这个官职。其祖先在唐代初年由江西迁到晋江，传至欧阳詹为六世孙。其祖父、父亲、两个大哥都是唐代闽越的地方官吏。著有《欧阳行周文集》8卷。

曾公亮
（998—1078），北宋著名政治家、军事家、军火家、思想家。字明仲，号乐正，汉族，晋江（今福建泉州市）人。仁宗天圣二年进士，仕仁宗、英宗、神宗三朝，历官知县、知州、知府。知制诰、翰林学士、端明殿学士、参知政事、枢密使和同中书门下平章事等。封兖国公、鲁国公，卒赠太师、中书令，配享英宗庙廷，赐谥宣靖。曾与丁度承旨编撰《武经总要》，为中国古代第一部官方编纂的军事科学百科全书。

蔡 襄
（1012—1067），仙游县人。北宋著名书法家、政治家、茶学家。任泉州知府时，主持建造了中国现存年代最早的跨海梁式大石桥泉州洛阳桥。蔡襄工书法，诗文清妙，其书法浑厚端庄，淳淡婉美，自成一体，为"宋四家"之一。著有《蔡忠惠公全集》。

郑成功
（1624—1662），福建南安人，初名森，字大木，郑芝龙子。唐王赐姓朱，改名成功，号"国姓爷"。南明隆武二年，阻父降清无效，移师南澳，继续抗清。永历帝立，封为延平郡王，招讨大将军。十三年与张煌言合兵，大举入长江，直抵南京，东南大震，旋为清兵所败，退还厦门。清顺治十八年，进兵台湾，驱逐荷兰侵略军，次年收复全台。

俞大猷

（1503—1579），字志辅，又字逊尧，号虚江，泉州北郊濠市（今洛江区河市镇）濠格头村人，明代抗倭名将、军事家、武术家、诗人、民族英雄。其一生与倭寇作战，战功显赫，扫平了为患多年、趁机作乱的伪倭寇。俞大猷战功累累，常被弹劾，遭到免官，被人冒领军功，从不计较。创立兵车营，设计创造用兵车对付骑兵的战术。官授平蛮将军，死后被追谥为武襄。

李贽

（1527—1602），福建泉州人。明代官员、思想家、文学家，泰州学派的一代宗师。初姓林，名载贽，后改姓李，名贽，字宏甫，号卓吾，别号温陵居士、百泉居士等。历共城教谕、国子监博士，万历中为姚安知府。旋弃官，寄寓黄安（今湖北省红安县）、湖北麻城芝佛院。在麻城讲学时，从者数千人，中间还有不少妇女。晚年往来南北两京等地，最后被诬下狱，自刎死于狱中。其重要著作有《藏书》《续藏书》《焚书》《续焚书》《史纲评委》。

施琅

（1621—1696），晋江龙湖镇衙口村人，祖籍河南固始。明末清初军事家，清朝初期重要将领。1682年，康熙帝决定攻台，命施琅与福建总督姚启圣一起进取澎湖、台湾。康熙二十二年（1683）六月，施琅指挥清军水师先行在澎湖海战对台湾水师获得大胜。因功授靖海将军，封靖海侯。

李光地

（1642—1718），泉州安溪县人。清代康熙朝大臣，理学名臣。康熙九年（1670）中进士，历任翰林院编修、翰林学士、兵部右侍郎、直隶巡抚，协助平定"三藩之乱""统一台湾"。康熙四十四年（1705），拜文渊阁大学士兼吏部尚书。康熙五十七年（1718），因疝疾速发，卒于任所，享年77岁，谥号"文贞"。雍正元年（1723），加赠太子太傅，入祀贤良祠。著有《历像要义》《四书解》《性理精义》《朱子全书》等书。

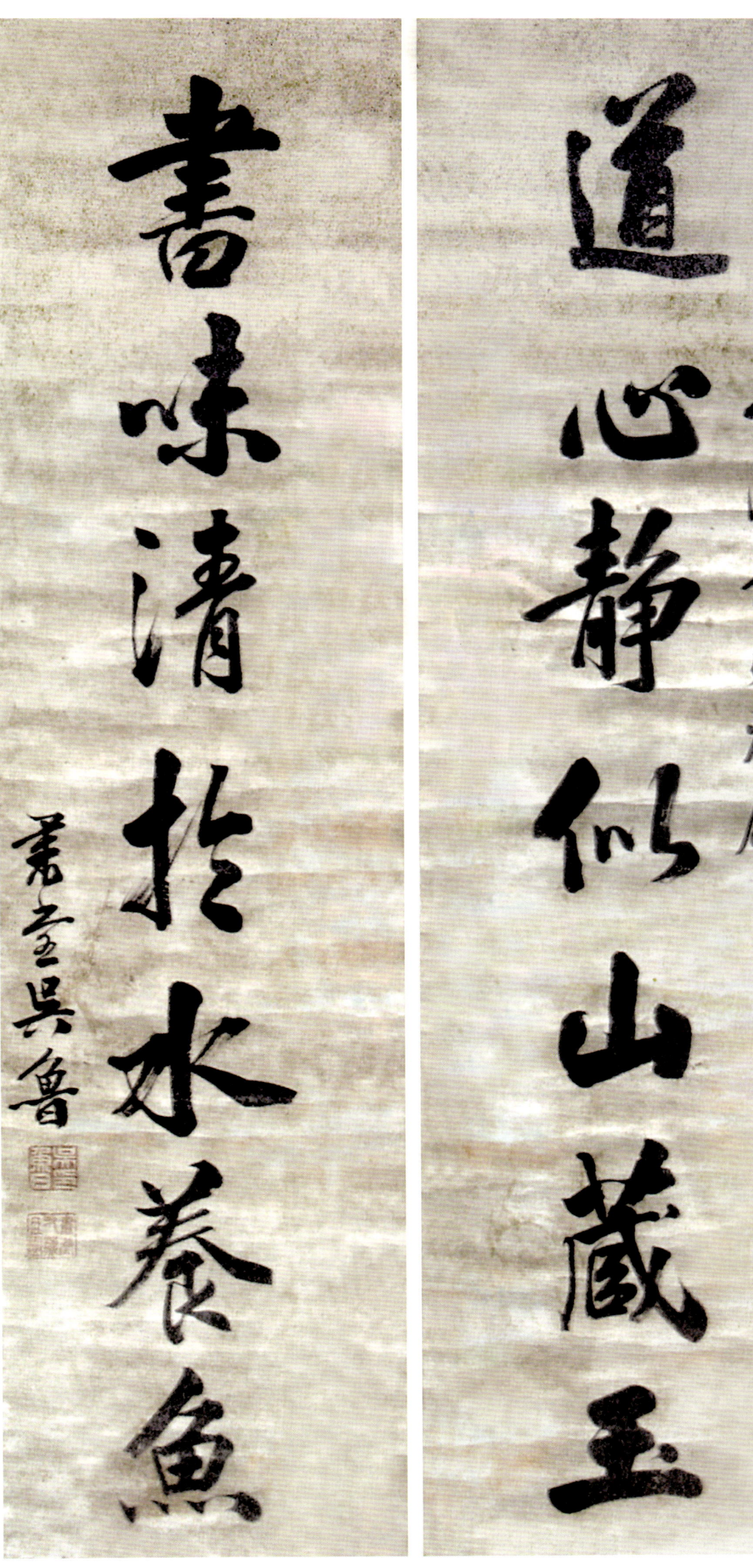

吴 鲁

（1845—1912），泉州晋江人。泉州历史上最后一位状元。清末政治人物、教育家、诗人。

道心书味七言联 书法 吴鲁

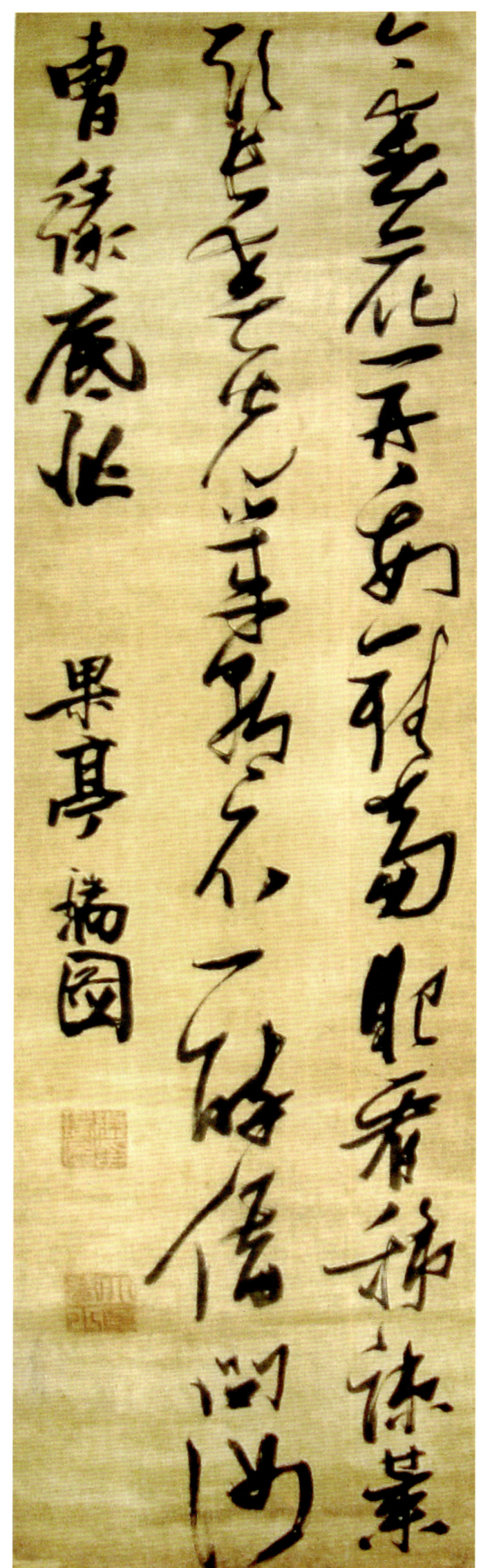

今春花开委难当 书法 张瑞图

张瑞图

（1570—1164），晋江青阳人，明代四大书法家之一，有"南张北董"之称。

弘一法师纪念馆 摄影 蟳浦老太

悲欣交集 书法 李叔同

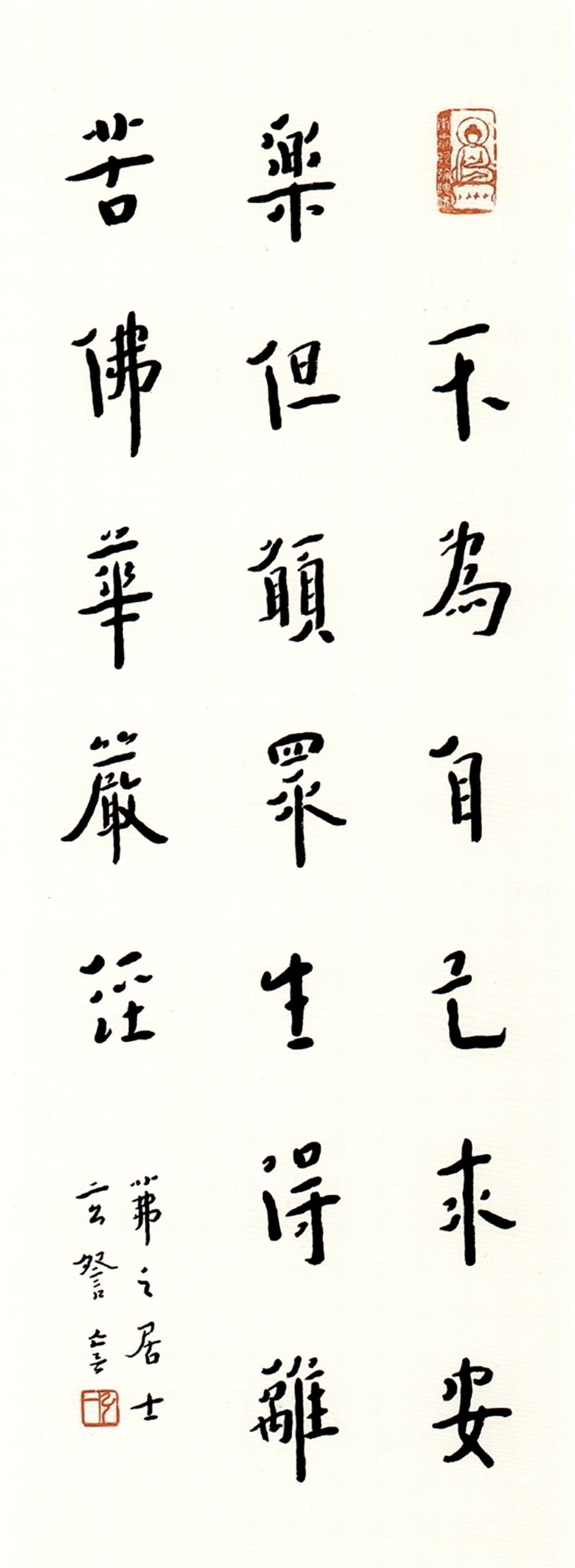

李叔同

（1880—1942），著名音乐家、美术教育家、书法家、戏剧活动家，是中国话剧的开拓者之一。他从日本留学归国后，担任过教师、编辑之职，后剃度为僧，法名演音，号弘一，晚号晚晴老人，后被人尊称为弘一法师。1913年受聘为浙江两级师范学校（后改为浙江省立第一师范学校）音乐、图画教师。1915年起兼任南京高等师范学校音乐、图画教师，并谱曲南京大学历史上第一首校歌。1942年10月13日，圆寂于泉州不二祠温陵养老院晚晴室。

不为自己求安乐　书法　李叔同

瞻仰弘一法师
方成义

学贯古今奇世旷，
艺融中外领风骚。
潜心戒律修正果，
云淡风轻化青烟。

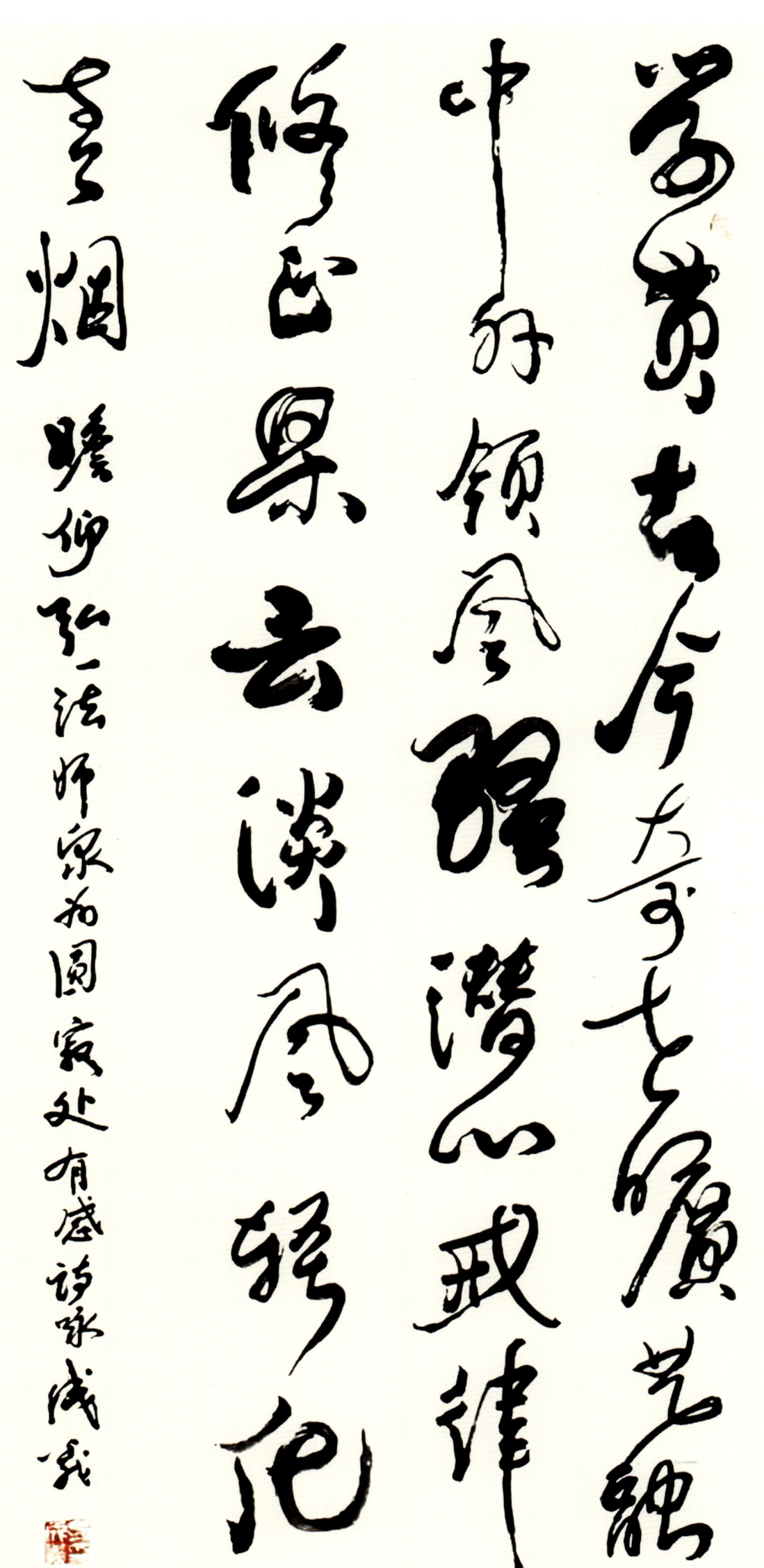

瞻仰弘一法师　诗/书法　方成义

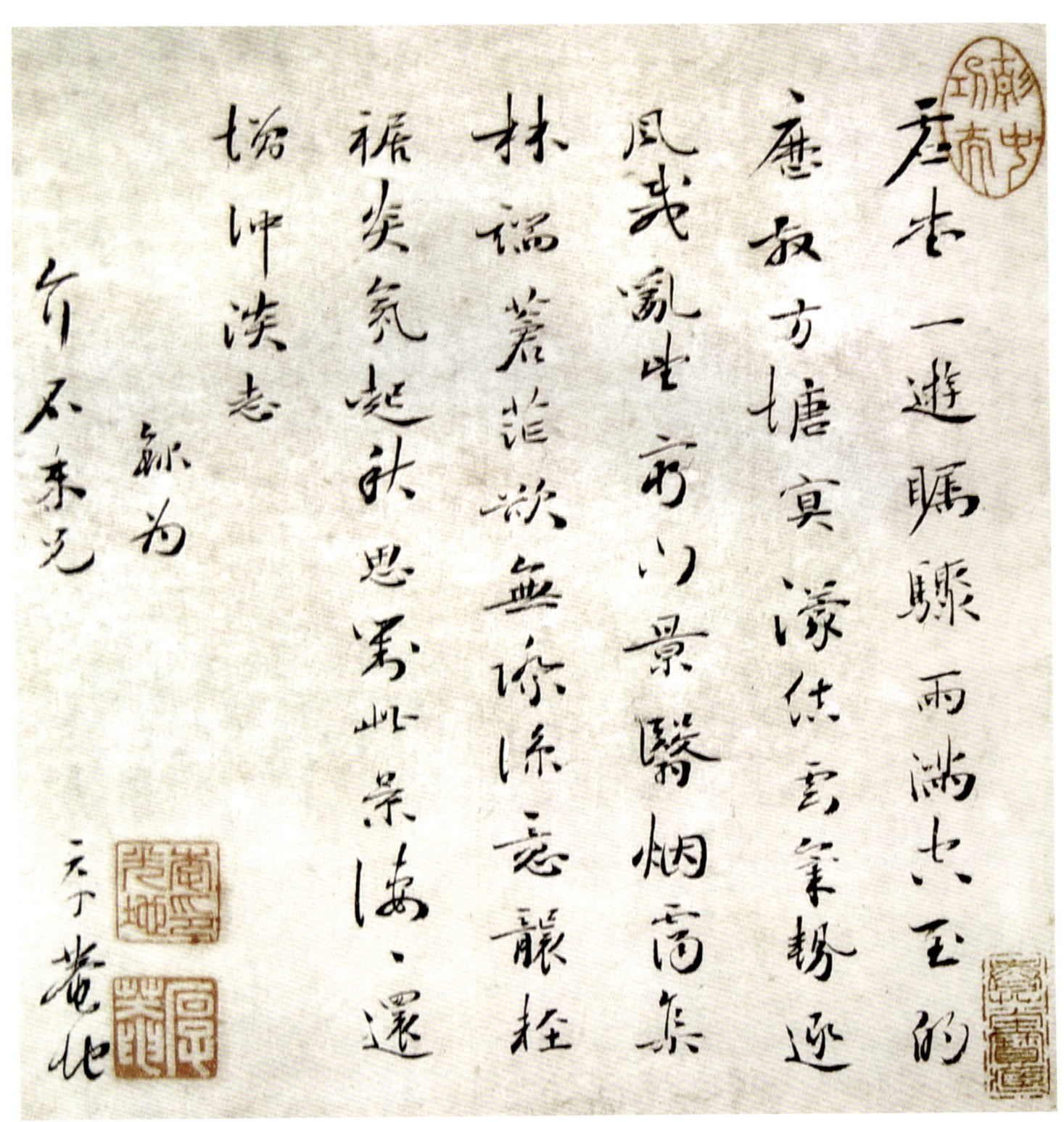

虚堂一游瞩骤雨 书法 李光地

李光地

（1642—1718），安溪县人，历任清翰林院编修、翰林学士、兵部右侍郎、直隶巡抚，协助平定"三藩之乱""统一台湾"。1705年，拜文渊阁大学士兼吏部尚书。

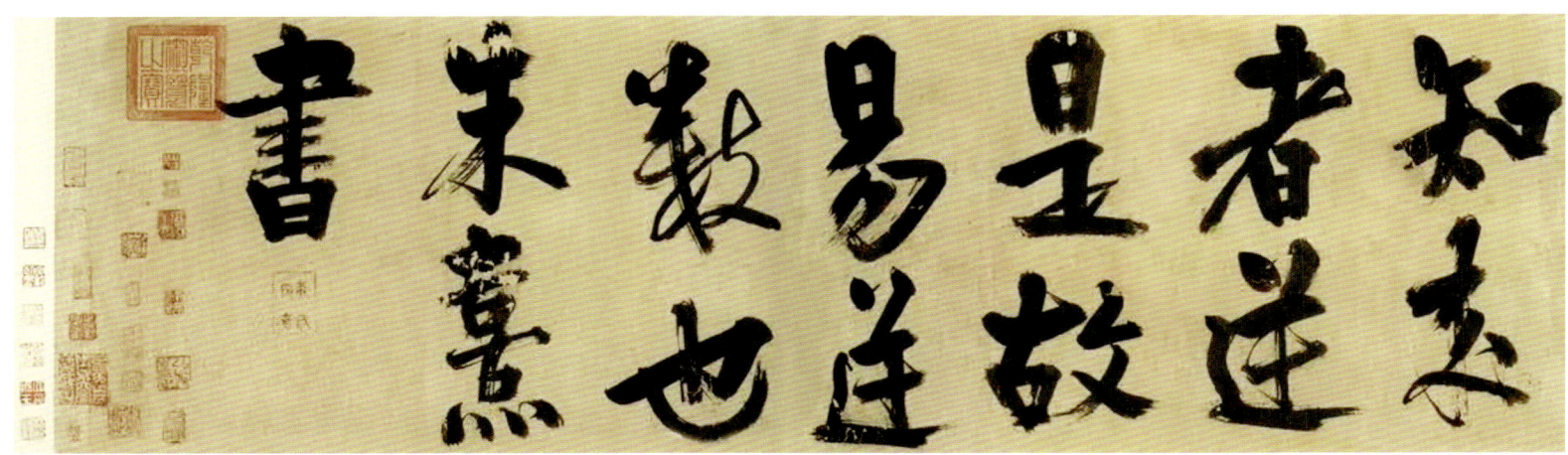

知来者逆是故易数也 书法 朱熹

朱 熹

（1130—1200），祖籍江西婺源，出生于福建尤溪。南宋著名的哲学家、教育家、诗人、闽学派的代表人物，世称朱子，是孔子、孟子以来最杰出的弘扬儒学的大师。泉州是朱熹初仕之地，其足迹遍及泉州各县，对泉州吟咏诗达100多首。

不二 书法 欧阳詹

欧阳詹

（755—800），晋江池店人，唐代文学家。792年3月荣登龙虎榜进士第二名。

王十朋

（1112—1171），浙江温州乐清人。1168年为泉州知州。救灾除弊有治绩。

小小精蓝亦自奇，灵秀隐幽姿无缘，山僧话天守偷闲只片时，宋五十朋题句

民乙亥夏瑞明敬立

小小精蓝亦自奇　书法石刻　王十朋

部分泉藉院士（2019）

庄长恭

（1894—1962），有机化学家。泉州人。1921年毕业于美国芝加哥大学，1924年获该校博士学位。1948年当选为中央研究院院士。1955年被选聘为中国科学院学部委员（院士。曾任中央大学理学院院长、中央研究院化学研究所所长、台湾大学校长、中国科学院有机化学研究所研究员、所长。确证了麦角甾烷结构，推测了麦角甾醇的结构，设计了带有角甲基双酮a-酮的合成方法，被称为"庄氏法"研究了甾族边链的氧化断裂，是当时国际上少数从事甾体全合成研究的知名化学家之一，其工作曾被引入著名教科书。从中药防己分离出防己碱和防己诺林碱，并阐明其结构。对有机合成，特别是甾体化合物的合成与天然有机化合物的结构研究作出了卓越贡献。重视并参与拟定有机化学中文命名，现用的吲哚、吡咯等杂环化合物名称均为他所倡议。

王应睐

（1907—2001），生物化学家。福建金门人。1929年毕业于南京金陵大学化学系。1941年获英国剑桥大学哲学博士学位。曾任中国科学院上海生物化学研究所研究员、名誉所长。1955年选聘为中国科学院学部委员（院士）。主要研究酶化学与营养代谢，对维生素、血红蛋白、琥珀酸脱氢酶进行了深入的研究，并取得了重大成绩。发现酶肬与FAD是以共价键结合，并受底物与磷酸盐等物激活，这项工作是该酶研究的重要突破。中华人民共和国建国初期，争取了一批留学国外的科学家回国工作，尽快建立了我国生物化学科研事业。1965年和1981年分别担任两个协作组组长，成功地组织了在世界上首次完成具有生物活力的人工合成牛胰岛素和酵母丙氨酸转移核糖核酸两项重大基础性工作。

蔡镏生

（1902—1983），物理化学家。泉州人。1924年毕业于燕京大学化学系。1932年获美国芝加哥大学博士学位。1957年被选聘为中国科学院学部委员（院士）。曾任吉林大学教授、该校化学系主任。领导组建了吉林大学催化动力学研究中心。开展了与能源开发有关的光化学与反应动力学基础研究。为综合利用甲烷，研究了甲基过氧化氢的产生与分解反应动力学。对光解水制氢、光催化合成氨、激光引发反应及光化学合成、LB功能单分子膜、稀土离子的发光与能量转移等课题都进行过开创性研究工作。研究中重视反应可能产生的微观机制，如研究甲烷氧化，注意并得到激发态分子氧实现C-H键插入反应的可能历程在光化学系列研究中，注意到分子内与分子间的电子转移与激发能转移对光化学反应的影响。

张文裕

（1910—1992），高能物理学家。福建惠安人，美国归侨。1931年毕业于燕京大学。1938年获英国剑桥大学哲学博士学位。1957年被选聘为中国科学院学部委员（院士）。曾任中国科学院高能物理研究所研究员、所长、名誉所长。我国宇宙线研究和高能实验物理的开创人之一。主要从事核物理和宇宙线等方面的实验研究并取得突出成就。验证了N.玻尔的液滴模型。发明了多丝火花计数器。20世纪40年代后期进一步研究确定μ子和原子核没有强作用，并在μ子吸收的研究中确证了μ子的存在，从而开拓了奇异原子物理研究领域。在超子与核子散射研究、北京正负电子对撞机建造的奠基性工作、筹建高山宇宙线实验站等方面作出了重要贡献。

谢希德

（1921—2000），物理学家。泉州人，美国归侨。1946年毕业于厦门大学。1951年获美国麻省理工学院博士学位。1980年当选为中国科学院学部委员（院士）。1988年当选为第三世界科学院院士。1990年被选为美国文理学院外籍院士。曾任复旦大学教授、副校长、校长，上海市政协主席。主要从事半导体物理和表面物理的理论研究，是我国这两方面科学研究的主要倡导者和组织者之一。领导课题组在半导体表面界面结构、Si/Ge超晶格的生长机制和红外探测器件、多孔硅发光、蓝色激光材料研制、锗量子点的生长和研究以及磁性物质超晶格等方面取得出色成果。

陈宗基

（1922—1991），土力学、岩石力学、流变力学和地球动力学家。原籍福建安溪，印尼归侨。生于印度尼西亚爪哇岛。1946年留学荷兰德鲁浦科技大学，获博士学位。1986年被比利时国王授予"利奥波德二世一级骑士"勋章和荣誉证书。中国科学院地球物理研究所研究员。1954年在国际上首创土流变学。提出的"陈氏固结流变理论""陈氏粘土卡片结构""陈氏屈服值""陈氏流变仪"等已被国际上公认。1988年研制成功800吨高温高压伺服三轴流变仪。参与指导过我国一些重大工程，研究唐山大地震的机制、华北地震规律、喜马拉雅造山运动和攀西裂谷成因等。1980当选为中国科学院院士（学部委员）。

蔡其巩

金属物理与断裂力学专家。原籍福建泉州，1932年8月生于印尼泗水。1956年毕业于哈尔滨工业大学。国家冶金工业局钢铁研究总院高级工程师。从事金属结构和力学性能关系的研究。1980年当选为中国科学院院士（学部委员）。

20世纪60年代末，首先在国内引进了线弹性断裂力学，促进了壳体用超高强度马氏体时效钢试制成功。70年代初，从事弹塑性断裂力学理论和工程应用研究，在国际上首先成功地把J积分理论用于高应变区裂纹容限分析和应变疲劳寿命分析。1978年在国际焊接年会上宣读的《高应变区裂纹张开位移分析》论文中提出了区分韧带屈服和总体屈服的理论思想和公式，澄清了当时国际上在宽板断裂试验和高应变区裂纹容限分析的混乱。

施教耐

（1920—2018），植物生理学家。福建晋江人，菲律宾归侨。1944年毕业于浙江大学。1991年当选为中国科学院学部委员（院士）。现为中国科学院上海生命科学研究院研究员。

在光合碳代谢关键酶的结构功能和调节特性的研究中取得重大进展。在植物酶的调节机理研究中作出了突出贡献，指出油料籽实中HMP途径的增强，三羧酸循环和乙醛酸循环间的消长在脂肪酸合成中有着重要意义，并首次报道油菜籽实中有一内源抑制剂对HMP途径起着调节作用；在C4植物PEP羧化酶结构与功能研究中，证明酶存在着多构象状态并对酶的二级结构特性、亚基的空间排布、亚基的解离聚合以及酶的多调节位点等方面进行了深入的研究，成功地筛选出两株纤维素酶高产菌株。

张乾二

（1928—2020），物理化学家。福建惠安人。1954年厦门大学化学系研究生毕业。厦门大学教授，曾任厦门大学化学化工学院院长。1991年当选为中国科学院学部委员（院士）。

在配位场理论方法研究中，研究新的耦合系数性质和计算方法，使计算方法标准化，并将弱场和强场理论的计算相互沟通，改进和简化计算方法的普适化。发展了分子轨道图形方法。在原则簇化学键理论研究中推导出旋转群—点群变换系数的闭合表达式，为簇骼多面体分子轨道的构造和计算的统一处理提供了可能。在探索簇合物电子结构的基础上，提出多面体分子轨道理论方法，既可对簇合物的电子结构进行定量计算，又可对所给结构的合理性作出定性的判断和解释。在多电子体系的量子化学研究中，应用群论中的双倍集方法，统一解决了多体理论方法中一些重要系数的计算问题，如点群耦合系数、酉群内外积耦合系数等，并提出一种与经典结构式相对应的新型多电子体系波函数（键表），建立了价键理论的对不变式方法与直观的化学反应规则，为多电子体系的研究提供了一种键表酉群方法。曾获国家自然科学奖一等奖、二等奖等。

王启明

光电子学家。1934年7月3日生,福建石狮人。1956年毕业于复旦大学物理系。中国科学院半导体研究所研究员。1991年当选为中国科学院院士(学部委员)。

参与筹建中国半导体测试基地,建立了一系列材料测试系统。1963年开始致力于半导体光电子学研究,在中国首先研制成连续激射的室温半导体激光器,先后使短波长和长波长激光器寿命突破10万小时,达到实用水平。发现了双异质结构激光器中出现反常自脉动、正向负阻开关和记忆开关等现象,提出了双光丝Q开关机制、界面态载流子陷落存贮机制以及自掺杂反向击穿机制等,为深入研究提供了理论基础。研制成量子阱激光器、调制器和光双稳激光器及开关器件,对发展光信息处理、光开关、光交换技术以及新一代光电子器件做出了贡献。

黄荣辉

气象学家。1942年8月17日生于福建惠安。1965年毕业于北京大学地球物理系。1968年中国科学院大气物理研究所研究生毕业。1983年获日本东京大学理学博士学位。1991年当选为中国科学院学部委员(院士)。中国科学院大气物理研究所研究员。曾任中国科学院大气物理研究所副所长、国家气候研究委员会常务副主任、欧美同学会副会长、中国气象学会副理事长等。对大气中准定常行星波形成、传播和异常机理进行了系统研究,提出了准定常行星波在球面三维大气中的传播理论,证明了球面大气行星波的波作用守恒与Nitta同时发现热带西太平洋暖池热状态及暖池上空对流活动对东亚夏季大气环流与气候异常起着重要作用,提出了影响中国夏季气候的大气环流的遥相关型及其理论。近年来致力于亚洲季风与ENSO循环相互作用和气候灾害机理的研究。发表了100多篇学术论文以及与他人合著《长江黄河流域旱涝规律与成因研究》和《中国气候灾害分布图集》以及《大气科学概论》等。获国家科技进步奖一等奖,中国科学院科技进步奖一等奖。

李龙土

无机非金属材料专家。福建省南安市人。1958年毕业于清华大学。清华大学教授。长期从事功能陶瓷材料及应用研究。曾主持完成国家"863计划""高性能低烧多层陶瓷电容器"重大项目,对发展高技术产业做出重要贡献,获国家高技术发展计划"八五"先进工作者一等奖。带领课题组首次研制成功低烧多层压电陶瓷变压器并推广应用,在弛豫铁电陶瓷、高性能压电陶瓷及器件、复合特性热敏电阻、纳米晶铁电陶瓷和高性能片式电子元件等方面取得开创性重要成果。先后获国家发明三等奖1项(1987)、国家技术发明二等奖两项(1996、2005)、部委级一等奖四项。获授权发明专利50余项,发表学术论文500余篇。1997年当选为中国工程院院士。

陈火旺

（1936—2008），计算机软件专家。福建省安溪县人。1956年毕业于复旦大学。现任国防科技大学教授。在国内率先实现计算机符号宏汇编器，20世纪70年代初主持全国Fortran编译程序会战，设计成功我国第一个Fortran编译系统。1979—1983年任银河-I巨型计算机软件总负责人，负责软件系统的总体设计，直接主持向量语言的设计、编译方案的制定和向量识别算法的研究与审定，"银河—I"获1984年中央军委国防科技成果特等奖。1987年起主持面向对象集成化开发环境研制，建造了国内首例面向对象环境；1989年起领导并主持非单调推理系统研究，把PROLOG从单调发展到非单调。这两项目分别获1991年、1993年国防科工委科技进步奖一等奖。领导完成的英汉机器翻译系统，达到国际先进水平。编（译）著4部，发表论文60余篇。1997年当选为中国工程院院士。

欧阳钟灿

理论物理学家。1946年1月25日生于福建泉州。1968年毕业于清华大学自动控制系，1981年、1984年先后获该校物理系理学硕士学位、理学博士学位。1997年当选为中国科学院院士。2003年当选为第三世界科学院院士。中国科学院理论物理研究所研究员，曾任该所所长。

主要从事凝聚态物理中生物膜液晶模型理论、液晶物理及应用基础理论等研究。从曲面变分技术导出了用曲面曲率及其微分表示含自发曲率膜泡的普遍形状方程首次从理论上预言应存在着半径比为2的平方根与无穷的两种亏格为1的环形膜泡并获实验完全证实提出了突破Helfrich流体膜框架的手征膜理论合作发现了膜形状方程的四类解析解提出D∞h对称液晶光倍频理论并与实验完全符合给出了超扭曲液晶盒弱锚泊条件下指向矢的严格解。1993年获海外华人物理学会亚洲华裔物理学杰出成就奖。1995年获中国科学院自然科学奖一等奖。1999年获国家自然科学奖二等奖。

李幼平

1935年5月1日出生，福建泉州市人，核武器电子学专家，中共党员。1957年毕业于南京工学院无线电系本科，随即被选派到清华大学无线电系，跟随苏联专家鲍里索夫学习多路通信两年。1959起担任成都电讯工程学院四系助教，筹办遥测遥控专业，1961年晋升讲师。1964年受中央组织部派遣，调入核武器研究院设计部。李幼平在近50年的工作中，解决中国核武器电子学系统许多难题，其中包括设计核弹头专用再入遥测系统，掌握用再入冷试验替代热核爆炸的"替代核爆技术"，建立变延时引信数学模型，发现低空黑障问题的特殊规律，参与中国核武器科学技术发展战略的制定等。在解决上述科学技术问题过程中，曾获得国家科技进步一等奖、国家发明二等奖、国防重大科技一等和二等奖、何梁何利科学进步奖等多项奖励。1988年获国家人事部"有突出贡献中青年专家"称号。90年代，连续担任两届中国工程物理研究院科技委主任。进入21世纪以来，专心从事信息资源"各取所需"问题的基础研究，指出信息共享和物质共享存在本质差异，人们有可能找到某种共享信息全新机理。1999年当选为中国工程院院士。

吴新涛

物理化学家。1939年4月6日生于福建石狮。1960年毕业于厦门大学化学系。1966年福州大学物理化学专业研究生毕业。中国科学院福建物质结构研究所研究员、学术委员会主任,曾任该所副所长。1999年当选为中国科学院院士。

主要从事结构化学和簇化学研究。在过渡金属硫化学及簇化学领域总结出硫原子配位构型与元件组装的关系表,阐明了硫原子的孤对电子数与配位数对合成的重要作用,为设计合成新原子簇化合物提供了理论依据。设计合成了一系列作为首例的新构型原子簇化合物。基于对簇化学的贡献,被美国发行的《簇科学杂志》称为该领域的"国际带头学者"。开拓出自组装合成无机一维高聚链化合物的新体系,探索了阳离子的价态和大小对阴离子元件组装的影响,成功地合成了一系列新构型的无机一维高聚链化合物。著有 Inorganic Assembly Chemistry。曾获国家自然科学奖二等奖等。

陈桂林

空间红外遥感技术专家。1941年12月17日生于福建南安。1967年毕业于西安交通大学无线电工程系。中国科学院上海技术物理研究所研究员。2001年当选为中国科学院院士。

长期从事光电技术研究,主持并研制成功风云二号气象卫星的核心探测仪器－多通道扫描辐射计(MCSR)。设计并实现了采用望远镜折镜步进扫描,通过R－C光学系统视场分离,实现可见光、红外和水汽三波段同时探测的总体技术方案。主持突破了大孔径($\Phi 410mm$)轻量化的空间光学系统、高精度(角秒级)空间扫描机构、地球同步轨道辐射制冷器技术等难题。在光电技术的研究中,密切结合工业上的应用,在热轧圆钢光电在线检测的问题上,提出并实现了用两个相互垂直探测器实时测定目标坐标的新方法,现已在多个钢厂推广使用。

郭光灿

光学和量子信息专家。1942年12月9日生于福建惠安。1965年毕业于中国科学技术大学无线电电子学系。现任中国科学院中国科学技术大学量子信息重点实验室主任、物理系教授。2003年当选为中国科学院院士。

主要从事量子光学、量子密码、量子通信和量子计算的理论和实验研究。提出概率量子克隆原理,推导出最大克隆效率,在实验上研制成功概率量子克隆机和普适量子克隆机。发现在环境作用下不会消相干的"相干保持态",提出量子避错编码原理,被实验证实。提出一种新型可望实用的量子处理器,被实验证实。在实验上实现远距离的量子密钥传输,建立基于量子密码的保密通信系统,并提出"信道加密"的新方案,有其独特的安全保密优点。在实验上验证了K-S理论,有力地支持了量子力学理论。发现奇偶相干态的奇异特性等。

陈木法

数学家。1946年8月生于福建惠安。1969年毕业于北京师范大学数学系，1980年该校研究生毕业，1982年、1983年先后获该校理学硕士学位、博士学位。2003年当选为中国科学院院士。北京师范大学教授、中国概率统计学会理事长。曾任北京师范大学研究生院院长。

主要从事概率论及其相关领域的研究。在特征值估计、谱理论、遍历理论、耦合理论等方面有重要贡献。将概率方法引入第一特征值估计研究并找到了下界估计的统一的变分公式找到了诸不等式的显式判别准则和关系图，拓宽了遍历理论，发展了谱理论研究马氏耦合得出一条基本定理，更新了耦合理论并开拓了一系列新应用建立了无穷维反应扩散过程和跳过程的系统理论。解决了过程的构造、平衡态的存在性和唯一性等根本课题，完成了一般或可逆跳过程的唯一性准则并找到唯一性的强有力的充分条件，得到广泛的应用彻底解决了"转移概率函数的可微性"等难题。

黄 如

微电子器件专家。北京大学教授。1969年11月生于江苏省南京市，籍贯福建南安。1991年毕业于东南大学电子工程系，1994年获该校硕士学位，1997年于北京大学获博士学位、教授、中国科学院院士。

主要从事微电子低功耗器件及工艺研究。提出并研制出面向低功耗高可靠电路应用的准SOI新结构器件和面向超低功耗电路应用的肖特基-隧穿混合控制新机理器件。发展了适于十纳米以下集成电路的围栅纳米线器件理论及技术，系统揭示了器件关键特性的新变化及其物理根源，提出了可大规模集成的新工艺方法，成功研制出低功耗围栅纳米线器件及模块电路。发现了纳米尺度器件中涨落性和可靠性耦合的新现象及其对电路性能的影响、提出了新的涨落性/可靠性分析表征方法及模型。曾获国家技术发明二等奖、国家科技进步二等奖、教育部自然科学一等奖、北京市科学技术一等奖（2次）、中国青年科技奖等。

姚建年

物理化学家。1953年9月生于福建晋江。1982年毕业于福建师范大学化学系，1990年获日本东京大学工学部硕士学位，1993年获该校博士学位。2005年当选为中国科学院院士。中国科学院化学研究所研究员。现任中国化学会理事长，第十三届全国人大常委会委员，全国人大社会建设委员会副主任委员，农工党中央副主席，中国科协第九届全国委员会常务委员，英国皇家化学会和国际纳米制造学会的fellow，日本科学技术振兴机构(JST)中国综合研究中心顾问。

长期从事新型光功能材料的基础和应用探索研究。（1）将纳米科学研究对象从半导体扩展到有机体系，在有机低维光功能材料科学领域开展了原创性研究。最早证明了有机纳晶的激子手性和荧光量子尺寸效应，发现了介观激子效应对能带结构的调控规律，提出了基于有机分子组装的微纳结构制备的新观念，其中分子设计-作用调控-控制合成的研究思路成为该领域的普遍共识。相关成果获2004年国家自然科学二等奖。（2）率先在有机低维材料中发现了高效发光、光限域和传播等性能，并实现了微纳白光光源、有机纳米激光、深紫外探测器等基本光子学器件，这些成果为突破衍射极限、实现纳米尺度上新型光电器件互联集与成以及有机纳米光功能材料的实用化奠定了重要基础，并获2014年国家自然科学二等奖。

刘兴土

1936年9月10日出生于马来西亚马六甲，福建省永春县人，湿地生态学专家。中共党员。1959年毕业于东北师范大学地理系，后又在北京大学地球物理系进修。曾任中国科学院长春地理研究所所长。现任中国科学院东北地理与农业生态研究所研究员、博士生导师、学术委员会主任，中国科学院湿地环境与生态重点实验室学术委员会主任。

长期从事中国湿地生态与东北区域农业研究。20世纪70年代初，参加主持了国务院科教组下达的三江平原沼泽荒地考察。"六五"至"九五"期间，连续在东北三江平原和松嫩平原主持国家科技攻关项目、课题，开展农业自然资源调查、沼泽湿地生态工程建设和农业综合发展技术研究，并在"九五"期间担任项目攻关专家组组长。20世纪90年代，主持中国科学院特别支持项目"中国沼泽湿地调查与分类研究"；担任国家林业局主持的全国第一次湿地调查专家委员会主任，在技术培训、建立。

作为第一完成人和主要完成人完成的成果获国家科技进步二等奖2项、三等奖1项，省（部）级科技进步与自然科学一、二等奖7项。主编《三江平原自然环境变化与生态保育》《中国主要湿地区湿地保护与生态工程建设》《东北区域农业综合发展研究》等专著9部，参编《中国自然保护纲要》等专著15部，在国内外刊物发表论文160多篇。先后获国家有突出贡献的中青年专家、全国优秀归侨知识分子、全国地理科学成就奖、中国科学院研究生院杰出贡献教师奖。2007年当选为中国工程院院士。

林　鹏

（1931—2007），植物生态学、红树林湿地生态学专家。出生于福建省晋江市，原籍福建省龙岩县。1955年毕业于厦门大学。长期从事河口海岸红树林和陆地植被生态学研究，率先对中国六省区（包括台湾）红树林进行了系统调查和研究，是中国红树林生物量、生产力、物流能流等生态系统研究的开拓者。专著《中国红树林生态系》填补了中国红树林生态系统学科的空白，为中国红树林的研究和生态恢复工程起到奠基作用。专著《中国红树林环境生态与经济利用》，系统地总结红树林的环境效益和经济效益，为保护与利用红树林起科学指导作用。参与编撰《中国植被》专著，主编《福建植被》和《福建南靖亚热带雨林自然保护区综合科学考察报告》等十余部系列著作，为国家和地方自然保护、农林业发展提供科学依据。通过多年的定位研究，

首次提出红树林的三高特性（高生产率、高归还率、高分解率）新观点，为河口海岸湿地水产养殖、选择鱼虾亲本苗和饵料基地奠定基础，为红树林资源保护和可持续利用提供科学依据。首次成功跨5个纬度引种红树林优良种类，建立以树种、潮位、潮流、盐度、土壤等为宜林地选择技术指标，创造性地提出以拐点温度作为红树种类抗寒性的指标，对红树林北移造林选种和红树林生态恢复工程具有重要意义。2001年当选为中国工程院院士。

林俊德

（1938—2012），爆炸力学工程技术专家。福建省永春县人。1960年毕业于浙江大学机械制造专业。长期从事空中爆炸冲击波、地下爆炸岩体应力波、爆炸地震波、爆炸安全工程技术、强动载实验设备与实验测量技术等研究工作。参加过众多重大国防科研试验任务，带领项目组解决了多项关键技术课题，获国家发明奖2项，国家科技进步奖2项，获二等以上省部级科技进步奖12项。1990年获国家人事部颁发的"有突出贡献的中青年专家"证书。2001年当选为中国工程院院士。

吴硕贤

建筑技术科学专家。华南理工大学教授。1947年5月生于福建泉州。1970年清华大学土木建筑系建筑学专业毕业，1981年、1984年先后获清华大学硕士、博士学位。现任华南理工大学建筑技术科学研究所所长，兼任中国建筑学会建筑物理分会副理事长，建筑声学专业委员会主任委员，亚热带建筑科学国家重点实验室主任。2005年当选为中国科学院院士。

长期从事建筑与环境声学研究。系统提出城市交通噪声预报、仿真及防噪规划的理论与方法阐明声学虚边界原理，推导出混响场车流噪声简洁公式，较好地解决国际上20多年未解决的问题。完成首例将建筑辅助设计软件与声学软件链接以分析室内音质的工作。提出厅堂响度评价新指标和计算公式，用模糊集理论进行厅堂音质评价，指导并与合作者提出扩散声场仿真新计算模型和界面声能扩散系数的改进测量方法和计算公式开展建筑环境评价方法体系、人的行为模式和使用后评价研究，初步建立了建成环境主观评价理论体系。承担55座观演与体育等建筑的音质设计。

陈志坚

1966年出生于福建省泉州市安溪县，美国国家科学院院士，美国霍华德·休斯医学研究所研究员。

1981年陈志坚从福建省安溪县第一中学高中毕业，考入福建师范大学。1985年本科毕业考取福建师范大学生物化学专业硕士研究生。1986年考取美国纽约州立大学，攻读博士。1991年获得博士学位后到美国圣地亚哥的索克研究所从事博士后研究。1997年在美国德克萨斯大学西南医学中心工作，先后担任分子生物学系助理教授、副教授、终身教授。2005年任美国霍华德·休斯医学研究所研究员。2007年获得杜奈尔奖。2012年获得美国国家科学院分子生物学奖。2014年当选美国国家科学院院士。2018年10月，获得生命科学突破奖。

1996年起，他在世界一流刊物《细胞》(Cell)《自然》(Nature)《科学》(Science)等杂志上发表学术论文100多篇，被各国科学家引用两万三千多次。他曾先后获得美国海克曼化学奖（2005年度）、杜奈尔科学奖（2007年度）、美国科学院杰出科学家奖（分子生物学）。

李爱珍

材料学家。1936年5月月出生于福建石狮。1958年复旦大学毕业，1958—2006年在中科院上海微系统与信息技术研究所（原上海冶金所）任职，1988年晋升研究员，1990年被国务院学位委员会批准为博士生导师，先后到美国卡内基梅隆大学、德国马普学会做访问教授。2003年当选亚太材料科学院院士，2004年获第三世界科学院工程科学奖，这是中国科学家第一次获此奖项。1985年至今先后获国家发明奖1项，国家科技进步奖4项，获中国科学院和上海市自然科学奖、科技进步奖20项；发表论文230余篇、3个专著篇章；获国家发明专利21个，其中授权6个，受理15个，获国际发明展银奖1个。2007年入选美国国家科学院院士。

林幼堃

1923年10月出生于福建省泉州市,1946年毕业于厦门大学土木工程系并留校任教两年,随后前往美国深造。林幼堃教授在美国取得博士学位后,转向了航空航天工程学的研究。他在波音公司任职期间,为解决噪音损坏喷气式飞机的问题,而转向"随机结构动力学"(Stochastic Structural Dynamics)的研究,开拓了这一新学科,并为随机动力学理论在结构工程上的应用作出了杰出的贡献。他所创建的"佛罗里达大西洋大学应用随机学研究中心"已被国际间公认为这一学科最权威的研究机构之一。

主要著作有《结构动力学的概率理论》、《高等结构动力学的概率理论》等。

2000年当选为美国国家工程院院士,2001年当选为俄国国家工程院外籍院士。

部分泉州英才(现代)

叶 飞

(1914—1999),原名叶启亨,曾用名叶琛,军事家、政治家。祖籍福建省南安市金淘镇,生于菲律宾奎松省。曾任福建省省长,福建省委第一书记,中央华东局书记处书记,第六、七届全国人大常委会副委员长,海军原第一政委、司令员,1955年被授予上将军衔,荣获一级八一勋章、一级独立自由勋章、一级解放勋章,1988年获一级红星功勋荣誉章。

叶飞故居(南安市金淘镇占石村)

李亦园

(1931—2017),泉州人。1953年毕业于台湾大学考古人类学系。1960年,获美国哈佛大学人类学硕士学位。主要从事人类学、文化学、比较宗教学等多种学科的学术研究,在学术界颇有建树。还擅长家庭宗教研究、神话研究,并以台湾高山族、华侨社会以及华南、台湾汉民族间文化为研究对象。曾任台湾大学人类学系教授、新竹清华大学人文社会科学院院长、中国民族学会理事长。代表作有《文化与行为》《一个移殖的城镇》《信仰与文化》《人类学与现代社会》《师徒、神话及其他》《文化的图像》《台湾土著民族的社会与文化》《文化与修养》《宗教与神话论集》《田野图像》等。发表学术论文150余篇,并编著《中国人的性格》《文化人类学导读》《现代化与中国化论集》等。

吴文季

（1918—1966），惠安洛阳镇人。中国著名歌唱家和作曲家，世界十大民歌之一《康定情歌》的采集者和改编者。吴文季先生吴文季从小聪慧朴实，工文能诗，热爱民间文艺。1938年夏，为寻找抗日救国道路，毅然弃教前往武汉，几经周折考入"战干团"。1941年吴文季考取了重庆中训团音干班。1943年又考取了国立重庆青木关音乐院声乐班。在四川学习期间，他采集、整理、改编了《康定情歌》，成为唱遍中国，享誉世界的民歌。

司马文森

（1916—1968），原名何应泉，学名何章平，泉州人。曾任中共港澳工委委员，中南军政委员会文教委员，第一届广东省人大代表，民革中央委员，香港《文汇报》总主笔兼社长，中共华南分局文委委员，华南文联常委，华南电影工作者联谊会理事，中南文联常务理事，中南作协常委，中国新闻社理事，中国驻印尼大使馆文化参赞，中国对外文化联络委员会三司司长、中国驻法国大使馆文化参赞。全国文代会第一、二、三届代表。作有《风雨桐江》等长篇小说。

李焕之

（1919—2000），出生于香港，原籍福建晋江（今泉州市晋江市），中国作曲家、指挥家、音乐理论家，毕业于鲁迅艺术学院。

1938年8月到延安，11月加入中国共产党，在鲁迅艺术学院师从冼星海学习作曲指挥。毕业后留校任教员。抗战胜利后，任华北联合大学文艺学院音乐系主任。中华人民共和国成立后，历任中央音乐学院音乐团团长、中央歌舞团艺术指导、中央民族乐团团长。创作的《春节组曲》已成为我国春晚必演曲目；《社会主义好》高度颂扬了共产党毛主席领导下的人民新中国掀起了社会主义建设高潮的繁荣景象，唱出全国人民坚决走社会主义道路的坚强决心，教育和影响了新中国几代人的思想和成长。

潘受

（1911—1999)，原名潘国渠，出生于南安，是新加坡著名诗人、书法家。其书法早年师法颜真卿、虞世南，后转习魏碑、对楷书、行书有很深的造诣，最后自成一家。同时从事诗歌创作，出版有《海外庐诗》《南园诗集》《潘受诗选》等诗集。因突出文化成就，1986年获授新加坡政府文化奖章，1994年获授新加坡卓越功绩勋章。

刘 抗

（1911—2004），出生于永春，曾就读于上海新华艺术专科学校，得到著名画家刘海粟的亲炙。毕业后赴巴黎深造，潜心研究了印象派、后印象派和野兽派大师们的原作，吸取西方绘画丰富的营养。1933年回国执教于上海美术专科学校。1937年移居马来，1942年定居新加坡。20世纪50年代，与友人共同创立了反映东南亚人文及自然环境风貌的南洋画派。其绘画结合了东西方艺术手法，具有浓郁的东南亚热带风情，色彩明快轻松、格调舒畅沉着，被誉为新加坡重要的文化瑰宝。

莫 耶

（1918—1986），安溪县崇善里东溪乡（今安溪县金谷乡溪榜村）人。是一位老革命家、女作家。代表作品有《延安颂》。

蔡其矫

（1918—2007），祖籍晋江。印尼归侨，当代著名诗人。幼年侨居印尼，1936年在上海读书时参加学生爱国运动，开始写反映抗日斗争的作品。1938年到延安鲁迅艺术学院，陆续发表作品。1962年后，从事自由诗、民歌体和古典诗词研究。受惠特曼、聂鲁达影响，也从祖国传统诗歌汲取营养，诗歌表现方法多样，题材形式不拘一格。著有诗集《蔡其矫诗选》《回声集》《续回声集》《涛声集》《生活的歌》《迎风》《蔡其矫选集》等。

龚书铎

（1929—2011）。泉州人。马克思主义历史学家、教育家、全国五一劳动奖章获得者，国务院学位委员会历史学科评议组原召集人，中国史学会原副会长，北京市历史学会原会长，北京师范大学历史学院原教授、博士生导师。

王仁杰
（1942—2020），泉州人。中国著名戏曲作家。代表作品梨园戏《董生与李氏》《节妇吟》，昆曲《牡丹亭》《桃花扇》《琵琶行》，越剧《唐婉》等。《董生与李氏》《节妇吟》《牡丹亭》入选国家舞台艺术精品工程初选剧目，其中《董生与李氏》入选2003至2004国家舞台艺术精品工程十大精品剧目。曾获得曹禺戏剧文学奖剧本奖和文华新剧目奖，并于2006年被文化部授予"昆曲艺术优秀主创人员"称号。

黄奕缺
（1928—2007），福建省南安市人。国家一级演员、中国戏剧家协会会员、中国木偶皮影艺术学会名誉会长、泉州木偶剧团名誉团长。中国一级演员。黄奕缺是一位提线木偶表演和木偶头雕刻艺术大师。在中国和国际上获得多个奖项，被誉为"国际木偶大师"。

苏双碧
（1933—2021），福建南安人。1961年毕业于北京大学历史系。著名历史学家，曾任《光明日报》社理论部主任、《求是》杂志社副总编辑。参与主编或主编了《中国史学家评传》《中国革命史小丛书》《社会主义理论丛书》等书籍。先后出版《历史科学的理论和方法》《洪秀全传》《洪秀全》《太平天国史综论》等著作30余种，其中《洪秀全》《太平天国史综论》先后获国家图书奖。

移山填谷 国画 李硕卿

李硕卿

（1908—1993），祖籍泉州惠安，著名国画家、工艺美术家，曾任中国美术家协会理事、中国国画研究院创作成员等职。

故乡 烟火艺术图 蔡国强 摄影 Justin Jin，蔡工作室提供

蔡国强

1957年出生，1985年毕业于上海戏剧学院舞蹈美术系。担任中华人民共和国成立70周年联欢晚会焰火总导演，是北京奥运会烟花的总设计师。

曾静萍梨园戏表演

曾静萍

1963年8月生，女。中国民主同盟盟员，国家一级演员，福建省梨园戏实验剧团团长，第十届全国人大代表，福建省政协委员。是文化部优秀专家和福建省"五一劳动奖章"获得者，曾两度获中国戏剧表演艺术最高奖项梅花奖，被评为第二届全国中青年德艺双馨文艺工作者。

闽南红砖老厝　漆画　陈立德

闽海清风　水彩画　郭宁

李光地故居行　国画　许秋

清源山
陈祥耀

泉水清清溯古源,
摩云揽海任登攀。
风光一俯收全郡,
北拥闲闲作主山。

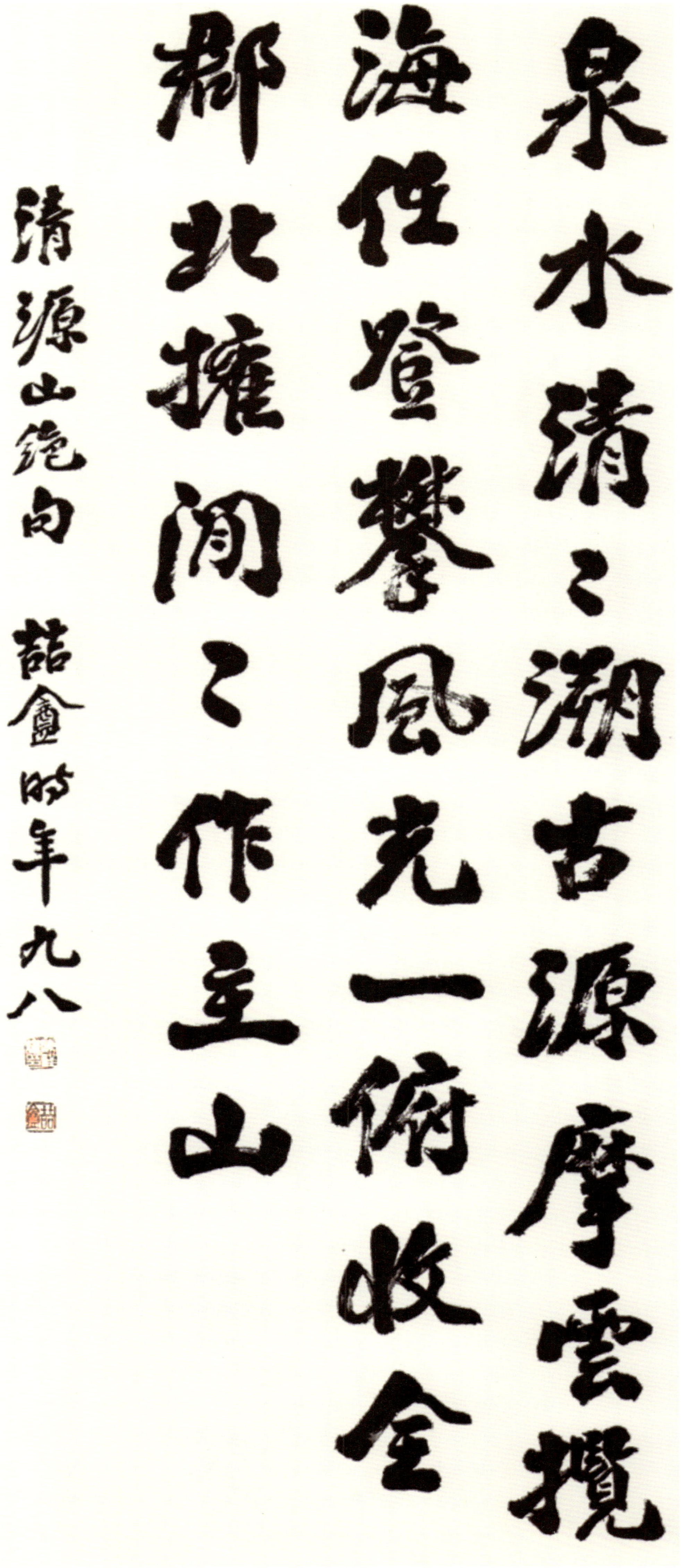

陈祥耀

福建泉州人,1922年生,中国古典诗词研究专家,福建师范大学原教授。

清源山绝句　诗/书法　陈祥耀

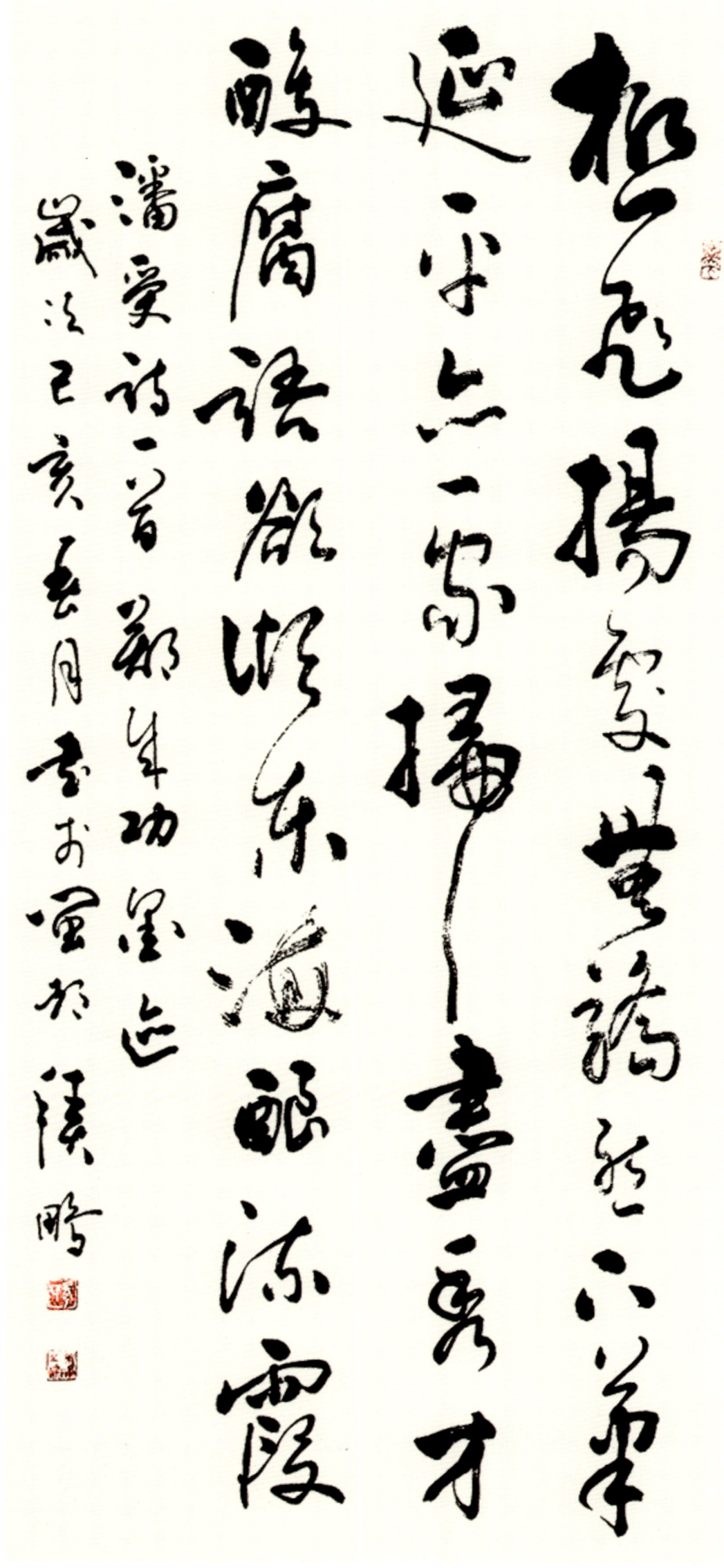

郑成功墨迹　诗 潘受 / 书法　张积鹏

郑成功墨迹

潘　受

极飞扬处无骄态，
下笔延平亦一家。
扫尽秀才酸腐语，
欲倾东海酿流霞。

柳梢青·凭吊蚶江再借亭
胡亦璧

明代崇祯，兴、泉参政，命荐贤能。平寇安航，销令解禁，海运商荣。

三湾万国船盈。颂再借，铭碑庙亭。廉正曾樱，惠民德政，闽赣留名。

柳梢青·凭吊蚶江再借亭　词 胡亦璧 / 书法 阮连明

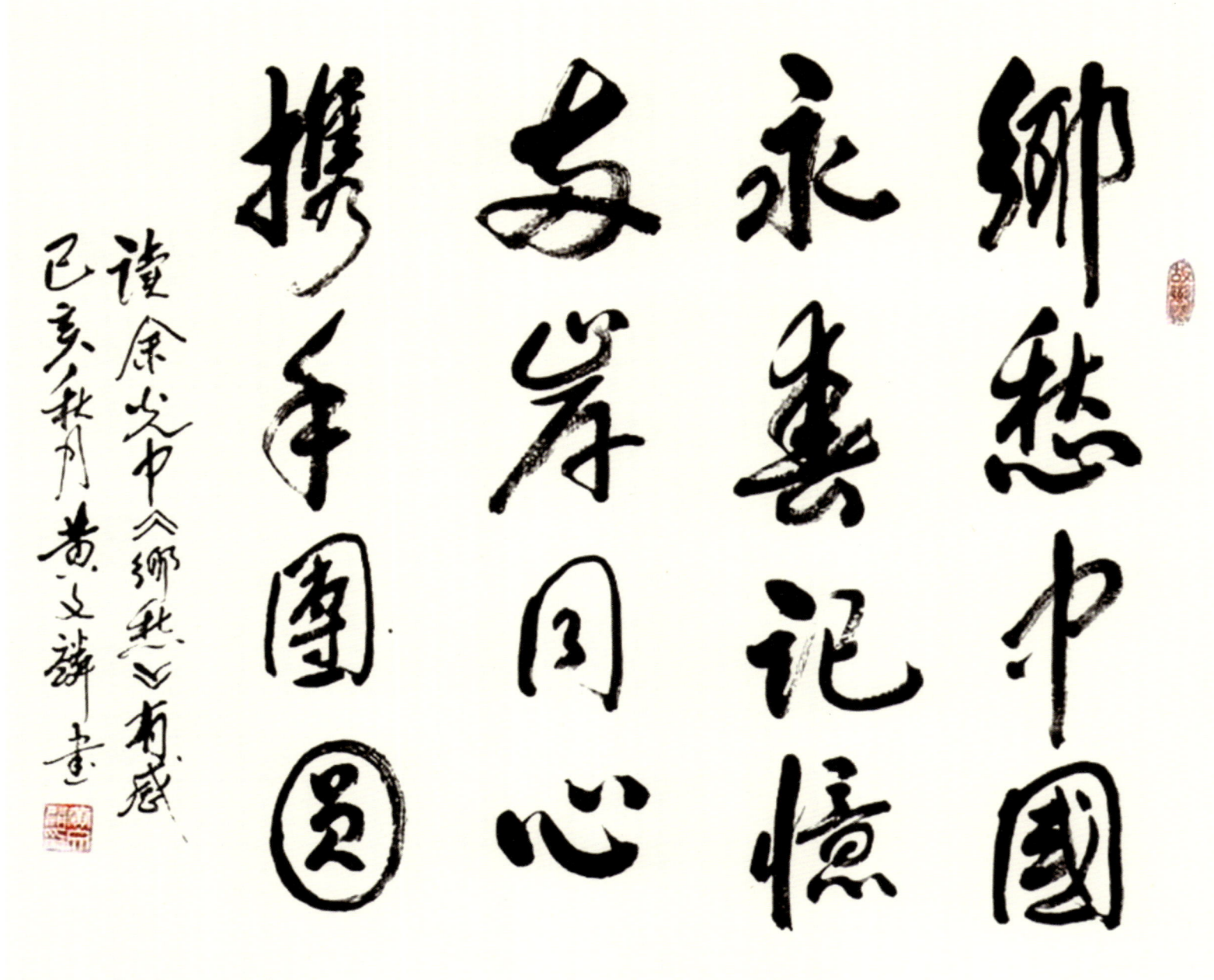

读余光中《乡愁》有感 书法 黄文麟

乡愁中国 永春记忆
两岸同心 携手团圆

余光中纪念馆　国画　王兆琴

乡愁

现代·余光中

小时候，乡愁是一枚小小的邮票，
我在这头，母亲在那头。
长大后，乡愁是一张窄窄的船票，
我在这头，新娘在那头。
后来啊，乡愁是一方矮矮的坟墓，
我在外头，母亲在里头。
而现在，乡愁是一湾浅浅的海峡，
我在这头，大陆在那头。

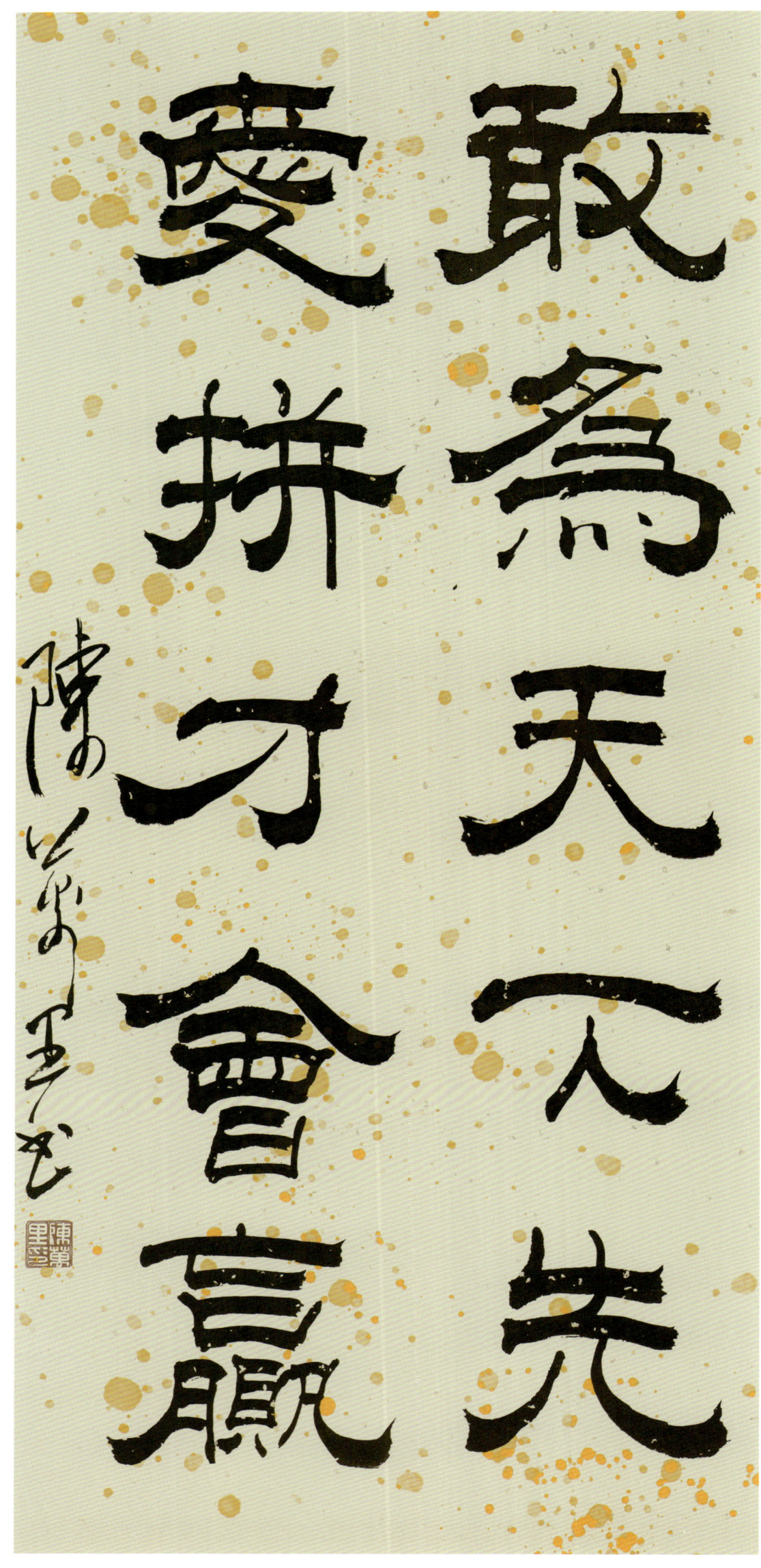

敢为天下先 爱拼才会赢 书法 陈万里

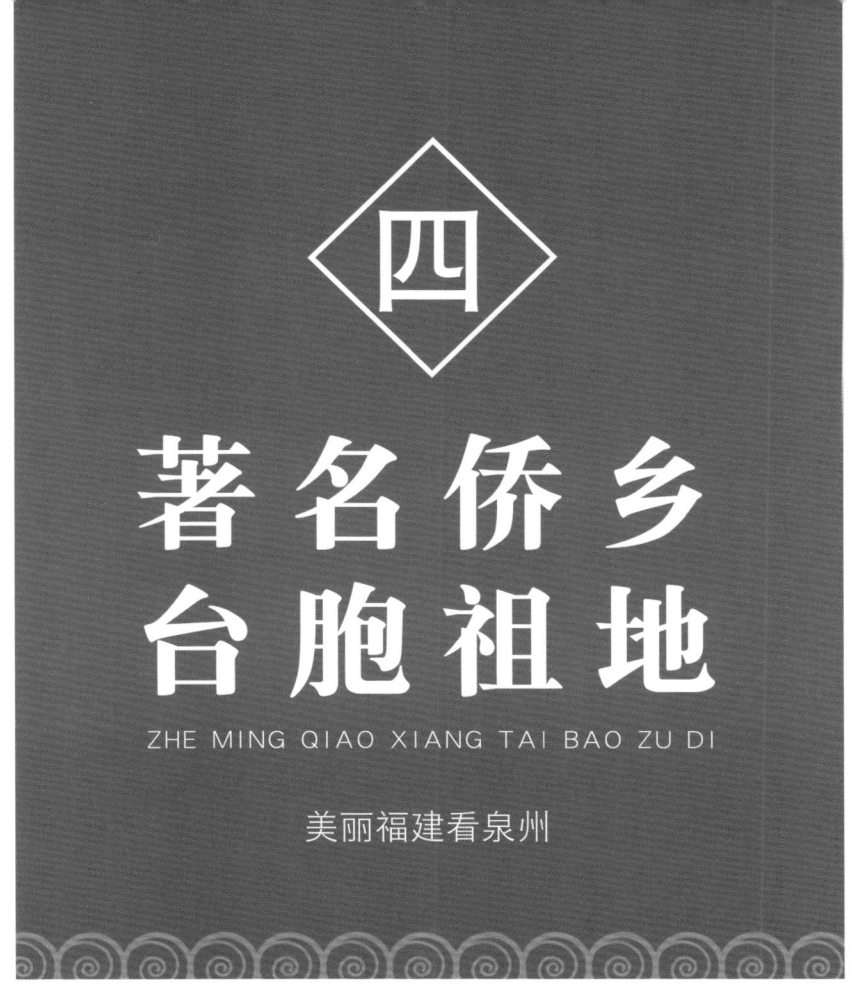

四 著名侨乡 台胞祖地

美丽福建看泉州

泉州是著名侨乡，拥有众多的海外乡亲，目前分布在世界170多个国家和地区的泉州籍华人有948万人。他们在无数的领域创造奇迹，涌现出一大批工商巨子、政界精英、文化名人和社团领袖。他们为中国和侨居国的文化、经济交流等作出了不可磨灭的贡献。泉州是中国与侨居国联系交往的纽带。在"一带一路"倡议的进程中，华侨起着很重要的作用，如对外贸易，引进海外先进科技和设备等。

泉州又是美丽侨乡，侨建高楼大厦比比皆是。华侨大学首建就在泉州，此外黎明大学、仰恩学院都是爱国华侨、归侨对家乡的无私奉献。华侨捐资办学，形成了普遍风气，各县市区中小学华侨投资建校不胜枚举。特别是在美丽乡村的建设，兴办企业，修桥造路和发展各种公益事业，都有许多侨资注入。

福建与台湾一衣带水，地缘近、血缘亲、商贸广、法缘久，有着密不可分的血肉关系。台湾有44.8%的汉族同胞，约900万人祖籍是泉州。台湾的地名与泉州相同的达180多处。全市现有台属近16万人。泉州和台湾经济来往、文化交流频繁，成为祖国大陆对台工作的前沿重地。

向金马供水是福建诸多对台优势中的一项很独特的优势，涉及送水的各有关部门应高度重视，精心组织，通力协作，简化手续，以利安全快捷地完成任务。

习近平总书记对福州向马祖、晋江向金门供水工程的指示　书法　袁锦贵

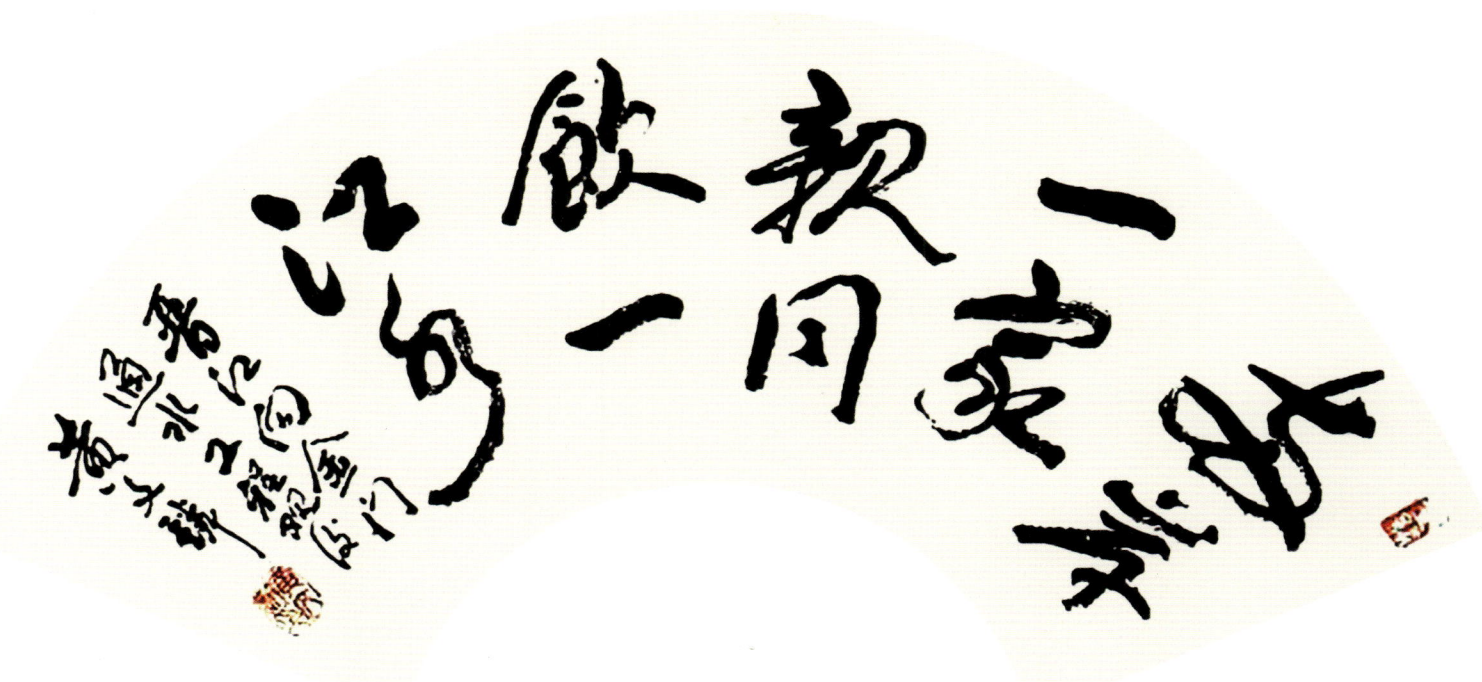

两岸一家亲 同饮一江水 书法 黄文麟

著名侨乡 台胞祖地
篆刻 史迎光

中国闽台缘博物馆　摄影　洪丽萍

中国闽台缘博物馆建于2006年5月，是祖国大陆（福建）与宝岛台湾历史关系的国家级专题博物馆。它位于福建省泉州市西湖北侧，总投资1.8亿元，占地154.2亩，面积为23332平方米。中国闽台缘博物馆主体建筑分四层，高度为43米。其入口处的"九龙柱"，高19米、宽2米，是祖国大陆最高的一对"九龙柱"。2008年10月1日，江泽民同志为中国闽台缘博物馆题写馆名。

海丝泉州　书法　李冀平

《泉州海交史诗》序
吴捷秋

晋代衣冠成古丘，
温陵尚有水名留。
历经唐宋开商港，
递嬗元明泊宝舟。
传教通婚来异域，
贸迁与国到非洲。
海交史迹诗篇在，
如数家珍一卷收。

《泉州海交史诗》序　诗 吴捷秋／书法 庄晟宏

敢为人先、爱拼会赢、合群团结、豪爽义气、恋祖爱乡、回馈桑梓

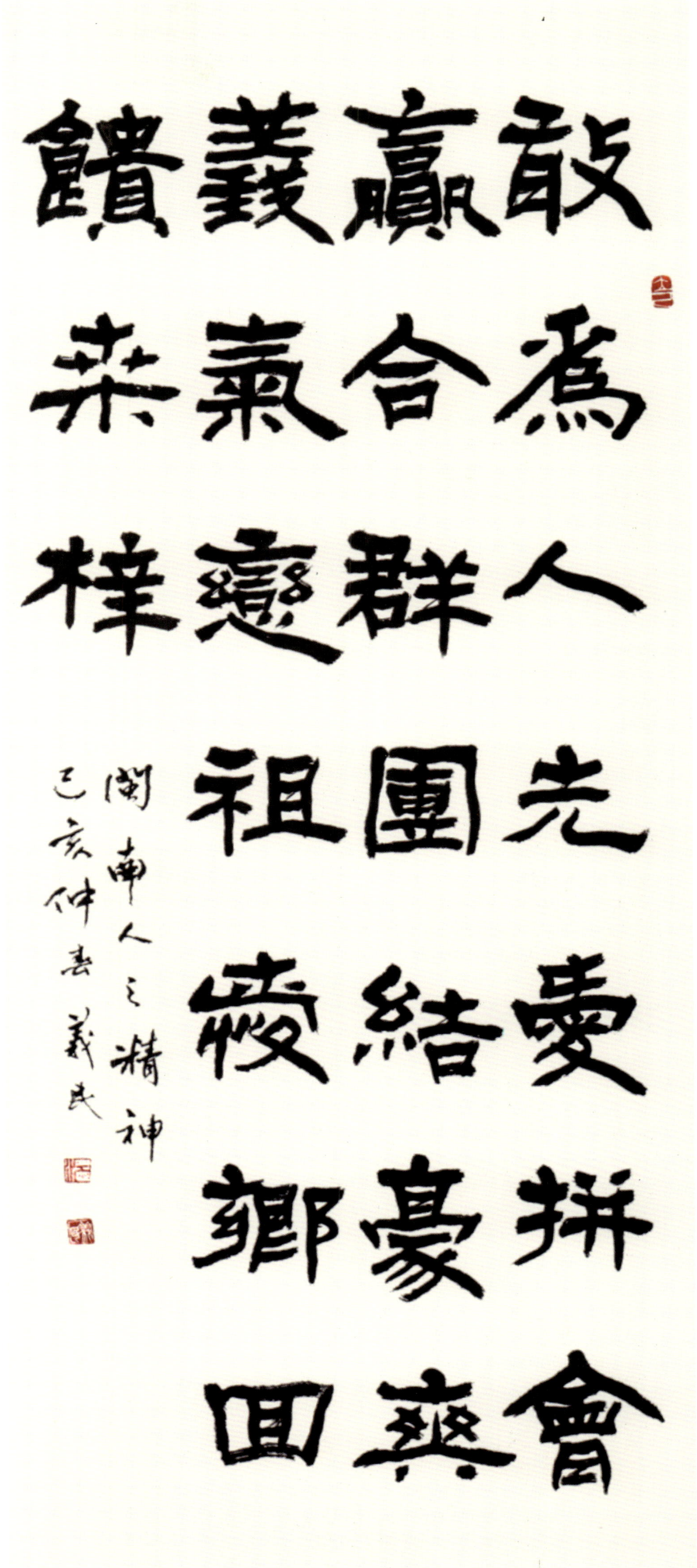

闽南人之精神 书法 江义民

泉籍华侨投资企业——泉州糖厂

泉南歌
宋·谢履

泉州人稠山谷瘠，
虽欲就耕无地辟。
州南有海浩无穷，
每岁造舟通异域。

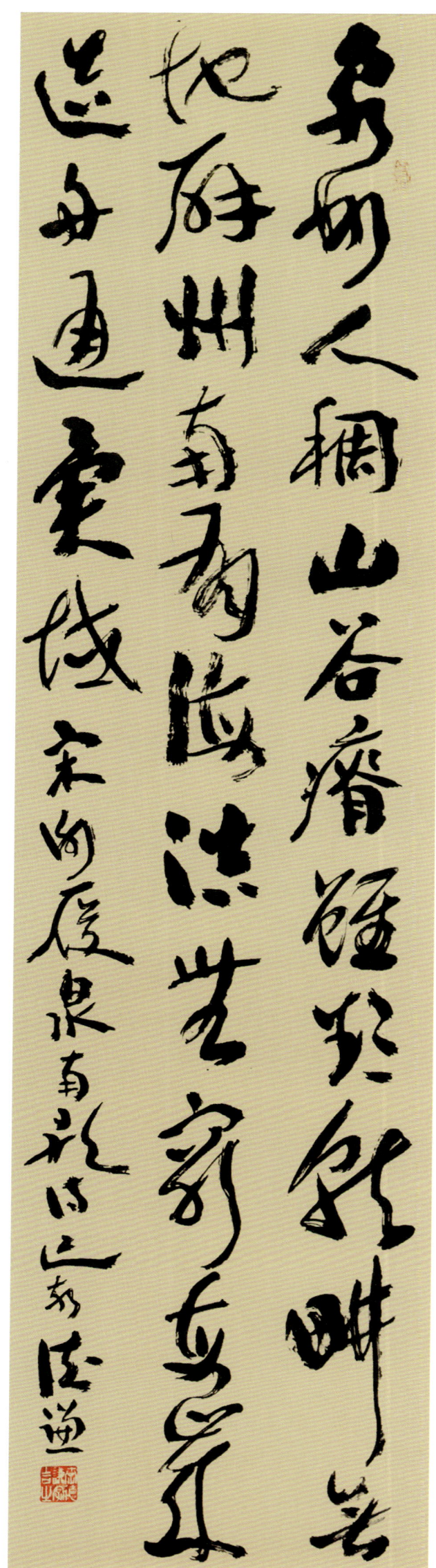

泉南歌 诗 谢履/书法 李德谦

    泉州是全国著名的侨乡，现有祖籍泉州的华侨、华人948万分布在世界五大洲，其中90%旅居于东南亚各国。福建省的侨乡分布在东南沿海一带，其中以泉州市所属的各县、市、区的侨眷、归侨最多，占全省归侨、侨眷总数的50%以上。泉州侨批的海外分布区域也集中在东南亚各国。

    中华人民共和国成立后，原有的大多数泉籍华侨投资企业经过社会主义改造，以公私合营的形式继续经营。同时泉籍华侨也通过福建省华侨投资公司及其他形式继续投资家乡。

民国时期侨办汽车站　　泉州侨光电影院——印度尼西亚泗水归侨陈启水先生创办　　泉籍华侨投资企业——漳厦铁路设于蒿峪的火车站

南侨机工们途中休息

　　1937年日本制造了"七七事变"，扩大对华侵略战争，中国全民族抗战爆发。10月，日军占领或封锁了中国沿海的港口和海岸线，企图切断中国的国际交通线，掐断外界对中国的国际援助，以实现迅速灭亡中国的野心。为突破日本的封锁，国民政府军事委员会成立了西南进出口物资总经理处，负责战时物资运输，开始招聘华侨司机回国服务。同时在8个月内抢建了一条公路——滇缅公路，并于1938年8月通车，该路成为当时中国的唯一国际通道。因为急需大量司机和汽车的装配、修理人员，西南运输处致函南侨总会主席陈嘉庚，请求帮助中国政府代为在南洋华侨中招募技术熟练的机工。南侨总会通告发出，热血华侨青年纷纷响应，到1939年6月，应募南侨机工3200多名，分15批回国，加上自发从其他地方回国的，华侨机工总人数达3400人以上，其中有不少机工是泉籍华侨，南侨机工们为抗战的胜利作出特殊而卓越的贡献。

陈嘉庚

（1874—1961），祖籍泉州同安，新加坡归侨，著名的爱国华侨领袖、企业家、教育家、慈善家、社会活动家。早年加入中国同盟会，支持辛亥革命。事业有成便投身慈善事业，创办集美学村和厦门大学。"七七事变"后，领导东南亚侨胞支援祖国抗日战争，被推举为南洋华侨筹赈祖国难民总会主席。1950年回国定居，他为百废待兴的新中国教育、文化和社会事业奔忙，鞠躬尽瘁。先后出任全国人民代表大会常务委员会委员、中国人民政治协商会议全国委员会副主席、华东军政委员会副主席、中华人民共和国华侨事务委员会（简称"中侨委"）委员、第一届中华全国归国华侨联合会（简称"全国侨联"）主席。毛泽东主席誉之为"华侨旗帜、民族光辉"。

林惠祥

（1901—1958），祖籍石狮，菲律宾归侨。著名人类学家、考古学家、民俗学家、民间文艺理论家。1921年到厦门大学读书。毕业后，到菲律宾大学研究院攻读人类学，从此致力于人类学的研究。多次深入台湾、闽西、东南亚、印度等地调查，搜集大量考古和民族文物资料并撰写著作。在厦门大学任教，倡议成立人类学系和人类学研究所，并倡导、主持建立厦门大学人类学博物馆等。林惠祥为奠定中国研究人类学有关分科基础作出重要贡献。

庄希泉

（1888—1988），祖籍安溪，新加坡归侨，著名爱国侨领、教育家、社会活动家。早年追随孙中山实业救国，1911年在新加坡加入同盟会，三下南洋为民主革命筹款。抗日战争期间，在香港主持福建救亡同志会等，支援抗日。1947年加入中国民主同盟，积极从事海外侨胞统战工作。1949年受中共委托，专程赴新加坡邀请陈嘉庚回国参加中国人民政治协商会议。新中国侨务工作主要领导人之一，历任中央侨务委员会副主任兼难侨处理委员会主任、全国政协副主席、全国侨联主席。1982年，由中共中央直接批准，以95岁高龄加入中国共产党。立下"永爱中国，此志不渝"的终生承诺。

梁披云

（1907—2010），学名梁龙光，又名梁雪予，祖籍永春，印尼归侨。著名诗人、书法家、教育家、社会活动家。1943年回国先后出任国立福建音乐专科学校校长、国立海疆学校校长、福建省教育厅厅长。1950年重返印尼，曾任印尼《火炬报》华文版主编。1966年定居澳门。筹建并于1968年创立澳门归侨总会，被推举为会长，连任主席30余年。1981年回泉创办黎明学园，1984年创办黎明职业大学，首任校长。书法艺术上颇具艺术造诣，1974年在香港创办专业性书法杂志《书谱》双月刊。工旧体诗词，出版《雪庐诗稿》。主编出版《中国书法大辞典》《中国篆刻大辞典》等。

梁灵光

(1916—2006),祖籍永春,马来亚归侨,1937年10月回国参加抗战,参加新四军,屡立战功。中华人民共和国成立后,历任福建省副省长、轻工部部长、广东省省长。对福建的工业发展及广东改革开放和现代化建设作出重要贡献。同时,他也关注并积极推动侨务工作开展。曾任第七届全国人大华侨委员会副主任委员

陈青山

(1919—2003),祖籍惠安,马来亚归侨,1941年回国加入海南琼崖民众抗日自卫团独立总队,参加抗日斗争,为抗战胜利立下战功,中华人民共和国成立后,被授予少将军衔。

罗 浪

(1920—2015),原名罗南传,祖籍德化,马来西亚归侨。当代出色的革命音乐家和指挥家,新中国军乐事业的主要奠基人。1938年奔赴延安,先后入读鲁迅艺术学院、华北联合大学。毕业后先后担任晋察冀军区、华北军区军乐队队长。1949年10月1日在开国大典上任军乐队总领队、总指挥。新中国成立后历任华北军区军乐团团长,解放军军乐团、首都联合军乐团团长兼总指挥,训练总监部军乐处处长,中央广播乐团团长。创编歌曲200余首,包括《中国人民解放军进行曲》《分列式进行曲》《哀乐》等。2002年荣获第一届中国音乐金钟奖。

庄炎林

(1921—2020),祖籍安溪,新加坡归侨,从小受父亲庄希泉和母亲余佩皋的影响,其有强烈的爱国精神。抗战时期积极投身抗日救亡运动。中华人民共和国成立后,历任共青团福建省委书记、驻坦桑尼亚使馆经济代表、中国旅行游览事业管理总局副局长、国务院侨办副主任、中国侨联主席等职。

罗豪才

(1934—2018),祖籍安溪,新加坡归侨,著名法学家、教育家和社会活动家。1952年回国后考入北京大学,毕业后留校任教,从事法学教学和研究工作,是中国现代行政法学的开拓者、奠基人。热心为侨服务,是新中国侨务工作的重要参与者、见证人和领导者。历任北京大学副校长、中国侨联副主席、最高人民法院副院长、致公党中央主席、第九届、第十届全国政游副主席等职务。著有《行政法论》《行政法学》《现代行政法的平衡理论》等多部在学术界有重要影响的著作。

周南京

(1933—2016),祖籍安溪,印尼归侨。东南亚史、华侨华人史、中国与东南亚关系史专家。曾任中国东南亚研究会副理事长、中国华侨历史学会副会长、中国太平洋学会理事等职。编著有《印度尼西亚华侨华人研究》《菲律宾与菲华社会》《华侨华人百科全书》《世界华侨华人词典》等。

学村学园,是华侨华人在乡兴学的一大特色,它涵盖了幼儿园到高中的完整教育体系,并包含了许多配套设施。泉籍华侨华人在乡创办了多个学村学园,从整体上改变了当地的教育风貌,有些甚至成为当地张亮眼的名片。

光前学村,坐落于南安梅山,由南安旅居新加坡乡亲李光前捐资创办。如今,学村内有国光高级中学、国光初级中学、南安工业学校、南安成人中专、国专小学(四所)和幼儿园(五所)等各类学校,并拥有泉州市光前医院、李成智公众图书馆、美术馆、画院等众多的公益设施,规模宏大,配套完善。

光前学村

华侨大学　摄影　郑柳枝

华侨大学直属中央统战部领导，是周恩来总理亲自批准设立的中央部属高校，是中国第一所以"华侨"命名的高等学府，由国侨办与福建省、泉州市、厦门市共同建设的综合性大学，是国家重点扶植的大学。

泉州师范学院　摄影　郑柳枝

泉州师范学院于2000年经教育部批准建立，由华侨创办于1923年的泉州师范学校、1939年的南安师范学校、1951年的泉州教育学院和1958年的泉州师范高等专科4所学校合并组建。

泉州黎明大学　摄影　郑柳枝

　　1984年春，在侨办黎明学园的基础上创办泉州黎明职业大学，学校位于泉州市区中山北路黎明高中旧址。1992年，学校经泉州市人民政府同意一次性征用新校址280亩建设用地。2000年9月，学校完成整体搬迁。

泉州仰恩大学　摄影　李明晋

　　仰恩大学是全国第一所具有颁发国家本科学历证书和授予学士学位资格的私立大学。学校于1987年由爱国华侨吴庆星先生及其家庭设立的仰恩基金会创建，经国家教委批准为全日制普通高等学校。1988年由福建省政府办学。1994年7月，仰恩大学由仰恩基金会独立办学。

晋江养正中学印象　诗 陈奕良／书法 雷强

晋江养正中学印象

陈奕良

黉宫新址耀，七秩远驰名。
校继元湖意，侨酬安海情。
学高标典范，志壮搏云程。
万里阳光照，春船正好行。

养正中学（旧）　　　　　养正中学

养正中学，坐落于晋江安海，由旅日华侨陈清机、吴警予与诸乡贤于1928年发起办。新中国成立及改革开放后，旅外乡亲继续扩建校舍、建设学校各类设施。

泉州师范学院东海校区俊秀文学院

　　兴中华教育科学基金会，由南安籍旅居新柳乡亲陈永俊捐资设立。1989年基金支持华文教育事业、中国华侨历史学会成立侨史研究专项基金，资助泉州华侨历史博物馆和南安市邑胞纪念馆、（厦门）华侨博物院建设，奖励中国澳星发射成功有功人员，并与中国青少年发展基金会合作，成立希望工程特别奖学金。

泉州工艺美术职业学院　摄影　陈世荣

由安溪旅外乡亲李尚大、李陆大、昆仲共同捐资创办慈山学园。内有慈山学校、慈山财经学校、慈山农业学校、慈山幼儿园等各类学校，为解决泉州山区教育，培养服务社会的栋梁之材作出重要贡献。

黎明职业大学"慈山大楼"

石狮市五星小学是由许荣茂先生捐建。许荣茂，石狮市五星村人，旅居澳大利亚，著名企业家、慈善家。其创办的世茂集团累计捐款超过11亿元，连续多年位列中国慈善榜前列。许荣茂长期关爱家乡，在家乡捐建学校、医院，设立基金会，资助各项活动。

石狮五星小学

南安侨光中学，坐落于南安市金淘镇，由当地地方人士与旅居菲律宾乡亲于1946年共同发起创办，杨仲清等旅菲侨亲全力支持并成立侨光中学驻菲董事会，为侨光中学发展奠定了基础。此后印尼、菲律宾等地侨亲支持学校扩建，成就今日规模。

南安侨光中学

泉州师范学院"陈守仁工商信息大楼及陈亨利文科教学大楼"

陈守仁家族福利基金会，成立于1988年，由旅居美国乡亲陈守仁捐资设立，用于兴学、助残、办医、抚孤等公益活动。

陈延奎体育场

泉州陈延奎体育场由晋江旅居菲律宾乡亲陈永栽于1992年捐资建设，占地80亩，建筑面积5.5E平方米，设有塑胶跑道、标准足球场、跳高、跳远、铅球、铁饼、标枪等场地，可容纳2.5万名观众。

晋江华侨中学职业中专学校

晋江华侨中学职业中专学校前身为晋江华侨中学职业高中班，1995年正式成立，2002年与华侨中学分离独立办学。旅外乡亲苏孙江、苏干墅、庄金洲等捐建了学校大量教学设施。

郑信顺夫人基金委员会2011年度讲学助学金颁发大会

永春郑信顺夫人基金委员会成立于1985年，永春旅居马来西亚乡亲郑文尧捐资设立，用于奖励永春县优秀学子和资助困难学生。

泉州华侨职业中专学校

泉州华侨职业中专学校，前身为泉州华侨补习学校，由旅居新加坡乡亲杨连年捐资创办。1996年，成为泉州市第一所国家级重点职业学校。

南安诗山南侨医院新门诊楼 黄欲水基金会捐建

诗山中学教学楼"诗侨楼"

黄敬水基金会，成市于1984年，由南安旅居印尼乡亲黄正泉与昆仲黄正顺、黄正体捐资在香港设立，用于资助家乡的公益事业。

陈水俊独资捐建的南安溪美的溪美鹏峰中学

泉州师范学院大礼堂　旅菲侨领陈祖昌捐建

晋江祖昌体育馆　旅菲侨领陈祖昌捐建

石狮地方人士及旅居菲律宾乡亲共同发起创办石光中学

厦门必利达大厦　　　　　　　　　　　　　　　南安必利达大厦

南安旅居印尼华侨黄仲咸先生于1990年创建"南安黄仲咸教育基金会"。2004年9月更名为"福建省黄仲咸教育基金会"。基金会创建后分别在南安、厦门投资兴建"必利达大厦",采取以物业租赁经营形式获得源源不断的资金收入,实现"自我造血"功能,广泛在全省开展奖学、奖教和助学活动。

何瑶煜、何瑶炬,祖籍泉州丰泽东海,旅居新加坡。20世纪50年代开始创办实业,同时返乡兴办公益事业,共同捐资创办泉州东海农业中学。改革开放后,又共同出资在泉州市区兴办当时泉州市首座高层大厦,取名"泉州贤銮福利大厦",并设立"泉州贤銮福利基金会",支持家乡科教事业,为家乡培育英才。

泉州贤銮福利大厦

晋江安海医院，印尼归侨倪端仪发起倡议海外乡亲集资建设

金井石圳文化中心，旅菲乡亲李昭进捐建

金井峻山阅书报社，1919年晋江石圳村旅菲华侨捐资设立

晋江金井卫生院门诊楼，旅菲侨领陈祖昌捐建

安溪官桥医院，旅新乡亲陈丙丁倡议捐资创办

侨资捐建晋江市图书馆

华侨捐建石狮敏月公园

侨资捐建石狮体育馆

泉州华侨历史博物馆　摄影　骆明育

泉州华侨革命历史博物馆是主要展示泉籍华侨往海外移民及其在海外生存、发展的历史，反映华侨华人群体的主要特点和在人类文明发展中的地位、作用的博物馆。泉州华侨历史博物馆于1982年开始筹建，1993年动工，1995年底建成。建馆以来，博物馆先后推出"出国史馆""泉州人在南洋"两个基本陈列。"出国史馆"主要展示自唐代以来，不同历史时期泉州籍华侨移民海外的原因、类型、方式、过程及其影响；"泉州人在南洋"表现了泉州人在海外生存、发展的历史及海外泉籍华人社会变迁和现状。

华侨新村住宅

1955年始建泉州市华侨新村，历经数年建成五排48栋花园式别墅建筑群，是中国的首个华侨别墅区。

华侨革命历史博物馆

该馆位于南安市金陶叶飞同志纪念馆前。

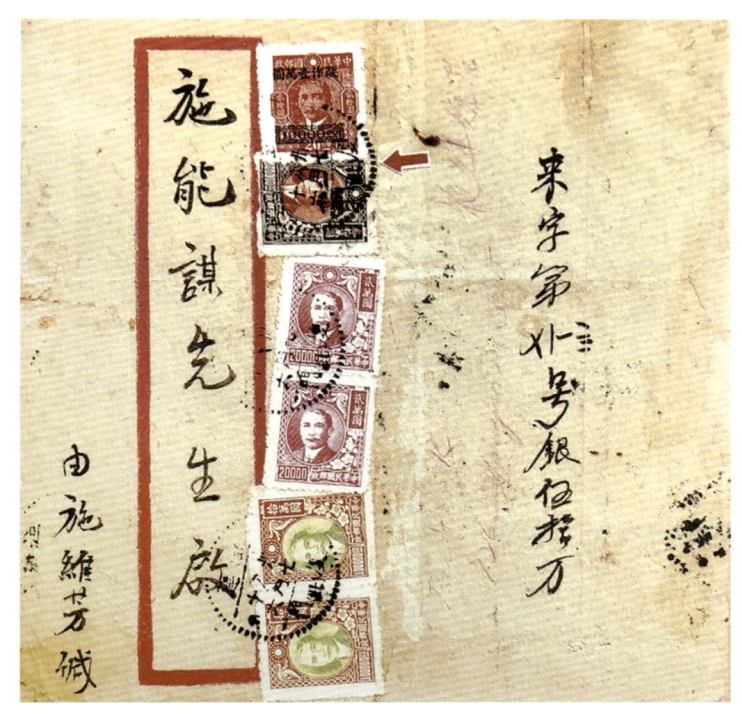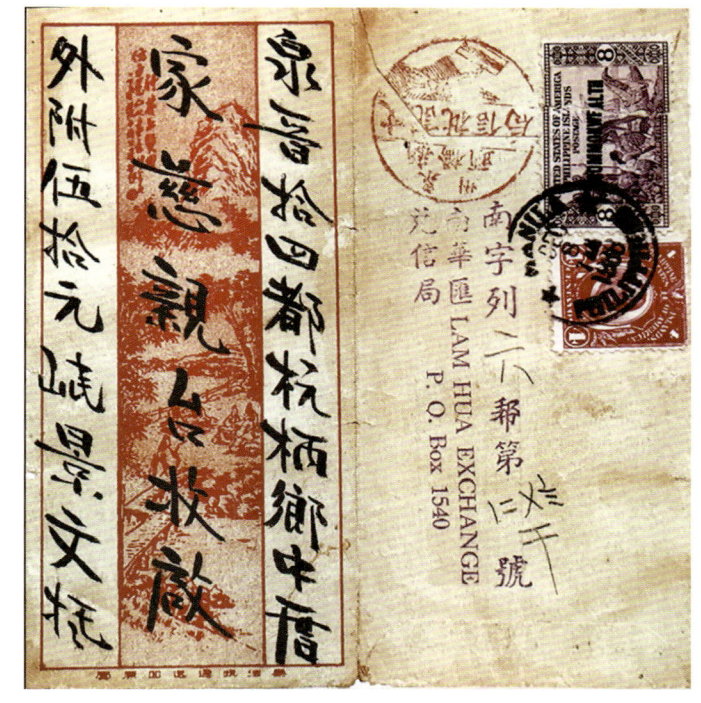

侨批原件两件

闽南地区的侨批馆——鲤安信局遗址

鸦片战争后，随着厦门的开埠，大批以农民为主的泉州人迫于生计、战乱或天灾人祸，纷纷以自由移民或契约移民形式，到南洋谋生发展。侨是泉州的市情，也是泉州的资源。据统计，作为全国著名侨乡，泉州市分布在世界170多个国家和地区的华侨华人多达948万人，旅居港澳同胞76万人，两者合占全省60%以上。与此同时，全市还有归侨、侨眷254万人，分布于全市150多个（镇）中，重点侨乡占全省总数的75%。

侨建楼房·斗南九十九间中西式古厝　摄影　张梓昌

侨建楼房·六也亭

侨建楼房·景胜别墅

侨建楼房·南安眉山黄奕住八卦楼　摄影　洪丽萍

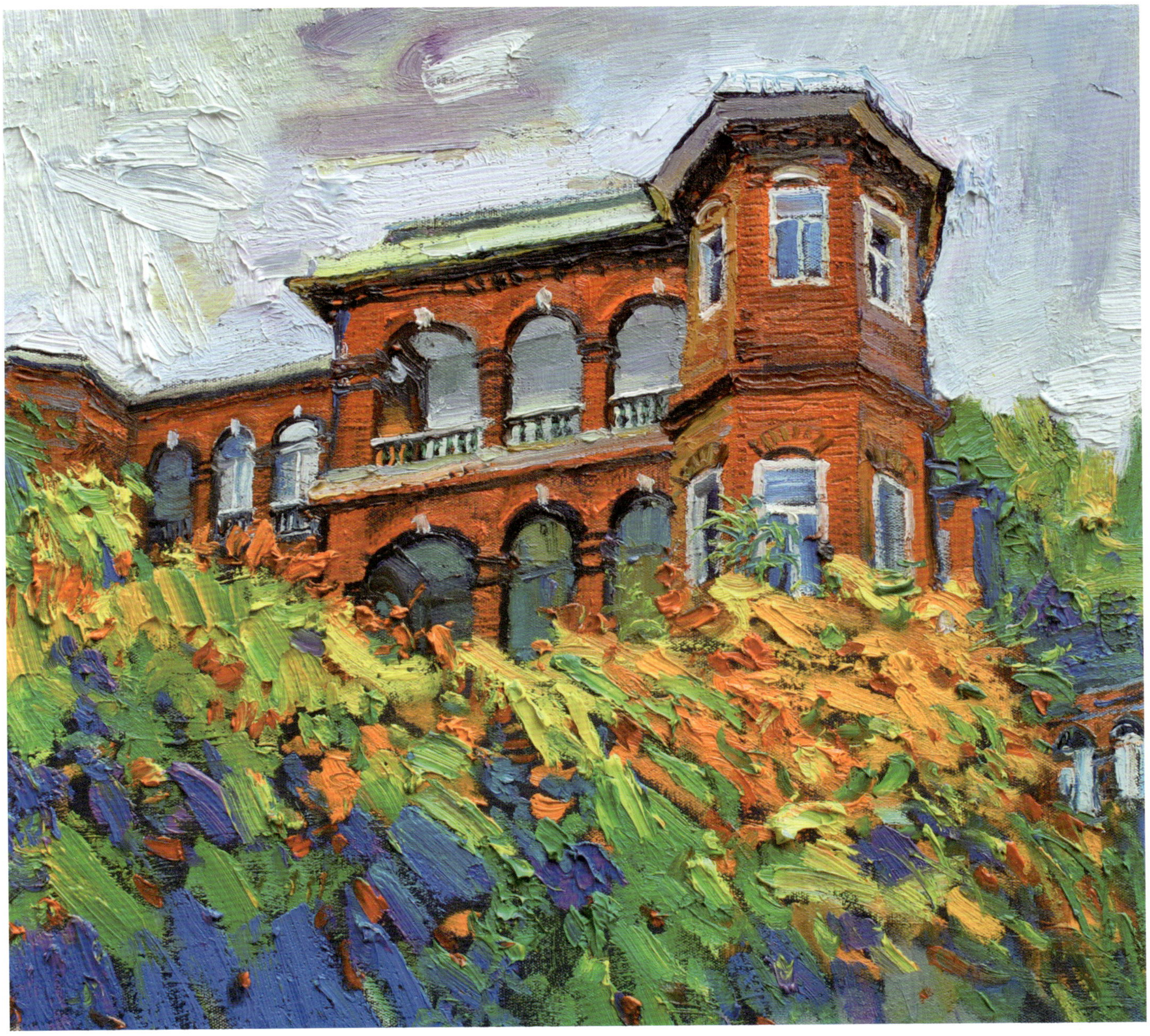

泉州西街八角楼　油画　戴毅强

旭日方升　摄影　庄灿枝

郑成功纪念馆　摄影　林致凡

民族英雄郑成功雕像　摄影　林致凡

瞻仰坪山郑成功塑像

江 一

投笔焚衣逐荷夷，
千秋功业垂青史。
英姿策马坪山现，
义胆忠肝万代思。

拜谒郑成功陵园
陈金春

长眠桑梓郑延平,
民族英雄万古荣。
矢志匡明存汉土,
忠心逐虏起强兵。
陵园镌刻殊勋字,
华夏流芳勇烈名。
待到金瓯归一统,
我携美酒酹千觞。

拜谒郑成功陵园　诗 陈金春/书法 俞其锐

海峡两岸文化交流　摄影　林致凡

郑成功史迹

陈祥耀

驱夷复土海云东，
继化持坚两竟功。
留得人间真节业，
不妨清帝表英雄。

颂福建（泉州）向金门供水
陈金春

高峡平湖供碧水，
开渠穿海到金门。
千年期盼今朝现，
两岸一家华裔根。

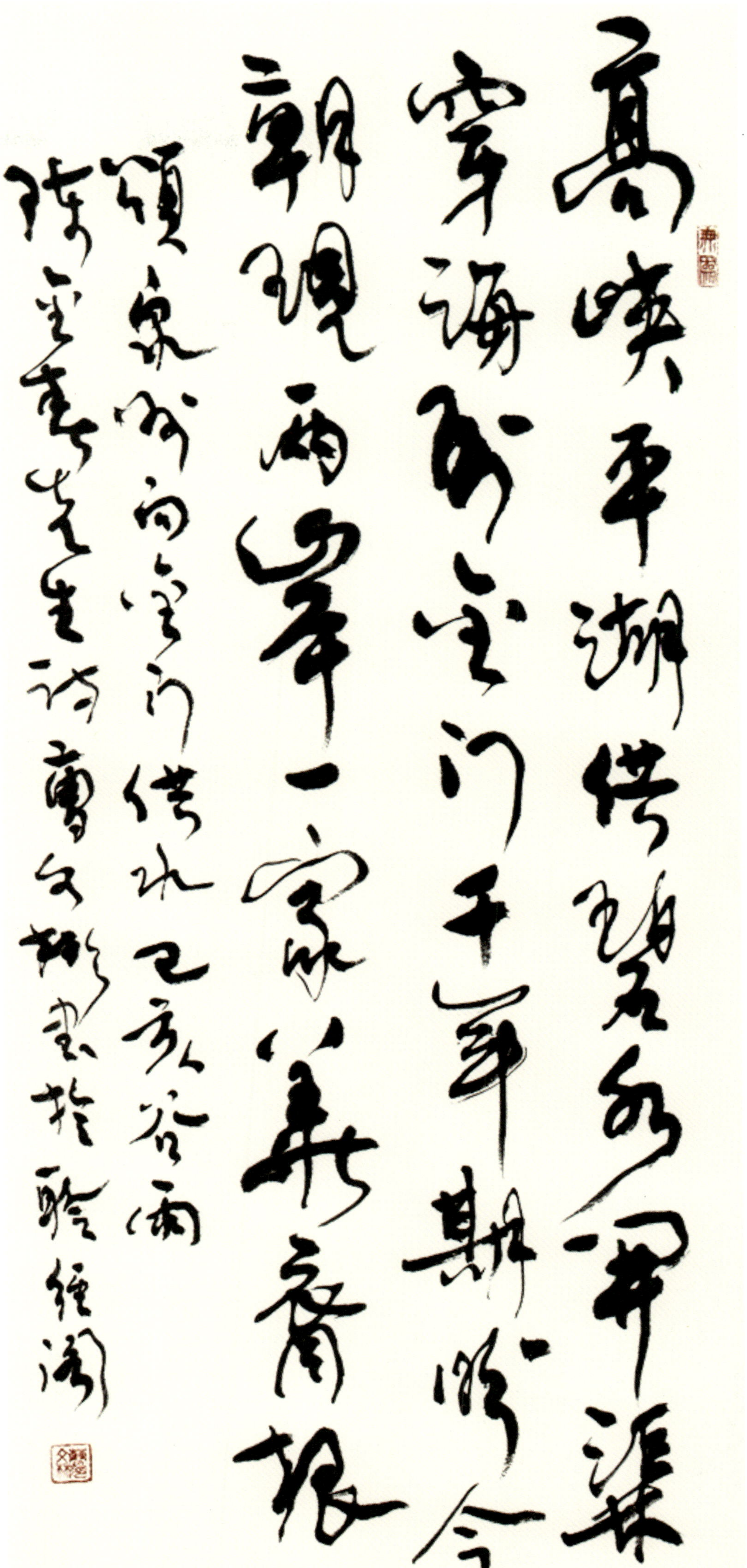

颂福建（泉州）向金门供水　诗 陈金春／书法 曹文彬

福建向金门供水工程，经过23年的规划设计和施工建设曲折历程，终于2018年8月5日正式通水。

为记录这项具有重要意义的水利工程，2020年编制出《同饮一江水》一书，由福建省委原书记陈明义撰写书名，全国政协民族宗教委员会原主任、水利部原部长钮茂生作序，福建省人大原主任袁启彤、福建省政协原主席游德馨分别为此书题词。福建省水利厅原党组书记、厅长陈国樑主笔，福建省水利厅、福建日报社几位老同志组成志愿者诚心帮助完成。

话剧《共饮一江水》　陈国樑供稿

大型原创话剧《共饮一江水》被2022年省文化和旅游厅列为向党的二十大胜利召开献礼的重点剧目，由福建人民艺术剧院总策划编排，从采访、编剧、演出仅用10个月时间，于2022年12月隆重试演，再次展现23年设计施工曲折艰辛历程。该剧入选文化和旅游部2022年全国剧本扶持工程10个清单之一。

五 海丝文化世界遗产

HAI SI WEN HUA SHI JIE YI CHAN

美丽福建看泉州

早在西晋太康年间，佛教就传入泉州。因为海外交通贸易的繁荣，各国传教士纷纷到泉州传教，泉州敞开博大兼容的胸怀，成了一个多教圣地，享有"世界宗教博物馆"之美誉。各种寺庙和教会都在泉州这块热土和洽相安，竞异共存。宗教间相互渗透，相互作用，创造了独特的泉州宗教文化。因此，联合国教科文组织就在泉州建立一个"世界多元文化展示中心"。历史上，在泉州的宗教有道教、佛教、伊斯兰教、景教、印度教、基督教、摩尼教、日本教和拜物教等。这些宗教在经历了千年的风雨之后，有些仍在泉州流传，有些已经归于寂灭或退出泉州，但它们在泉州留下了众多遗迹、雕像、建筑，如今成为泉州发展旅游经济的重要资源。

由于多教圣地带来的多教文化，多元文化的积淀在泉州非常丰厚。泉州从晋代衣冠南渡之后，许多在中原已流失的东西，如语言、风俗习惯、音乐等一直保留至今，成为稀有活化石。多元文化表现在一动一静：即众多文化古迹是静态文化；而地方方言、南音、戏剧、民俗等又是动态文化，两者动静结合，相辅相成。泉州背山面海的地理环境和多种文化的相互交融碰撞，使泉州的民俗也有很多独具一格之处，如闹元宵、挂宫灯、端午龙舟竞渡等。泉州传统曲艺中有不少表演形式和剧目源于宋元时代，在发展的过程中吸收、融合了其他外来文化成分，体现了兼收并蓄的特色。如来源于中原地区民间喜庆舞蹈具有武化特征的"拍胸舞"，有被称为"中国音乐活化石"并让康熙皇帝拍手叫好"惊为天下绝响"的南音，有被誉为我国戏曲"奇葩"的提线木偶戏，有被郭沫若题诗赞誉为"南海明珠"的高甲戏，还有基本保留了宋元南戏原风貌的梨园戏等。

泉州现存有一大批与中古时期海外交通有关的文物瑰宝，其数量之繁、种类之多和价值之高是其他地方难以比拟的。2017年中国联合国教科文组织全国委员会秘书处致联合国教科文组织遗产中心正式推荐泉州为2018年世界文化遗产申报项目。申报中有：万寿塔、文兴码头、美山码头、石湖码头、六胜塔、九日山祈风石刻、磁灶窑系金交椅山窑址等遗产点。

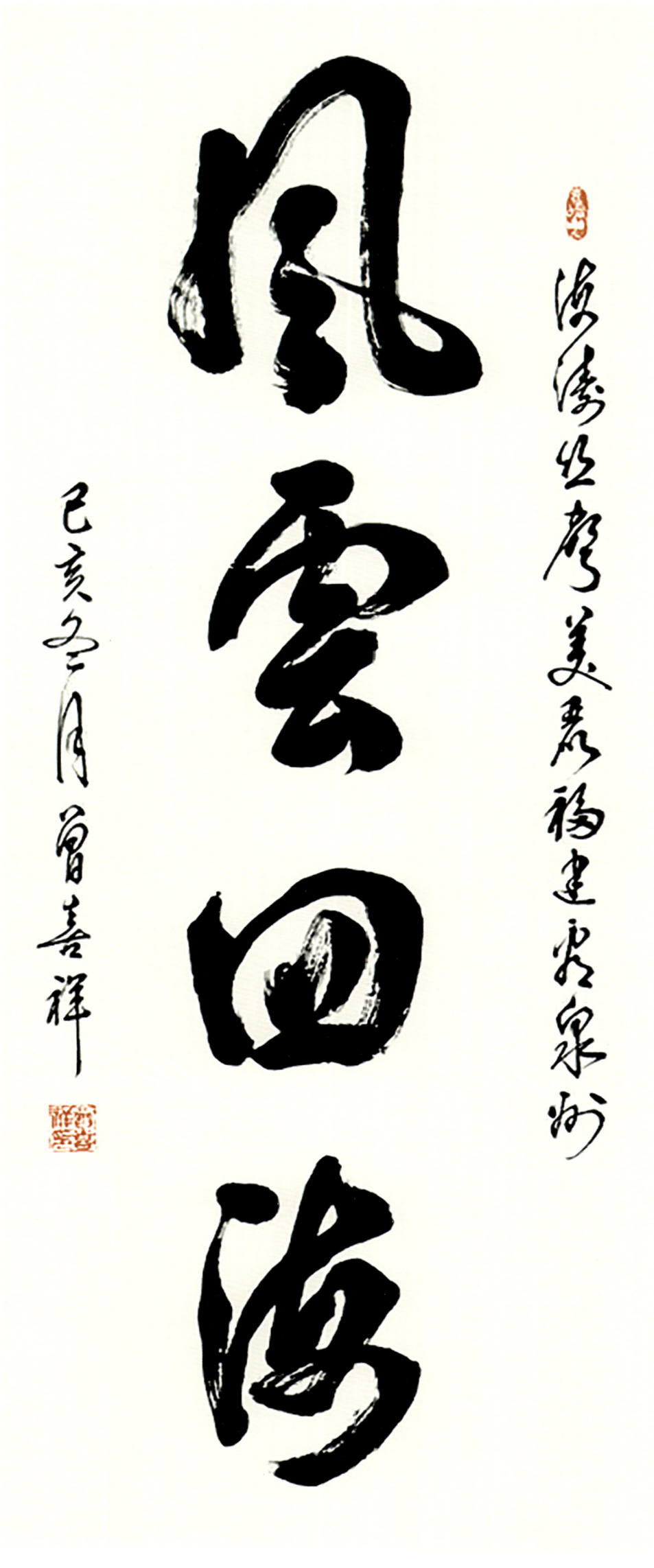

风云四海 书法 曾喜祥

福建是中国古代造船中心，泉州是中国古代海上丝绸之路的起点，在福建泉州海交馆筹建古代船舶发展史陈列馆是适合的，有特色，有意义，也有基础和基本条件。

福建是中国古代造船中心国古代海上丝绸之路的起点在福建泉州海交馆筹建古代船舶发展史陈列馆是适合的有特色有意义也有基础和基本条件

录自二零零零年八月时任福建省长习近平的批示

癸卯仲秋 林圣团

福建是中国古代造船中心　书法　林圣团

泉州开元寺　摄影　陈铭福

　　开元寺位于福建省泉州市鲤城区西街，是中国东南沿海重要的文物古迹，也是福建省内规模最大的佛教寺院。该寺始创于唐初垂拱二年（686），初名莲花道场，开元二十六年（738）更名开元寺。现存主要庙宇系明、清两代修建，南北长260米，东西宽300米，占地面积78000平方米。1982年，开元寺被列为第二批全国重点文物保护单位。2021年7月25日，第44届世界遗产大会审议通过，泉州开元寺被列入《世界文化遗产名录》，成为中国第56处世界遗产，是泉州22处代表性古迹遗址之一。

开元寺

陈祥耀

宝塔东西胜迹留,
桑莲老干亦千秋。
泉南佛国规模盛,
毕竟开元甲一州。

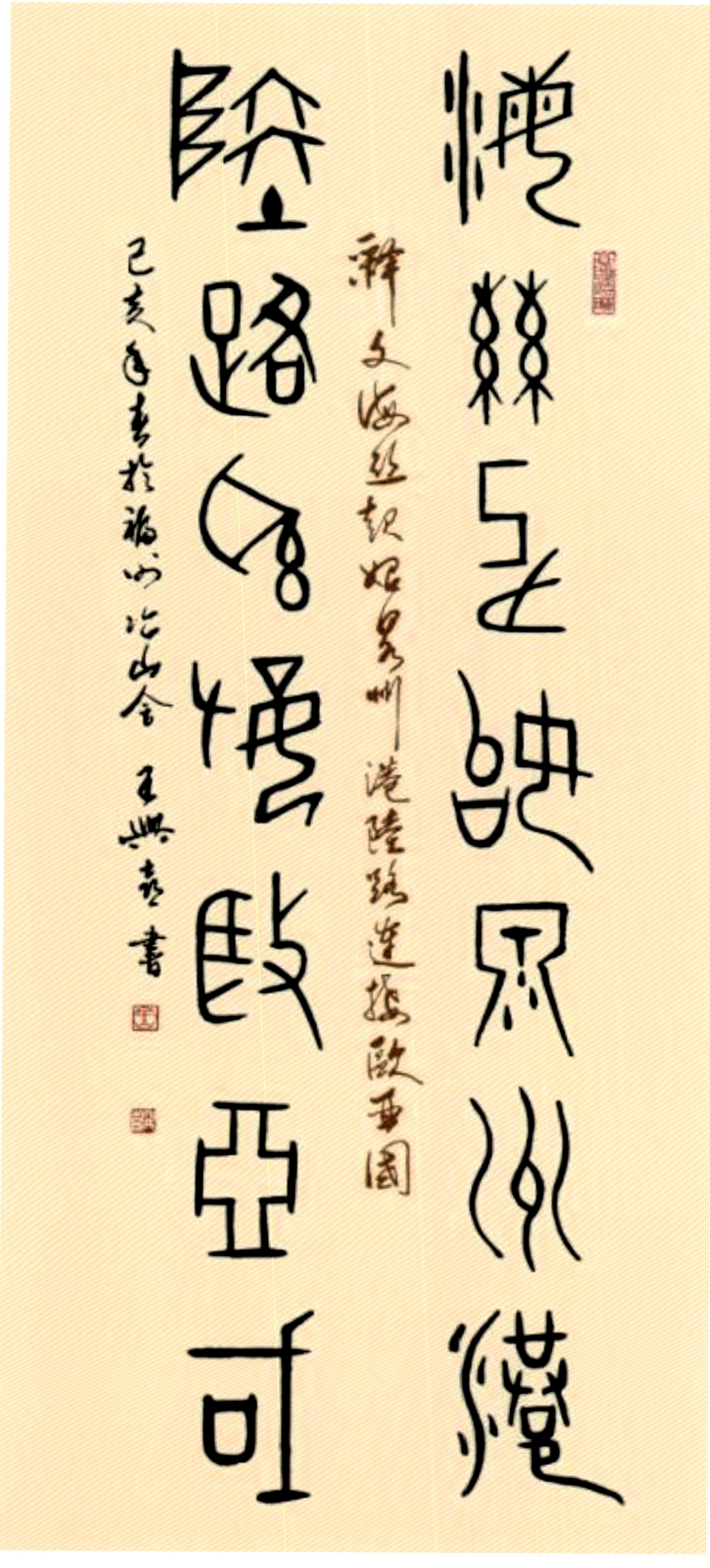

海丝陆路七言联　书法　王兴喜

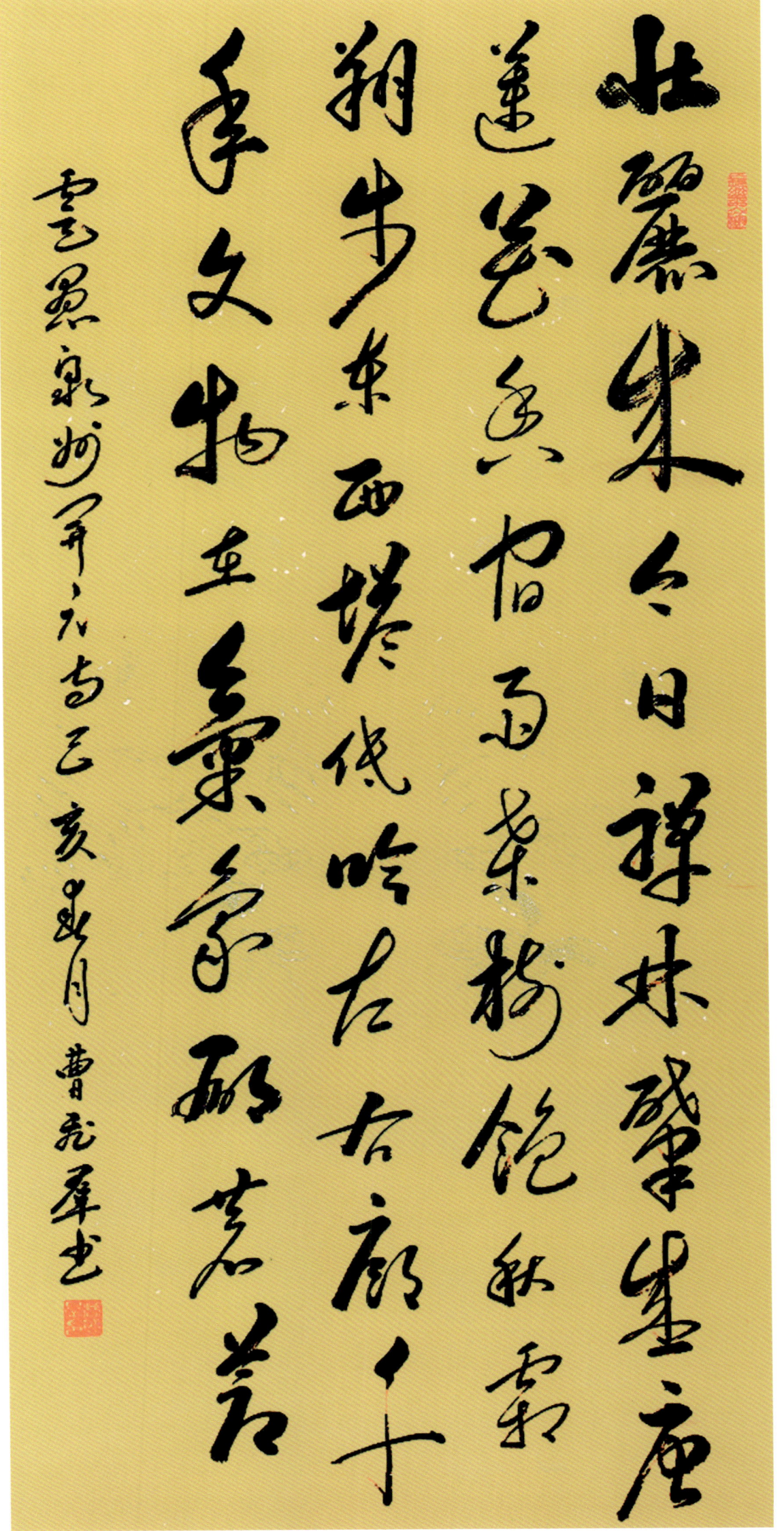

泉州开元寺
虞愚

壮丽成今日，
禅林肇盛唐。
莲花香宿雨，
桑树饱秋霜。
翔步东西塔，
低吟左右廊。
千年文物在，
气象郁苍苍。

泉州开元寺 诗 虞愚／书法 曹飞群

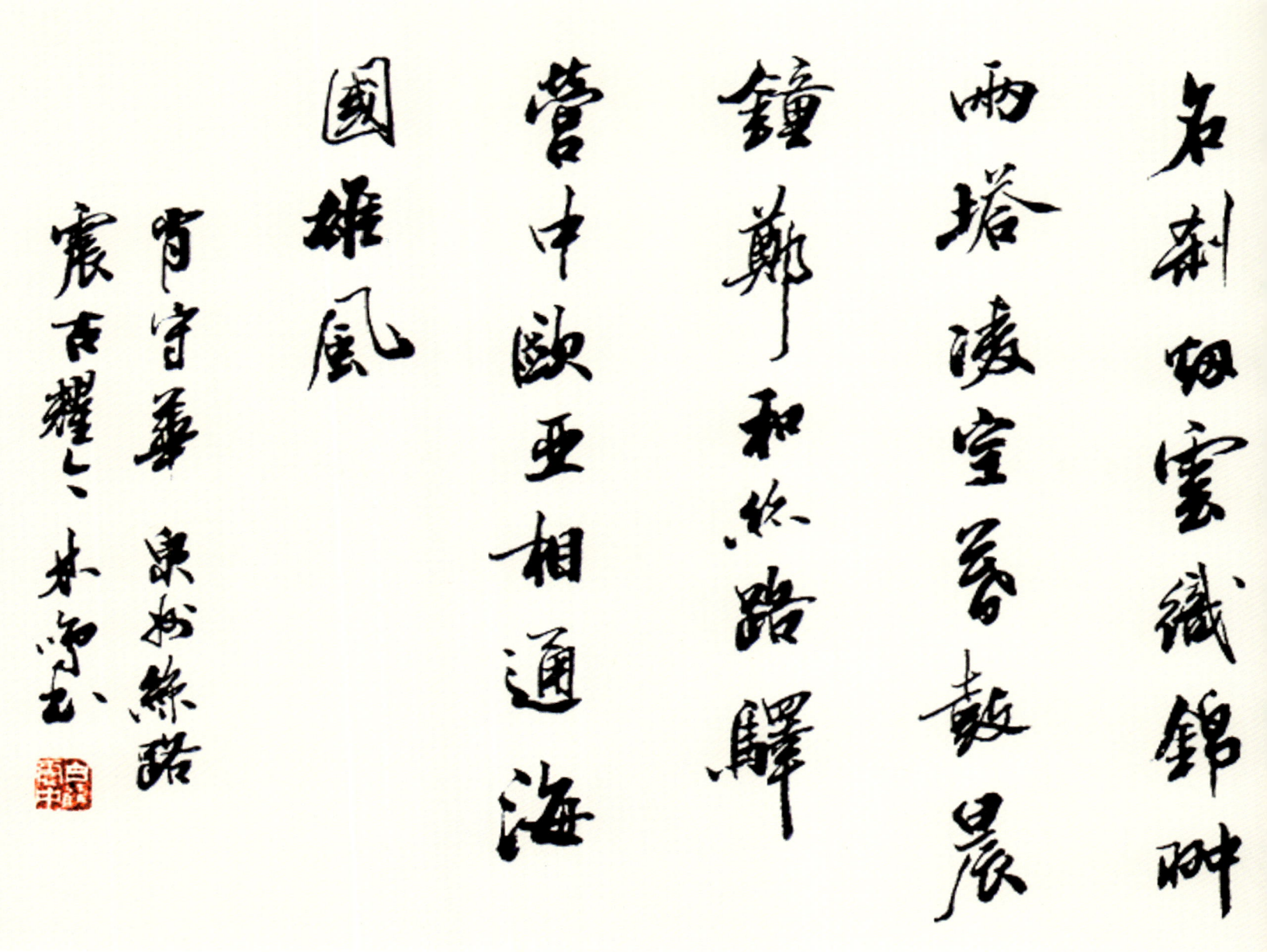

一剪梅·泉州丝路震古耀今 词 肖守华/书法 林鸣

一剪梅·泉州丝路震古耀今

肖守华

峻岭清源翠柏松。景色交融，流瀑长虹。巨岩太上老君崇。宋迹桥穹，渔火霞红。　名刹烟云织锦绸。两塔凌空，暮鼓晨钟。郑和丝路驿营中。欧亚相通，海国雄风。

峻岭清源翠柏松景
色交融流瀑长虹
巨篆太上老君崇宋
造桥穹渔火霞红

开元寺婆罗门教石柱　摄影　唐军

泉州开元寺内有阿育王东西二塔，又称"宋代二塔"，是始建于南宋绍兴十五年（1145）的宝箧印经石塔。其既有古朴的古印度建筑风格，又在时代的变迁中根据地域特色与民风民俗进行了适当的改造，再现了泉州古代劳动人民的建筑艺术水平。

开元寺内宋代二塔　摄影　骆明育

草庵组图 摄影 唐军

泉州草庵

草庵摩尼光佛造像是宋元泉州摩尼教传播的重要史迹，显现出宋元泉州世界海洋商贸中心强大的文化包容力，其蕴含的文化融合特征为宋元泉州世界性多元社群间广泛的价值观交流奠定了基础。

清水祖师（安溪）　油画　林依发

草庵摩尼光佛像
陈奕良

梅峰一石奇，依壁刻摩尼。
肩发双眸炯，莲坛满面慈。
草庵来赵宋，泉港接波斯。
瑰宝经千载，当欣报世遗。

草庵摩尼光佛像　诗　陈奕良／书法　陈家毅

美丽福建看泉州
Mei Li Fu Jian Kan Quan Zhou

清源春晓 国画 郭宁 江松

海上丝绸之路起点
篆刻 高浩

莺啼序·咏泉州

刘 旭

　　雄姿枕山面海，恰澎台对望。得天厚、温暖如春，体态丰满多样。戴云俏、闽中屋脊，西来敢把寒流挡。众丘陵、河谷平原，热情奔放。广阔胸襟，浩瀚海域，蕴无穷宝藏。美肖厝、天下驰名，港湾深曲宽畅。猛醒狮、东南振起；转身变、新城新象。晋流长，双岸风光，画图难状。　　山川毓秀，荟萃人文，古城史迹壮。看不尽：石桥横海，石塔擎天，石刻摩崖，老君雕像。清真寺矗，伊斯兰墓，灵山风动浑然石，石中居，揽胜清源上。俞龙练胆，平倭伟绩千秋，石城几度风浪。　　悠悠石在，世事沧桑，正大潮激荡。海内外、泉人千万，一片乡情，鲤跃龙门，锦程无量。根连宝岛，殷勤期待，回归应早成一统，为团圆、家国齐兴旺。成功开辟当年，史载芬芳，至今景仰！

海上丝路　泉州高铁站贵宾厅壁画　陈立德 孙宏图 金程斌

中国第一座中外海上交通史博物馆——泉州海外交通史博物馆　摄影　董介鼎

　　泉州海外交通史博物馆，是专门反映古代航海交通历史的博物馆。它以中世纪刺桐港即泉州港的历史为轴心，独特的海交文物，再现中国古代海洋文化。重要文物有古代宗教石刻、泉州湾宋代海船等。泉州海外交通史博物馆设有"泉州宗教石刻陈列馆""中国舟船世界陈列馆""阿拉伯——波斯人在泉州陈列馆""泉州湾古船陈列馆"等7个分馆。

泉州市舶司遗址

宋代沉船　摄影　林海峰

宋代沉船发掘于泉州湾后渚港海滩上。代沉船不仅是古代中外人民友好往来的历史见证，对于了解我国宋代的造船技术、航海史，以及经济贸易活动，提供了极为重要的实物证据。沉船上残长 24.4 米、残宽 9.15 米。船舱清理出香料、药物、瓷器、皮革制品物品共计 14 类 69 项。大量的出土物和船体特征表明：这是一艘宋代海船，而且是我国迄今为止发现的体量最大、年代最早的海船。1975 年，新华社正式发布泉州湾宋代沉船出土的消息，许多国家纷纷转载，并称之为"世界考古珍闻"。

四翼天使

四翼天使石刻为元代文物，长 53.3 厘米，宽 51 厘米，呈尖拱形，尖拱下镂空，碑面浮雕一位跌坐男性天使。天使披云肩，身着宽袖袍，两手于腹前捧一朵盛开的莲花，花上承托一个十字架，肩后两对展开的羽翼后有飘带，跌坐于云端。现收藏于泉州海外交通史博物馆。

海丝溯源　摄影　吴秋桂

双塔辉映 水彩 吴斌

泉州双塔(开元寺) 水彩 林峰

咏双塔
明·詹仰庇

石塔双飞缥缈间，
凌虚顶上结金团。
晴光闪烁天中落，
紫气飘摇云外寒。
过雁犹惊明月动，
腾龙误作宝珠看。
欲擎霄汉惭无力，
万古孤高一点丹。

咏双塔　诗　詹仰庇／书法　林琴

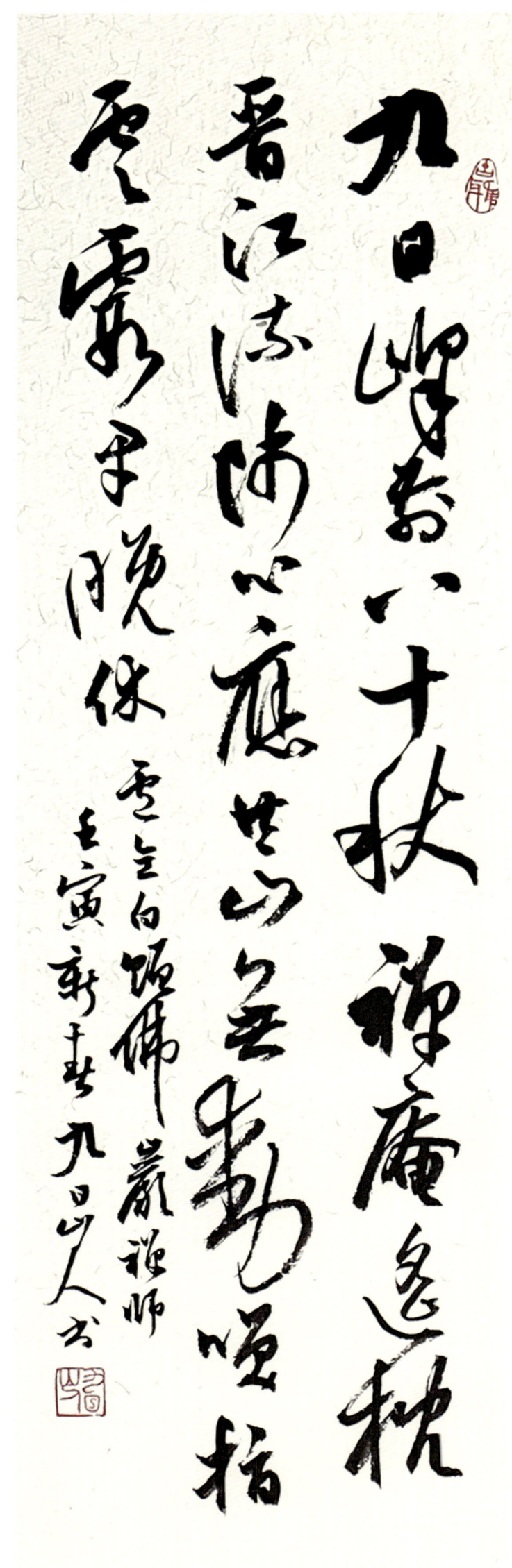

海丝源头九日山 国画 潘汉柱

赠佛岩禅师诗 诗 卢同白／书法 九日山人黄子立

赠佛岩禅师诗
唐·卢同白

九日峰前八十秋，
禅庵遥枕晋江流。
师心应共山无动，
笑指烟霞早晚休。

老子"不是"天下第一
——在清源山老子石像前感悟
许步书

走进清源山
与老子撞个满怀
老子天下第一
四周,响彻着游客的高喊
我站在石像前仰望
老子还是那么慈祥、和蔼、淡定
一点也没有
石碑与游客口中的霸气
老子没有死
天上自由的鸽群
是他的英灵化身
高歌道德经
往梦的远方扑翅!
我醒了
老子天下第一
是他的石像天下第一大
是啊,他之所以伟大
是他大爱无边
大象无形
大言不辩
大智若愚
他平凡
他伟大

老君岩 国画 王伟荣

泉州天后宫　水彩　游遵绍

洛阳古桥　水彩　陈义赋

泉州海丝公园　摄影　郑景勋

临江仙·泉州天后宫
陈金春

　　煊赫神威尊圣母，慈悲博爱齐天。扶危救难志尤坚。祈风祭海，保佑海安。　　庙貌巍峨香火旺，鸿恩硕德如仙。辉如日月照人间。寰瀛朝拜，亿兆信徒虔。

地灵人杰
篆刻 洪姗

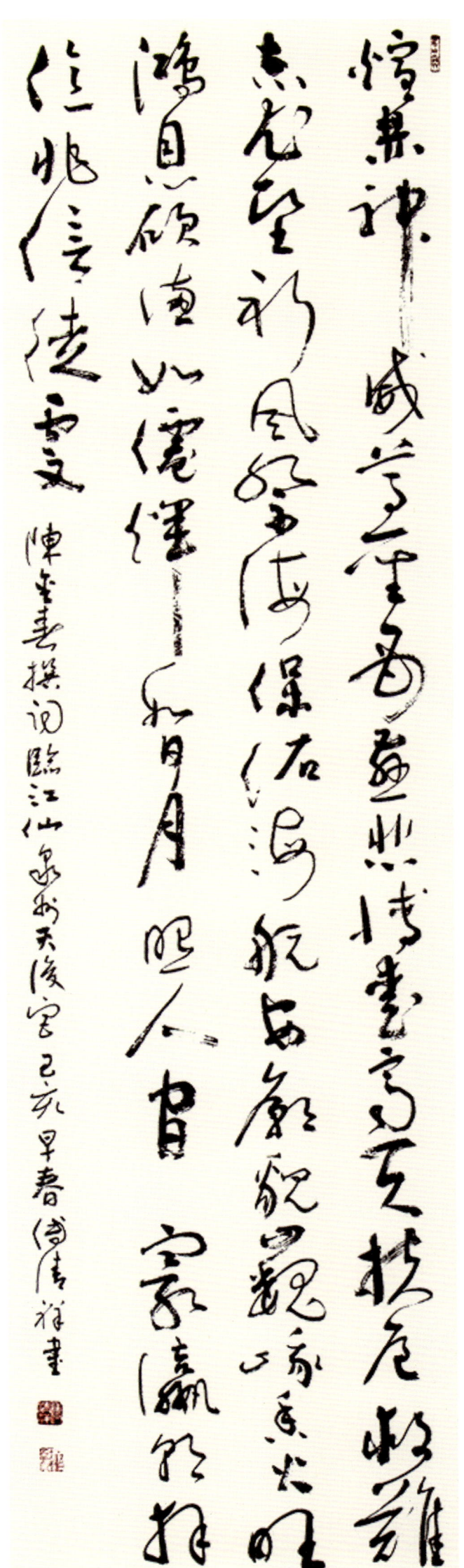

临江仙·泉州天后宫　词 陈金春/书法 傅清祥

泉州少林寺 摄影 吕琅珊

泉州少林寺又名镇国东禅寺,俗称南少林。位于泉州清源山麓,相传为救唐王十三棍僧之一的智空入闽所建。

南少林功夫 摄影 林珊

真武庙 摄影 骆明育

真武庙江口码头
陈一鸣

马可波罗曾此游,
宋元史迹傲千秋。
海丝起点能名世,
记取文兴古码头。

辉映真武庙 水彩 蔡永辉

灵山伊斯兰圣墓
王仁山

岑麓青苍繁秀木，
陵园幽谧一鸣禽。
亭遗梭柱稽唐制，
石刻莲花见净心。
三宝行香丝路远，
蕃商茸墓夙缘深。
异邦宗教汇泉郡，
纵目瀛寰自豁襟。

灵山伊斯兰圣墓　诗　王仁山／书法　董介鼎

清真夕照 国画 杨荣发

泉州中山路基督教教堂

泉南基督教堂位于泉州市中山路374号,原为清靖海领施琅书塾旧址。1877年3月改建为教堂。

泉州花巷天主教教堂

泉州天主教堂座坐于市区花巷许厝埕,建于1902年。

美丽福建看泉州

晋江安海安平桥　国画　薛建础

江口码头　水彩　蔡鑫

憩（惠安小岞）　摄影　唐军

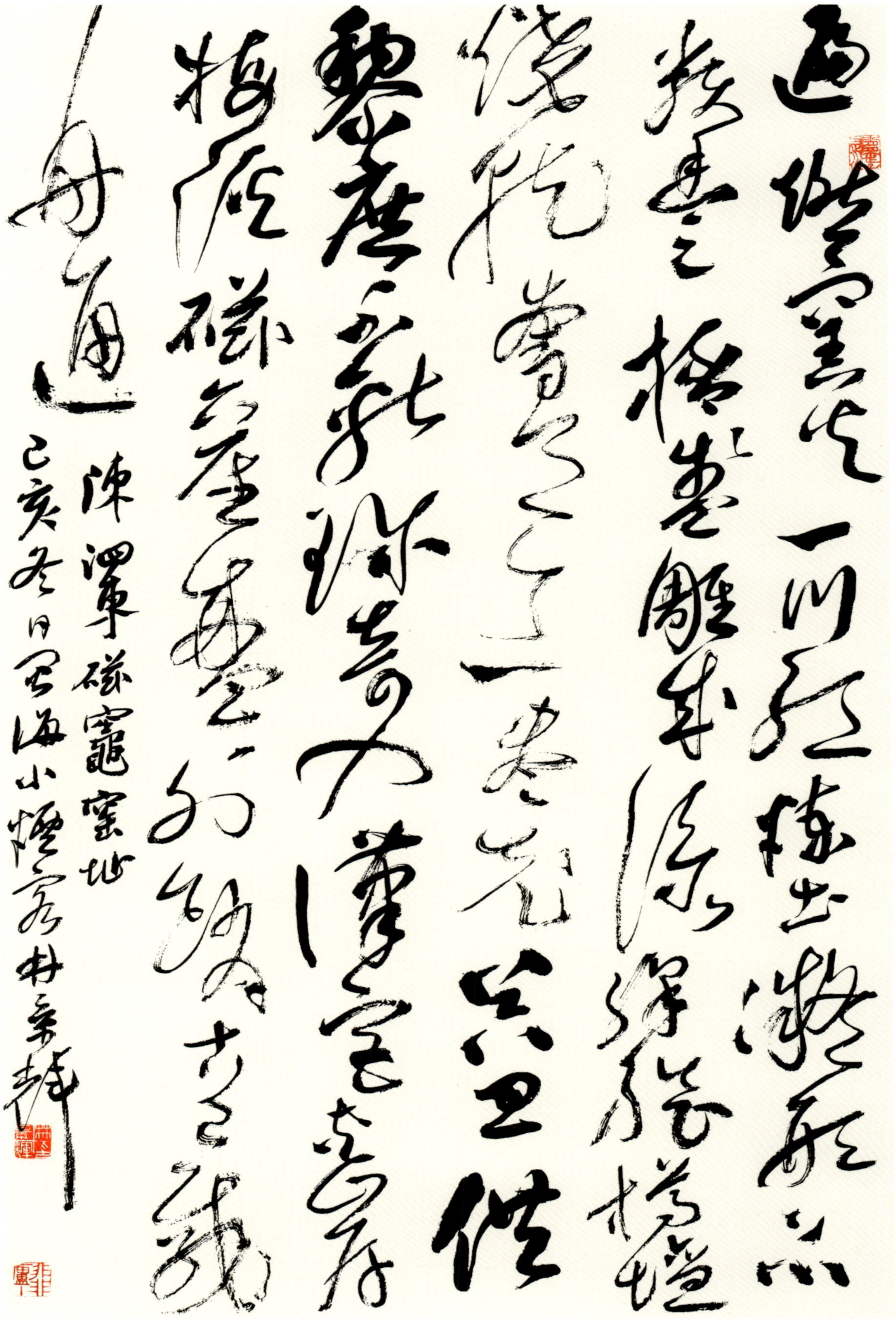

磁灶窑址　诗　陈泗东／书法　林景辉

磁灶窑址
陈泗东

遍燃窑火一川红，炼土凝形品类丰。
杯盏雕成添彩绘，樽坛烧就夺天工。
尽充器皿供黎庶，不献珍奇入汉宫。
夹岸梅溪磁产盛，外销古已载舟通。

海西潮 壁画 王绍昌

　　石湖码头以所在村落名叫"石湖"而得名，是泉州外港码头的珍惜物证，实证了宋元泉州优良的建港条件，与江口码头共同呈现了宋元泉州港的水陆转运系统。

静泊 油画 蔡笃取

石湖港赞

胡亦璧

石湖良港畅西东，
物阜民康百业隆。
岸渡碑亭扬厚蕴，
嫂姑六胜展刚雄。
寨墙古街游人集，
货库堆场船舶融。
唐宋刺桐商万国，
新元海运立奇功。

石湖港赞 诗 胡亦璧／书法 陈孝瑜

海丝故事之一 水粉 戴毅强

立岸石湖码头感吟
肖守华

怀思古道边，
景色醉遥仙。
海吼千层浪，
桥穿百集船。
烟云高展鸟，
岫峡远连天。
两塔航标志，
贸商昌盛篇。

立岸石湖码头感吟 诗 肖守华／书法 张银法

泉州南音入世遗喜赋
刘 旭

处处温陵奏管弦，
琵琶横抱越千年。
南音今日扬天下，
清曲当时唱御前。
双塔临风风漾漾，
百源映月月娟娟。
汉唐古调中原韵，
流出金溪海外传。

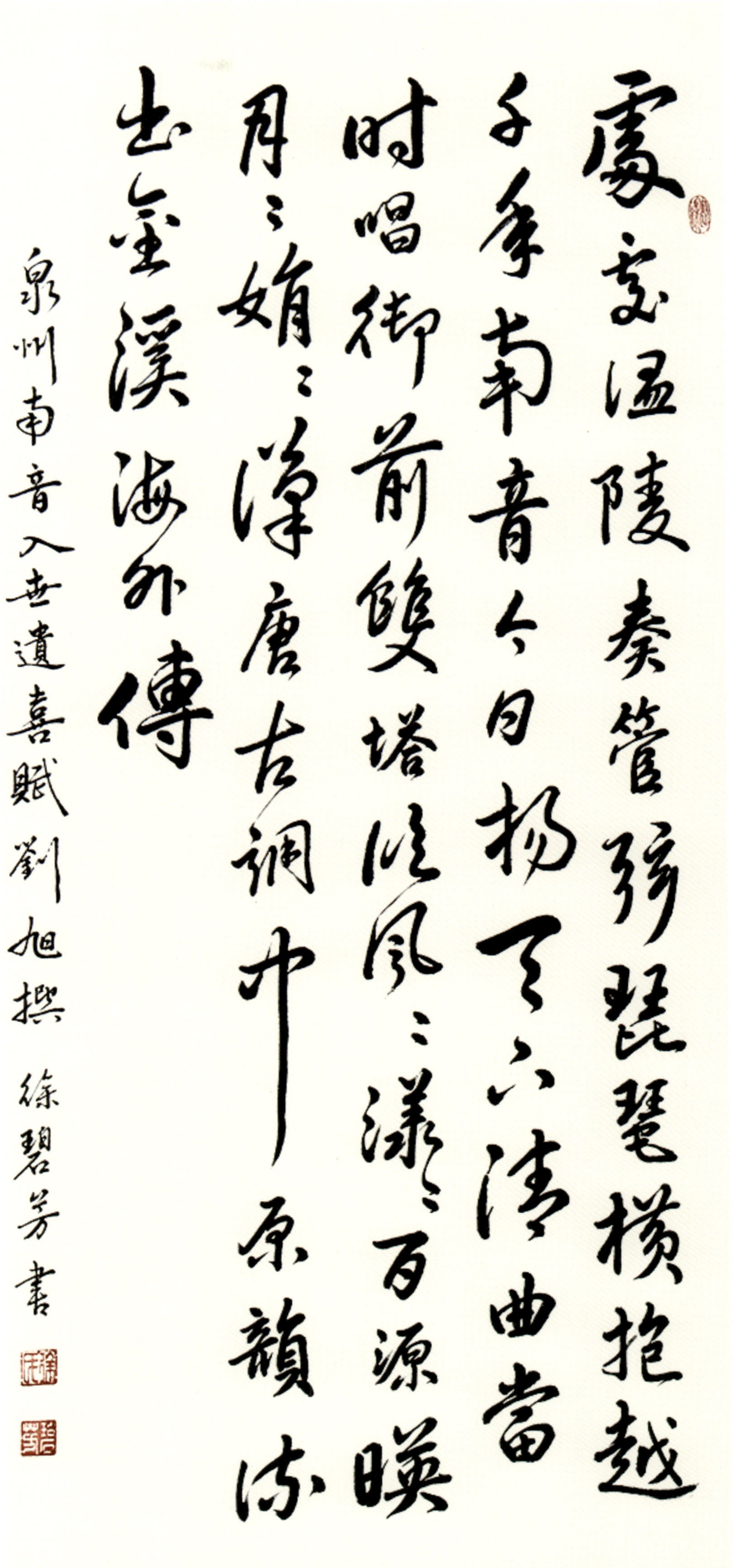

泉州南音入世遗喜赋　诗 刘旭／书法 徐碧芳

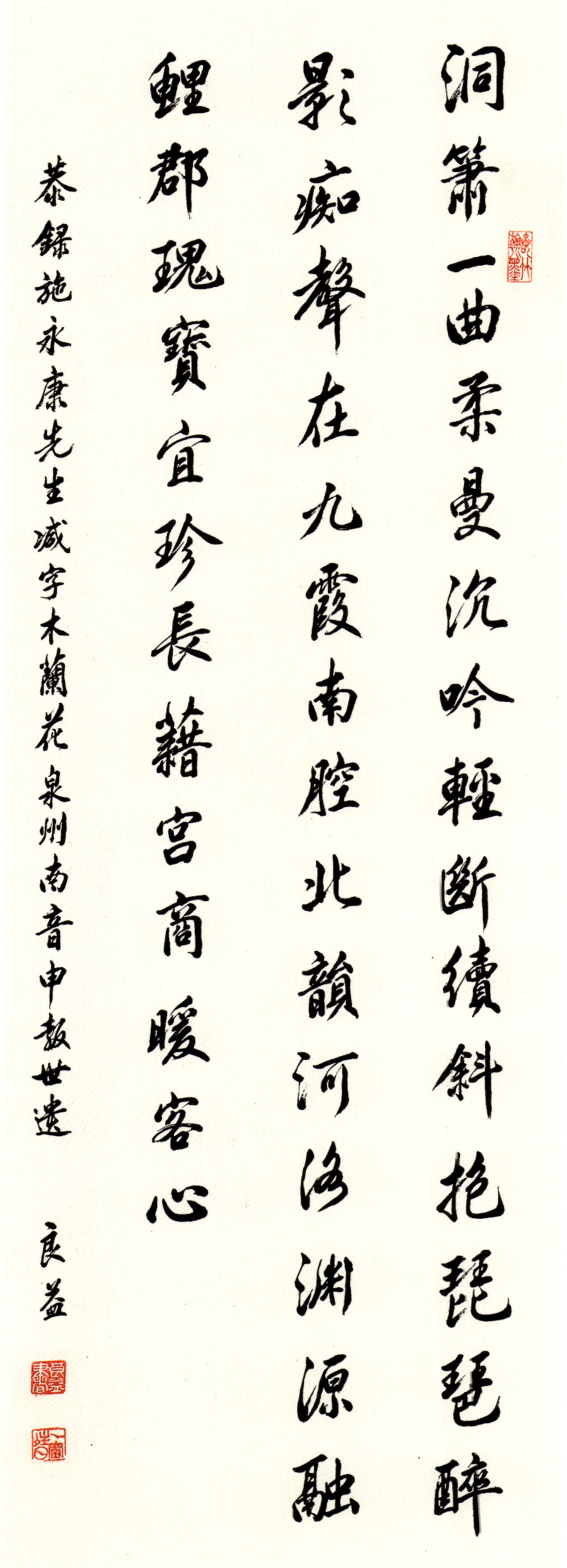

减字木兰花·泉州南音申报"世遗"

施永康

洞箫一曲,柔曼沉吟轻断续。斜抱琵琶,醉影痴声在九霞。南腔北韵,河洛渊源融鲤郡。瑰宝宜珍,长籍宫商暖客心。

减字木兰花·泉州南音申报"世遗" 词 施永康/书法 骆良益

闽南古韵 油画 蔡永辉

海丝故事之二 水粉 戴毅强

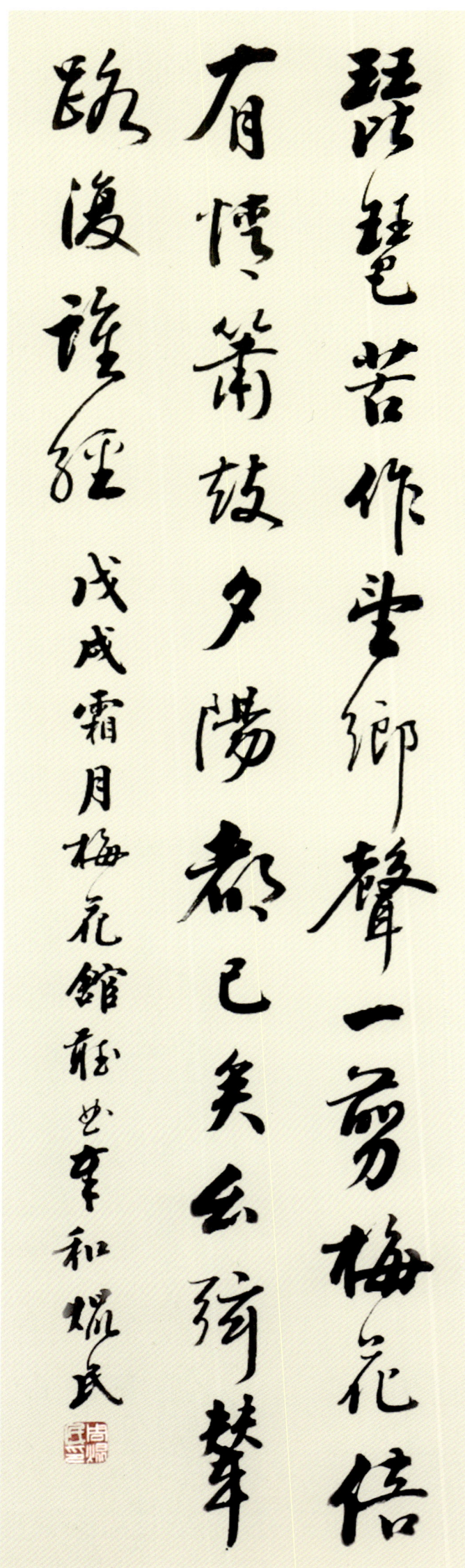

梅花馆听曲奉和
周琨民

琵琶苦作望乡声,
一剪梅花倍有情。
箫鼓夕阳都已矣,
幺弦辇路复谁经。

梅花馆听曲奉和　诗/书法　周琨民

中国音乐活化石——南音　摄影　张梓昌

颂泉州南音

陈金春

中原古调历千年，传入温陵仍继延。
横抱琵琶弹雅曲，竖敲拍板颂尧天。
南音南语新歌妙，乡剧乡情好戏连。
盛世求精扬国粹，非遗一朵绽芳妍。

海丝文化世界遗产　篆刻　丛建大

高甲戏剧照

高甲戏又名"戈甲戏""九角戏""大班""土班",发祥地为福建泉州,发源于明末清初闽南农村流行的一种装扮梁山英雄、表演武打技术的化装游行;高甲戏的传统剧目有九百多个,而演出剧目则分为"大气戏"(廷戏和武戏)、"绣房戏"和"丑旦戏"三大类;高甲戏的角色原来只有生、旦、丑,后来又先后增加了净、贴、外、末和北(净)、杂二色;高甲戏的表演艺术来自梨园戏、木偶戏、弋阳腔、徽戏和京剧;高甲戏的音乐唱腔以南曲为主,兼用"傀儡调"和民间小调;高甲戏使用的乐器分为文、武乐种。2006年5月20日,高甲戏经中华人民共和国国务院批准列入第一批国家级非物质文化遗产名录。

为泉州高甲剧团晋京演出题词
邓 拓

二百年前唱宋江,
闽南村社梨园腔。
泉州处处传高甲,
水浒家家话晚窗。
莫怪舞台多小丑,
从知技艺本无双,
远来京国殷勤意,
相识何须倒一缸。

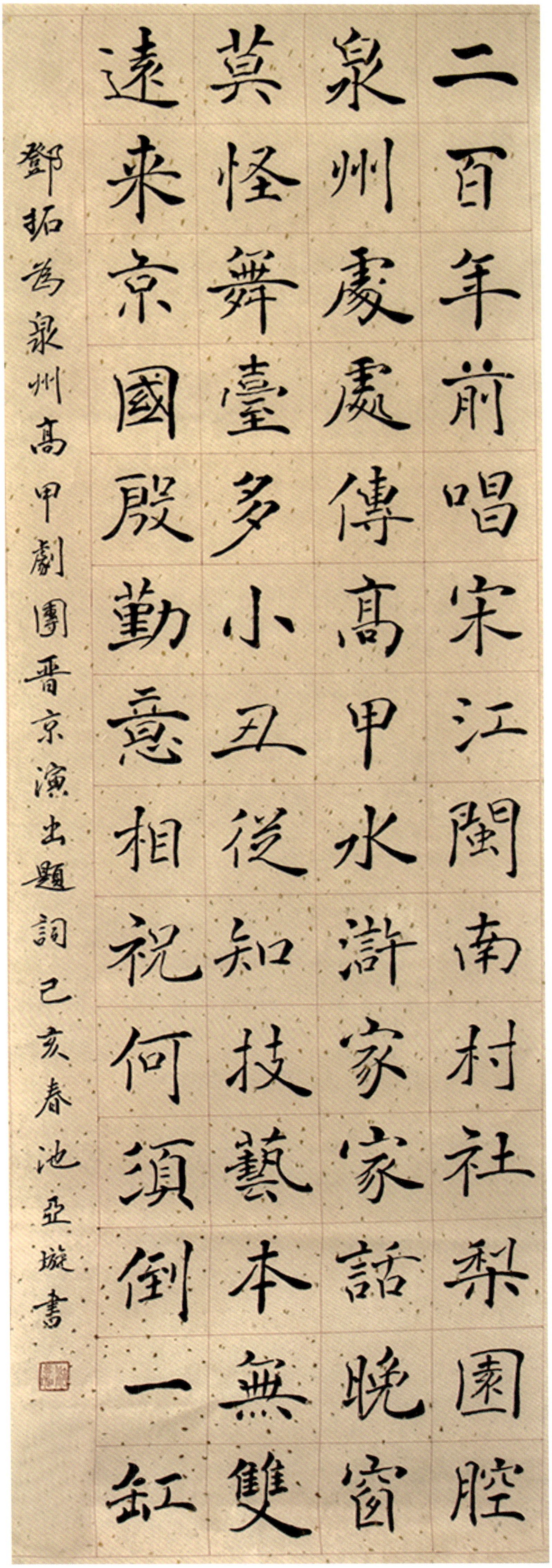

为泉州高甲剧团晋京演出题词　诗 邓拓／书法 池亚璇

岑兜村高甲戏发祥地　摄影　方鼎

昭君出塞（陈娟娟饰）　摄影　周健行

高甲戏露天剧《宋宫奇怨》　摄影　黄卿洲

泉州木偶戏剧照

泉州提线木偶戏 福建省泉州市传统戏剧,国家级非物质文化遗产之一。

提线木偶戏是中国古代一种重要的传统戏剧形式,主要发祥地在泉州,也叫作泉州提线木偶戏。其起源于汉代,盛行于唐代,古时被称作"悬丝傀儡戏",具有巫文化和"人神沟通"等性质;同时,传统的提线木偶戏剧目采用了木偶头雕刻工艺,隐含了民间信仰及婚丧喜庆等习俗,是泉州人民和闽南语系地区人民生老病死礼俗中的重要内容之一。2006年5月20日,泉州提线木偶戏经中华人民共和国国务院批准被列入第一批国家级非物质文化遗产名录。

上下一台戏 摄影 黄丽蓉

傀儡唱传奇　国画　林聪权

东亚文化之都——泉州（四首）

刘　旭

八闽形胜本无双，东亚文都鼎又扛。
护郭屏风三翠岭，环郊玉带两清江。
交通海外史千载，贸易城中人万邦。
自古海滨邹鲁地，南音飘处汉唐腔。

满城弦管奏南音，南戏梨园南少林。
尺八竖吹缘自古，琵琶横抱到如今。
街头演剧深宵散，山顶练功初日临。
民俗拳头烧酒曲，风流豪爽亦吾钦。

白石红砖古厝群，雕梁画栋漫卿云。
双翘燕尾疑飞功，五进皇宫莫辨分。
蔡氏一门深刻见，鲤城百巷广增闻。
轻弹小酌谁家乐，天井夜来香正薰。

瓷器晶莹茶叶佳，丝绸远运遍天涯。
外商云集刺桐港，番货星罗聚宝街。
曾是满城行哲圣，并存多教见和谐。
今朝重振雄风起，老字号添新品牌。

经典木偶剧《火焰山》剧照

泉州市地方传统戏剧——打城戏剧照

打城戏又称法事戏、和尚戏、道士戏。流行于闽南泉州、晋江、南安、龙海、漳州以及厦门、同安等地区,是由宋元以来僧、道普度超亡法事仪式衍变、发展起来的具有明显宗教特征的地方戏曲剧种。2008年6月7日,打城戏经中华人民共和国国务院批准入选第二批国家级非物质文化遗产名录。

泉州民间曲艺歌舞表演 摄影 陈世荣

留伞 国画 吕超然

火鼎公婆 摄影 黄丽蓉

安海嗦锣嗹是晋江安海端午节著明的传统民俗活动,家家户户的人都会出来祈求平安福气。

安海嗦啰嗹　摄影　洪丽萍

迎神　摄影　郑美魁

蟳埔女舞龙　摄影　林致凡

拍胸舞 国画 黄曦农

泉州拍胸舞是泉州市传统民间舞蹈，国家级非物质文化遗产，被国外称为"东方迪斯科"。

拍胸舞表演

拍胸舞 国画 吴跃华

拍胸舞 摄影 李侃如

海上泼水节 国画 林善忠

海上泼水节 每逢端午节，海峡两岸对渡的船只都要在石狮蚶江海边追逐泼水，以这种欢快的形式互祝吉祥，交融情谊并祈求平安兴旺。距今已有200多年的历史。

水花点点泼出两岸情 摄影 洪丽萍

惠安女服饰传承　摄影　林致凡

心系 国画 吴跃华

最美发结 摄影 郑美魁

浔浦女 摄影 许文晓

六

古建独特 工艺精湛

GU JIAN DU TE GONG YI JING ZHAN

美丽福建看泉州

在漫长的历史长河中，泉州吸收了中原文化、海洋文化、世界各地的文明，在这片土地上留下了星罗棋布的文化古迹，也留下了多姿多彩、风格各异的古建筑，其中包含寺庙建筑、民居与宗祠建筑、桥梁、码头、驿站、城门城墙等。早期（唐宋时期）的民居主要有官式大厝、"手巾寮"、三开间、五开间的民居，后来增加了土楼和土堡等，后期（民国时期）增加了洋楼和骑楼。

刺桐城又是个石头城，石的特色很突出。有道是这里的石头会唱歌，每一处古建筑物都有一支动人的歌。泉州最著名的石塔开元寺东西塔，是我国现存的石构建筑的瑰宝，文化积淀十分丰富。此外还有六胜塔、万寿塔（姑嫂塔）等是海上丝路的航标。值得一提的"老子天下第一"老君座像，是宋代泉州人巧夺天工的大型石雕。在泉州有号称"天下无桥长此桥"的万安石桥，以及著名的洛阳桥。泉州的石头厝、蚵壳厝臻显特色，还有砖石结构的古大厝南安蔡浅古民居、杨阿苗古民居、老范志大厝等。泉州人建塔、建桥、建古大厝，工程宏伟、工艺精湛，令人叹为观止。

特别是惠安石雕风格独特，已成为中国南派石雕艺术的代表，包含环境园林雕塑、工艺雕刻、碑石加工、建筑构件、实用器皿五大系列，其工艺主要有圆雕、浮雕、透雕、线雕、沉雕、影雕（包括彩雕）六大类。如今惠安雕艺飞速发展，足迹遍布四方，处处留下美名与赞歌。

闽南建筑大观园 蔡氏古民居建筑群 摄影 张梓昌

古建独特·工艺精湛
　　篆刻　陈辉

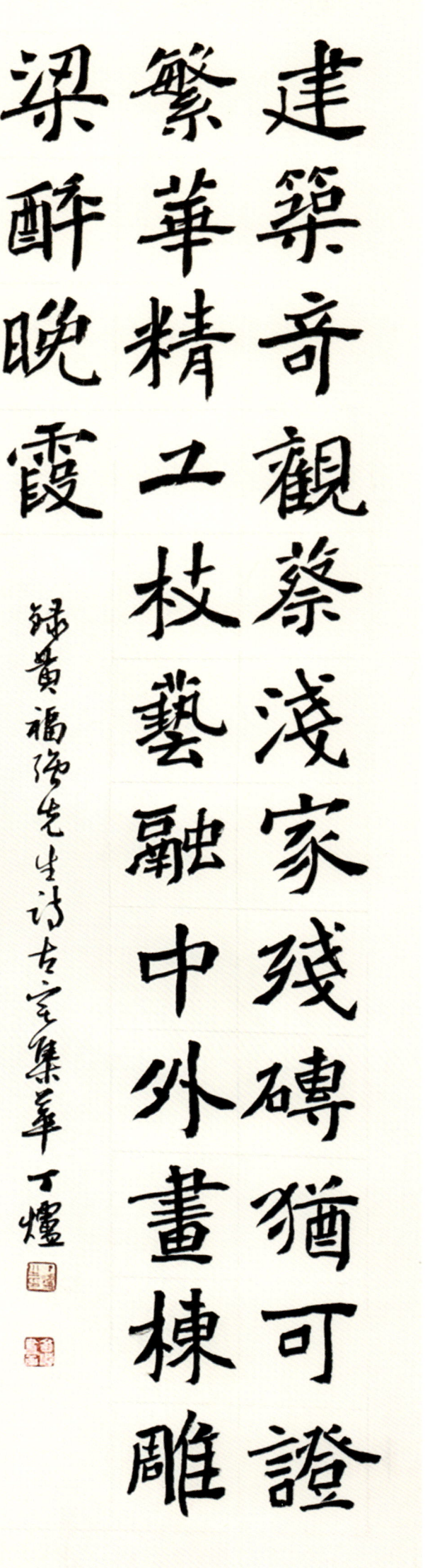

古宅集萃
黄福强

建筑奇观蔡浅家，
残砖犹可证繁华。
精工技艺融中外，
画栋雕梁醉晚霞。

古宅集萃　诗　黄福强／书法　丁金潮

做强陶瓷主业,强化创新驱动,强化平台建设,强化品牌管理,强化产权保质。

德化县打造现代化世界瓷都 书法 郑增辉

民居建筑艺术——出砖入石　摄影　郑景勋

出砖入石　是闽南建筑一种独特的砌墙方式，利用形状各异的石材、红砖和瓦砾的交错堆叠，构筑墙体，交垒叠砌。砖石虽然质地各不相同，以大块的灰白花岗石与片状的朱红色条砖穿插组合，用它筑墙、起厝、铺埕，呈现出方正、古朴、拙实之美。多样不规则的结构，反而整体烘托出浑厚、刚毅的砖石气势。用这种方法砌墙不但坚固防盗、冬暖夏凉，而且古朴美观，因而被人们广泛采用，沿袭成风，成为我国民居建筑艺术的一大奇景。

泉州蔡氏家庙组图　摄影　高安华

蔡氏古民居
陈泗东

毗连轮奂有声闻,
只是民居古厝群。
白石红砖存特色,
北南广厦易区分。

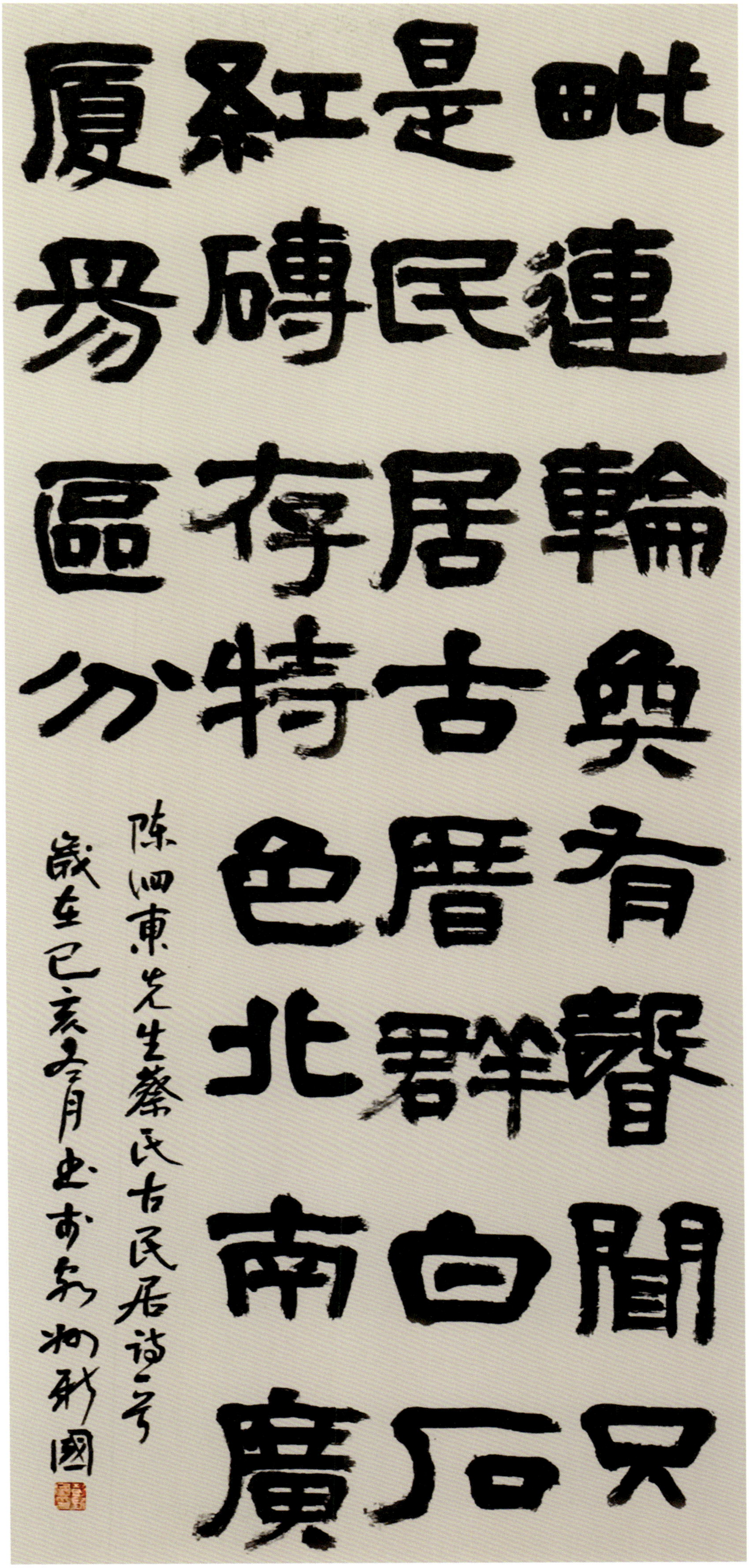

蔡氏古民居 诗 陈泗东/书法 彭新国

晋江五店市特色建筑风貌

晋江五店市全景

晋江五店市传统文化旅游区是闽南地区成片开发、规模最大的红砖古厝建筑群。五店市之名始于唐朝开元年间，至今已有130多年历史，街区占地面积126亩，位于晋江老城区青阳的核心区，是晋江市的发源地。街区内遍布着宗祠、寺庙、民居、商铺等多样性建筑130幢。还保留、传承了闽南地区非物质文化遗产，被誉为"闽南文化新街口""晋江城市会客厅"。

晋江五店市古街景

晋江五店市

五店市商铺——老晋江美食街

泉州西湖刺桐阁

蒋钦全(央视 2013 乡土文化十大风采人物、国家级非物质文化遗产项目"闽南传统民居营造技艺"代表性传承人)主导营造。

泉州关帝庙　摄影　林丕鼎

关帝庙　水彩　吴斌

泉州朝天门　摄影　林海峰

泉州开元寺镇国塔　摄影　董介鼎

泉州开元寺仁寿塔　摄影　郑景勋

　　泉州开元寺始建于唐朝垂拱二年（686），至今已有1300多年的悠久历史。寺庙规模宏伟，占地面积7.8万多平方米。气魄雄奇的大雄主殿、甘露戒坛、藏经阁和东西塔，以其古老精湛的建筑艺术和独具魅力的神韵著称于世，为全国重点文物保护单位。开元寺中两侧的双塔，东为"镇国塔"，高48.27米；西为"仁寿塔"，高45.06米。东、西两塔是中国最高也是最大的一对石塔。

　　镇国塔始建于唐咸通六年（865），仁寿塔始建于五代梁贞明二年（916）。东西塔历经风雨侵袭，地震摇撼，仍屹然挺立，表现了宋代泉州石构建筑和石雕艺术的高度成就，是中国古代石构建筑瑰宝。

杨阿苗故居

杨阿苗故居建于清光绪二十年（1894），至宣统辛亥年（1911）完工，历时18年，三进五开间，悬山式屋顶，东西两侧各有护厝一组。屋前大石埕围以三面砖墙，主体建筑前辟一大庭院，两侧的东西梢间与东西厢房之间又各自形成两个直向小巧的庭院，俗称"五梅花天井"。房屋内外的墙上、檐下、壁间、柱头和门窗装饰着十分精美的木雕、砖雕、漆雕、灰雕和辉绿岩、花岗岩石雕。采用透雕、浮雕和平雕手法，精雕细琢大量的珍禽异兽、花鸟游鱼、山水人物、三国故事、博古图案，厅堂壁垛摹刻颜真卿、苏轼、张瑞图、吴鲁等古代书画家的书法艺术作品。整座建筑富丽堂皇，在闽南民间建筑中并不多见。省级文物保护单位杨阿苗故居不仅以富丽堂皇的建筑雕刻出名，建筑细节中的雕刻、彩绘等也属于闽南建筑中的精品。

古厝人家　摄影　陈敬聪

浔埔风情　国画　杨荣发

蚵壳厝，是闽南泉州地区一种传统特色建筑。即用蚵壳建造的房屋（闽南语中，厝乃房屋之意，蚵就是海蛎）。在泉州的蟳埔村、法石村及泉州沿海一带均有分布，当地人拾蚵壳拌海泥筑屋而居，建起一座座的蚵壳厝，是我国东南沿海具有特色的贝饰古民居。其建筑的巧妙与精湛，是东南沿海甚至在内地都是绝无仅有的一种建筑形式，构成了闽南沿海古民居的一道独特的自然景观。

洛阳桥上小赋
杜德冠

披一肩空濛烟雨
我驻足在洛阳桥上
我抚摸着,抚摸着
色调冷峻的桥栏
心呵,频频叩问万斤石梁——
千年前,我的先民
怎样追随蔡忠惠公
把海上第一桥
横架在险风恶浪之上

虹垂天阶石
云抱水中峰
嶙嶙岩石在万众一心的
劳动号子声中,惊天动地
压下了海疆呼啸的风浪
架桥天地老
落笔鬼神惊——
浮动架梁,凝聚进蔡公智慧光泽
种蛎固基,记下蔡公炯炯目光
巍巍长桥,连同《万安桥记》
一样地不朽,横贯古今……

用民脂民膏,为自己营造广厦者
他的名字早被如流的岁月冲刷
用自己心血,为民浇铸长桥者
他的忠骨,聚进了民族永恒的脊梁……
仿佛遥远呵但又不遥远
我抚摸着桥栏,就像抚摸着
我胸中的块块垒垒
一方石块,一页青史
腾起的浪头向心扉冲击——
是增强了民族的自信心
抑或加重了人民公仆的责任感?!……

披一肩空濛的烟雨
我在桥边陷入了严峻的沉思……
松青石白,水碧山青
至今呵,蔡忠惠公还寝食难安立于桥头
不是倾听人们用诗来吟咏
不是倾听人们用歌高唱你
而是用远望的目光把我们启迪——
后来者要铸造新的翅膀
扶摇海天,拥着朝日

洛阳桥
方成义

涛滔碧海洛阳江，
砺砾石墩立浪尖。
种蛎为基招数固，
神奇万古世界扬。

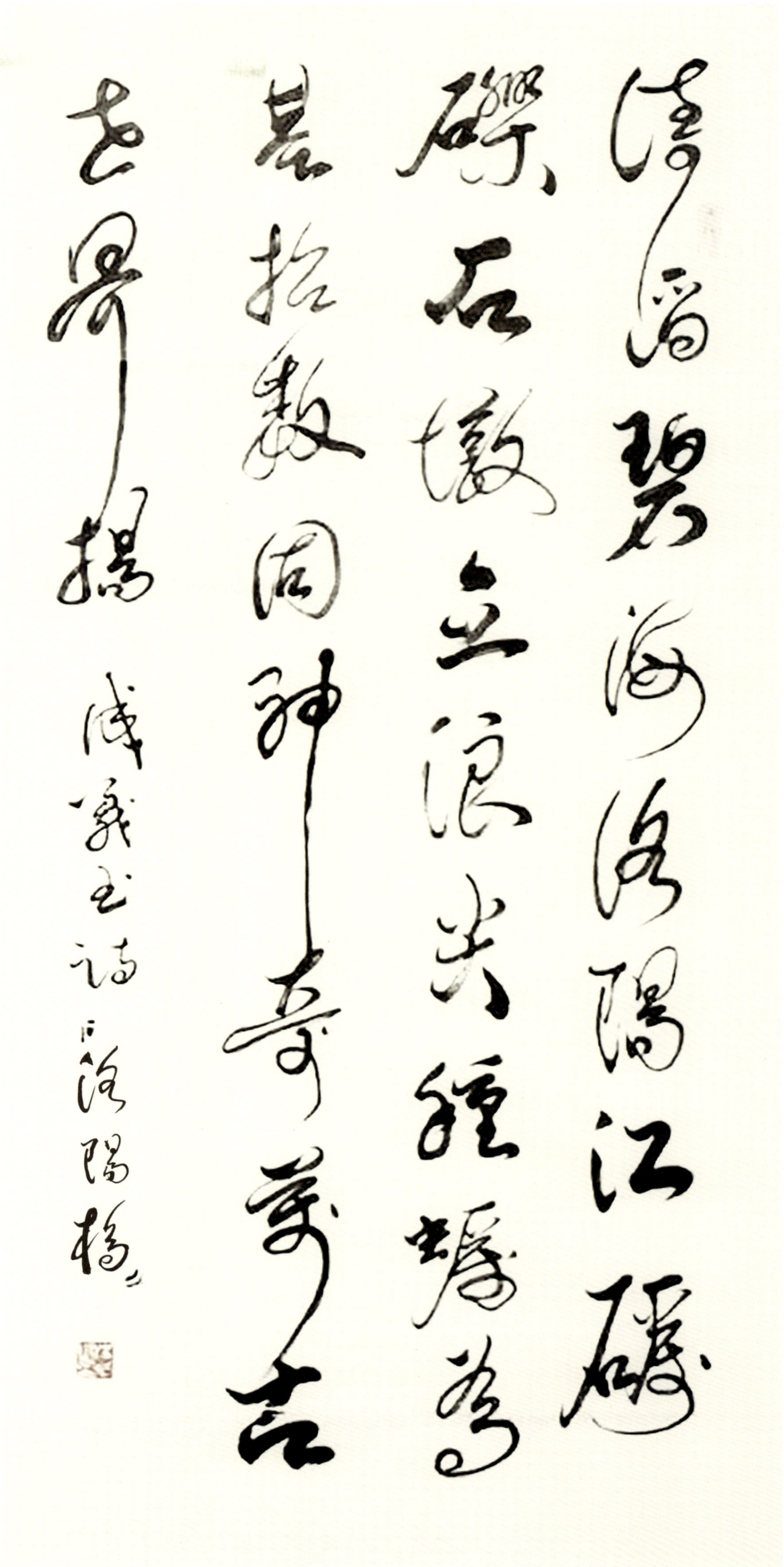

洛阳桥 诗/书法 方成义

临江仙·洛阳桥
陈一鸣

万马潮来千尺雪,迎眸海阔天空。安然无恙卧长虹。飞梁横跨,鳌背见神工。　九百年来歌政绩,端明利涉丰功。洛阳胜迹重闽中。岩峣祠庙,永世仰高风。

临江仙·洛阳桥　词 陈一鸣／书法 吴远洲

洛阳古桥　国画　庄裕奉

洛阳桥光影　摄影　吴友亮

洛阳桥是泉州运输网络发展的里程碑，它加强了泉州与闽北和内陆的陆运联系，推动了国家口岸水陆转运系统的建立与完善。

古石桥　摄影　陈碧珍

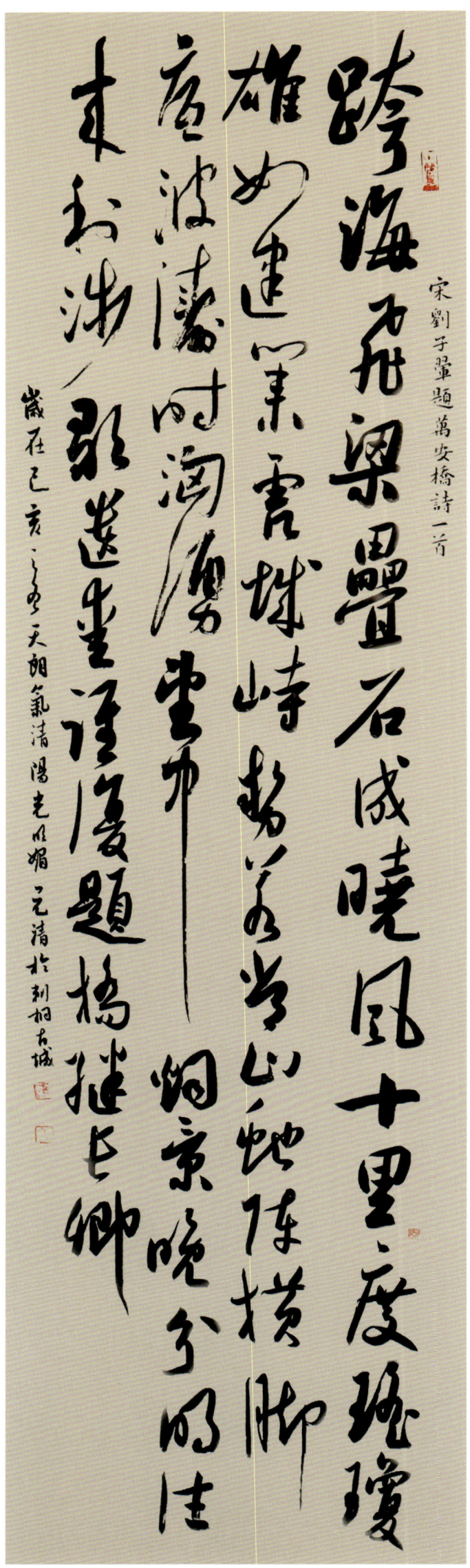

万安桥 诗 刘子翚 / 书法 张元清

万安桥

宋·刘子翚

跨海飞梁叠石成，
晓风十里渡瑶琼。
雄如建业虎城峙，
势若常山蛇阵横。
脚底波涛时汹涌，
望中烟景晚分明。
往来利涉歌遗爱，
谁为题桥继长卿。

万安桥

宋·王十朋

北望中原万里遥，南来喜见洛阳桥。
人行跨海金鳌背，亭压横江玉带腰。
功不自成因砥柱，患宜预备有风潮。
蔡公力量真刚者，遗爱胜于郑国侨。

安平桥
于福玉

五里长桥切石垒，
沧桑巨变几朝经。
塔身亭影水中映，
渡口涛声耳畔鸣。
琼树瑶林人欲醉，
芳园湿地雾飘轻。
斜阳一抹满天耀，
风笛颂歌游客迎。

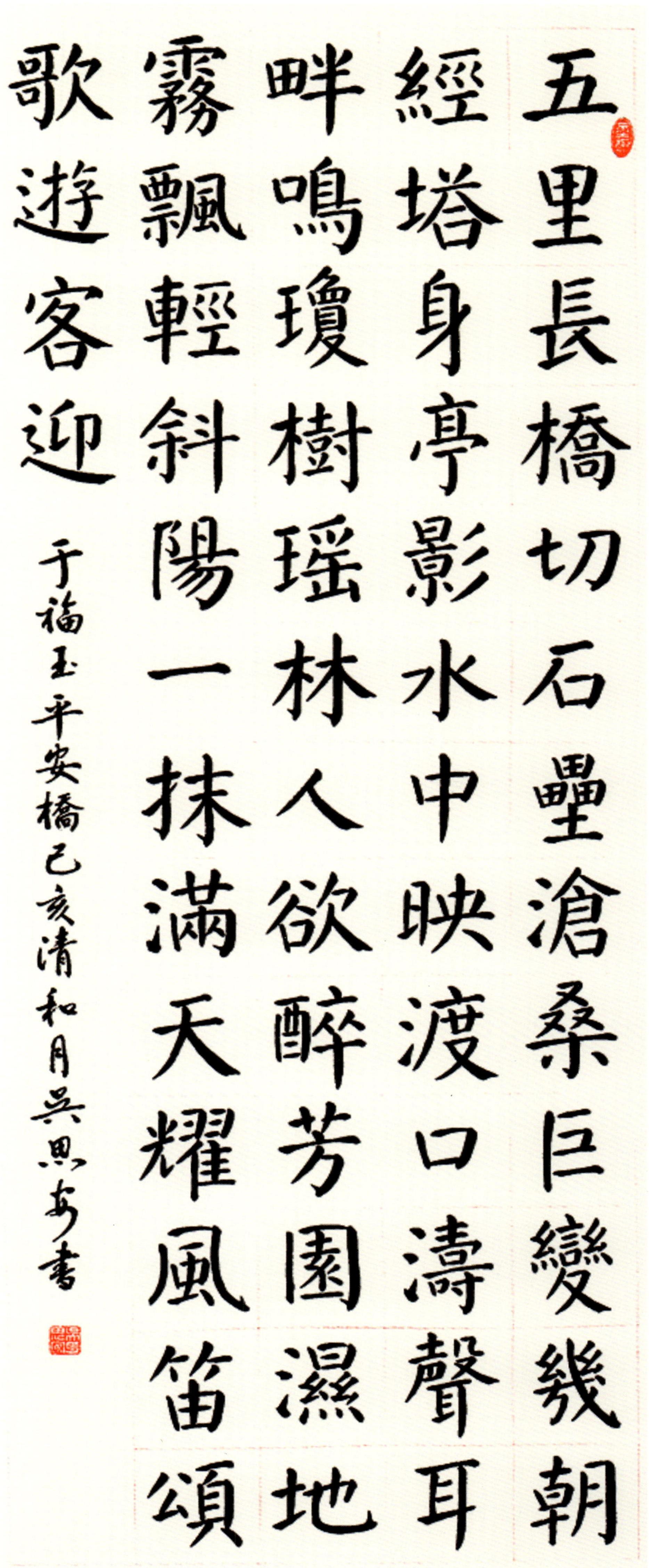

安平桥　诗 于福玉／书法 吴思安

安平桥组图 摄影 张文林

安平桥，中国现存最长的跨海梁式石桥。安平桥的建成是包括泉州官方、宗教人士、商人及平民共同参与的结果，既体现了宋元时期泉州多元社会结构对海洋贸易的贡献，又反映了海洋贸易给泉州社会带来的经济繁荣和财富积累。

咏水头五里桥
陈奕良

五里江天胜迹多,
水头镇景壮山河。
游人络绎寻芳乐,
共颂和谐逸兴歌。

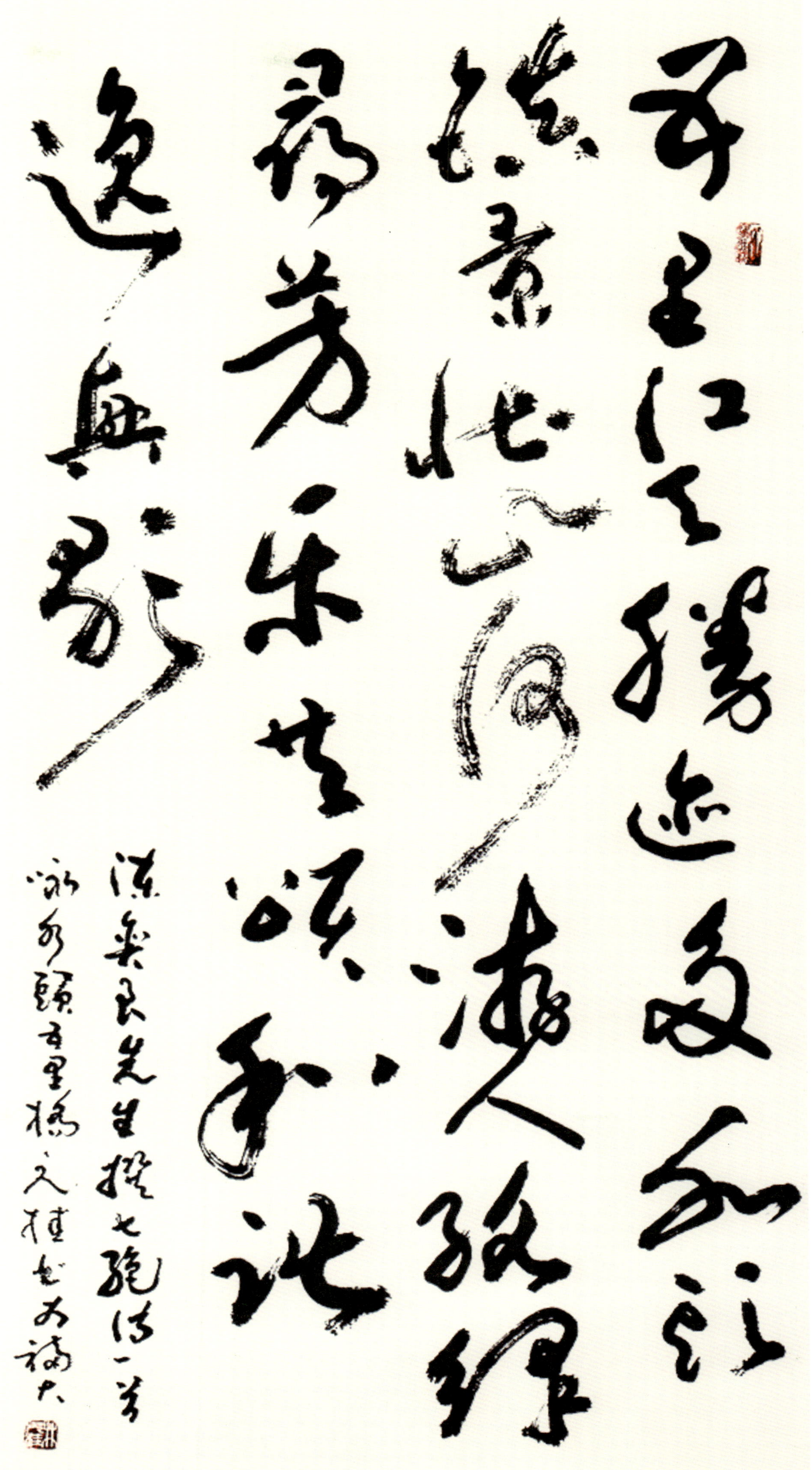

咏水头五里桥　诗 陈奕良／书法 林元桂

岵山茂霞古民居　国画　吴木榕

泉州土楼厚德堡　国画　董介鼎

古街掠影　国画　郑琦玮

家园系列之一　水彩　戴毅强

今日洪氏家庙村　摄影　王兴喜

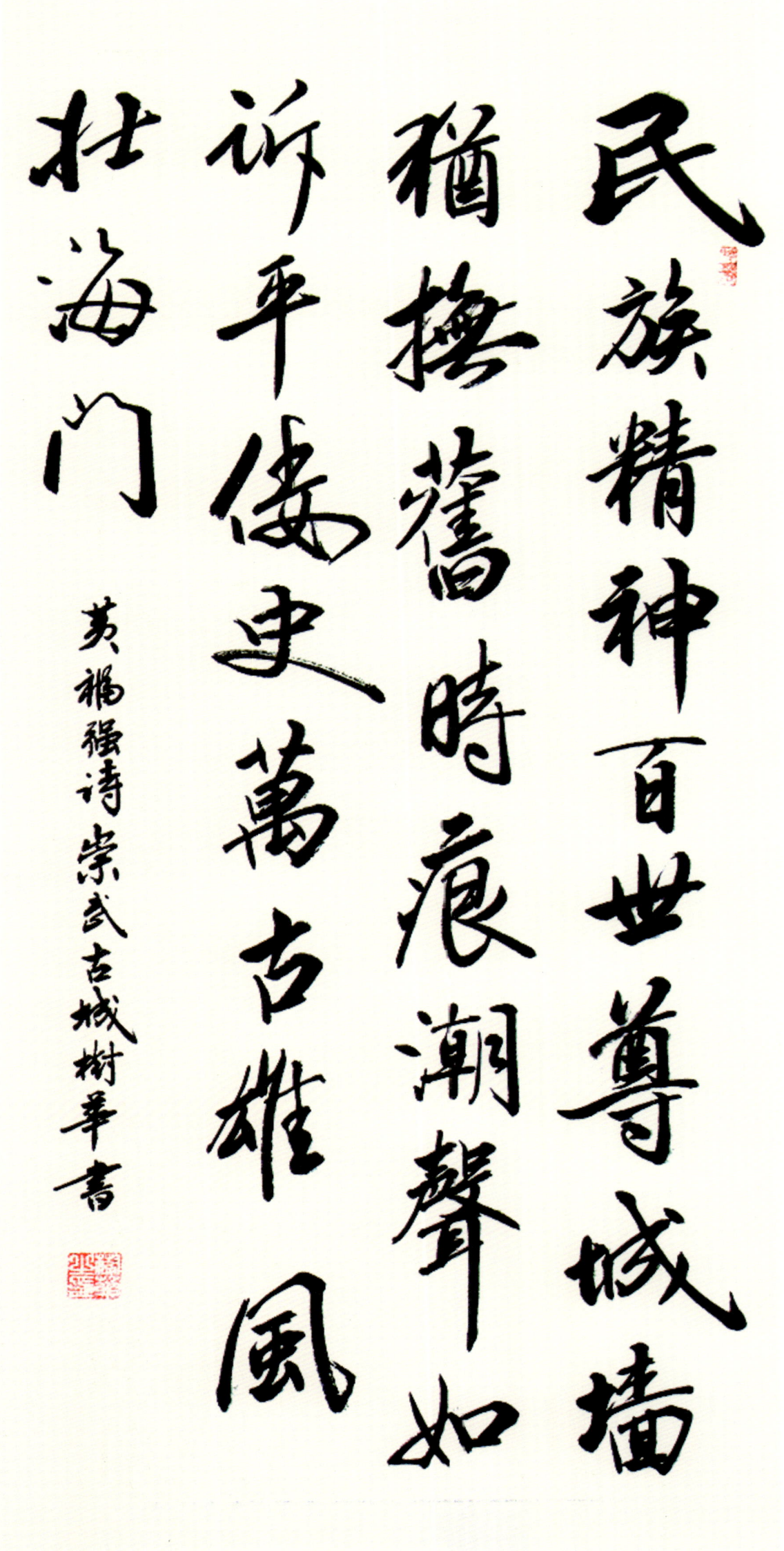

崇武古城
黄福强

民族精神百世尊,
城墙犹抚旧时痕。
潮声如诉平倭史,
万古雄风壮海门。

崇武古城 诗 黄福强／书法 王树华

崇武古城
陈祥耀

石城石拓新雕艺,
渔港渔存旧毅风。
戚虎俞龙曾倚仗,
防倭御寇有勋功。

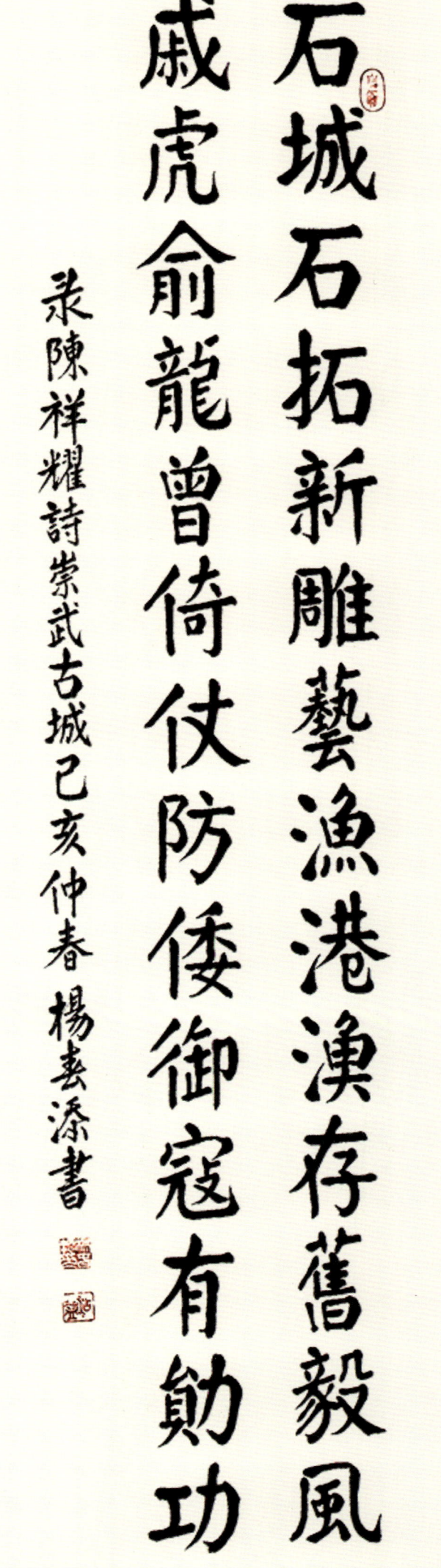

崇武古城　诗　陈祥耀／书法　杨春添

崇武古城
陈义庆

城阙巍峨气万千，
依山监海怒涛前。
先贤喋血驱倭寇，
勇士牺牲捍禹天。
史迹铭心先烈记，
硝烟警世后昆传。
台澎金马浪声唤，
何日归来逐梦圆。

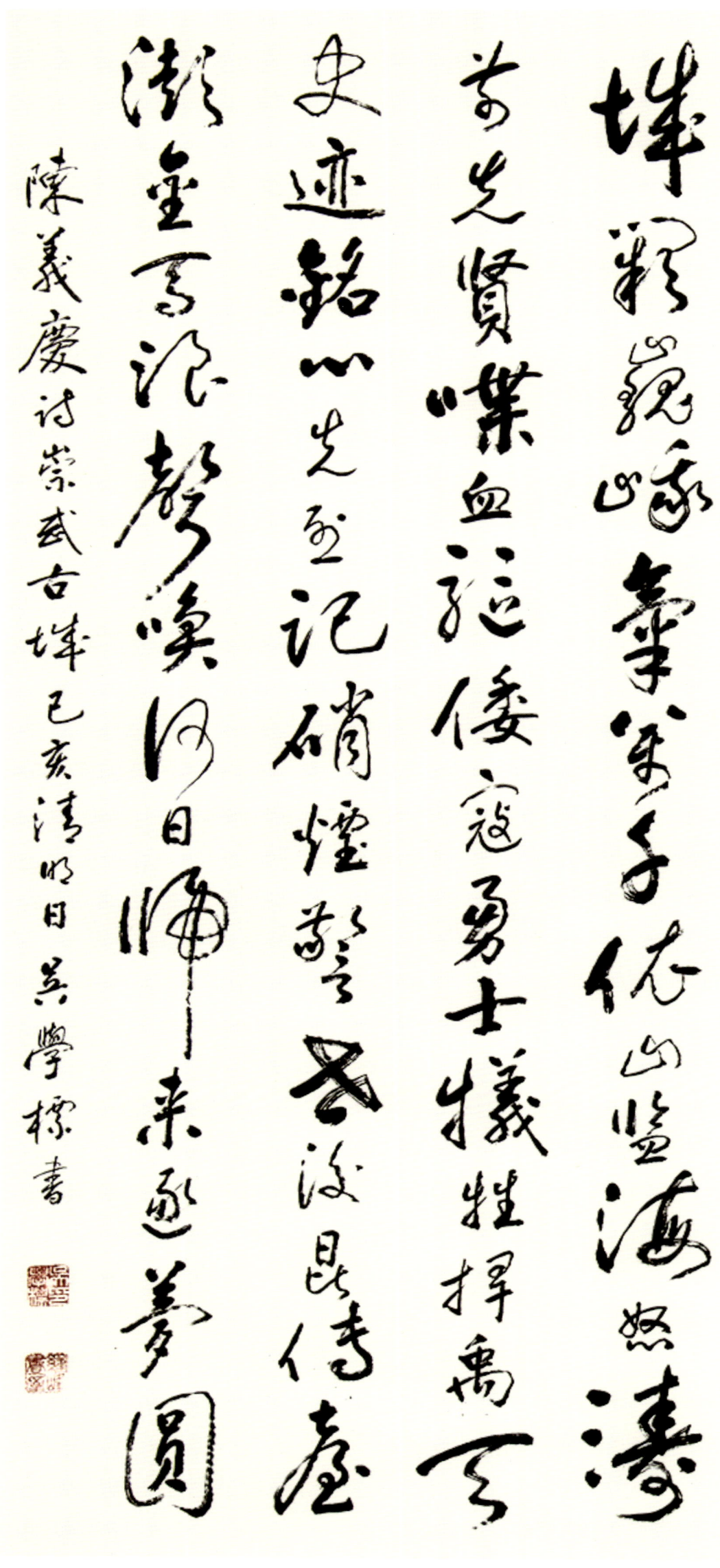

崇武古城　诗　陈义庆／书法　吴学标

古城遗韵 水彩 郭子健

惠安崇武古城 国画 潘兆耀

护海安民永宁城
肖守华

泉南屏障锁关河，
金色沙滩拾贝螺。
城后象山登胜景，
门前鳌海泛烟波。
风和日丽扬帆过，
榕树石崖题句多。
威镇东瀛添福祉，
永宁乐业唱渔歌。

护海安民永宁城 诗 肖守华／书法 戴涤吾

望海潮·永宁古卫
胡亦璧

永宁名镇,泉南屏障,明初古卫三魁。朝海接山,交通要塞,堞墙高厚环迤。城瓮藏戎机。内壁方孔置,箭击敦离;门顶弧缝,火攻浇水保城池。 鳌城景致清奇,有南音国宝,姑嫂山低,番仔院豪,城隍庙敞,古街横纵民熙。俞总率精师,海口倭折戟,勒石亲题。镇海碑文警世,邦弱被人欺。

望海潮·永宁古卫 词 胡亦璧／书法 林德斌

仙公山 摄影 王兴喜

仙公山
陈祥耀

不嫌石磴陡千层，祈梦人来意款诚。
今日升车多远客，仙凡同乐一家情。

仙公山 水彩 游遵绍

首谒洛江仙公山
陈汉湘

南北朝前双髻麓,
九君结洞聚群儒。
蓝天碧海舒心臆,
绿树红花入画图。
漫说忧民忧国事,
仅言越岭越河凫。
沧桑数变风华尽,
唯有丹心照远途。

首谒洛江仙公山 诗 陈汉湘／书法 林秋铭

六胜塔 水彩 郭子健

泉州六胜塔 摄影 张梓昌

　　六胜塔是石湖港的重要历史遗存，是商舶由泉州湾主航道驶向内河港口的地标，并有护佑商旅的作用。同时，六胜塔的建成是宗教人士、商人、平民共同参与的结果，体现了宋元时期泉州多元社会结构对海洋贸易的贡献。

六胜塔咏
林发祥

面海钗山宝塔巅,
四方来客望其尖。
千年六胜航标塔,
一港泉湾引领船。
风雨沧桑凌海宇,
金刚屹立听波澜。
石雕古筑宏扬史,
见证丝绸路顺帆。

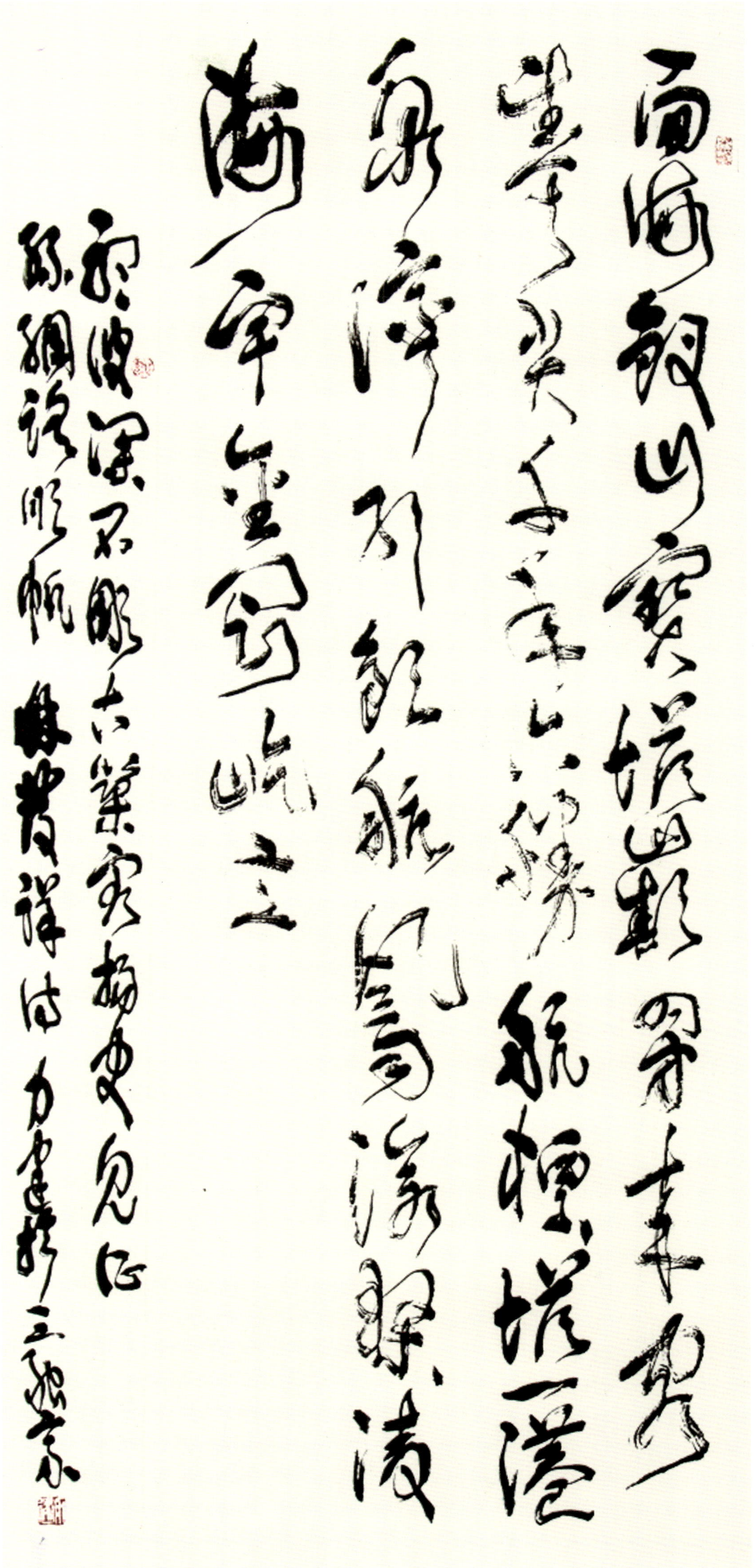

六胜塔咏 诗 林发祥／书法 徐力建

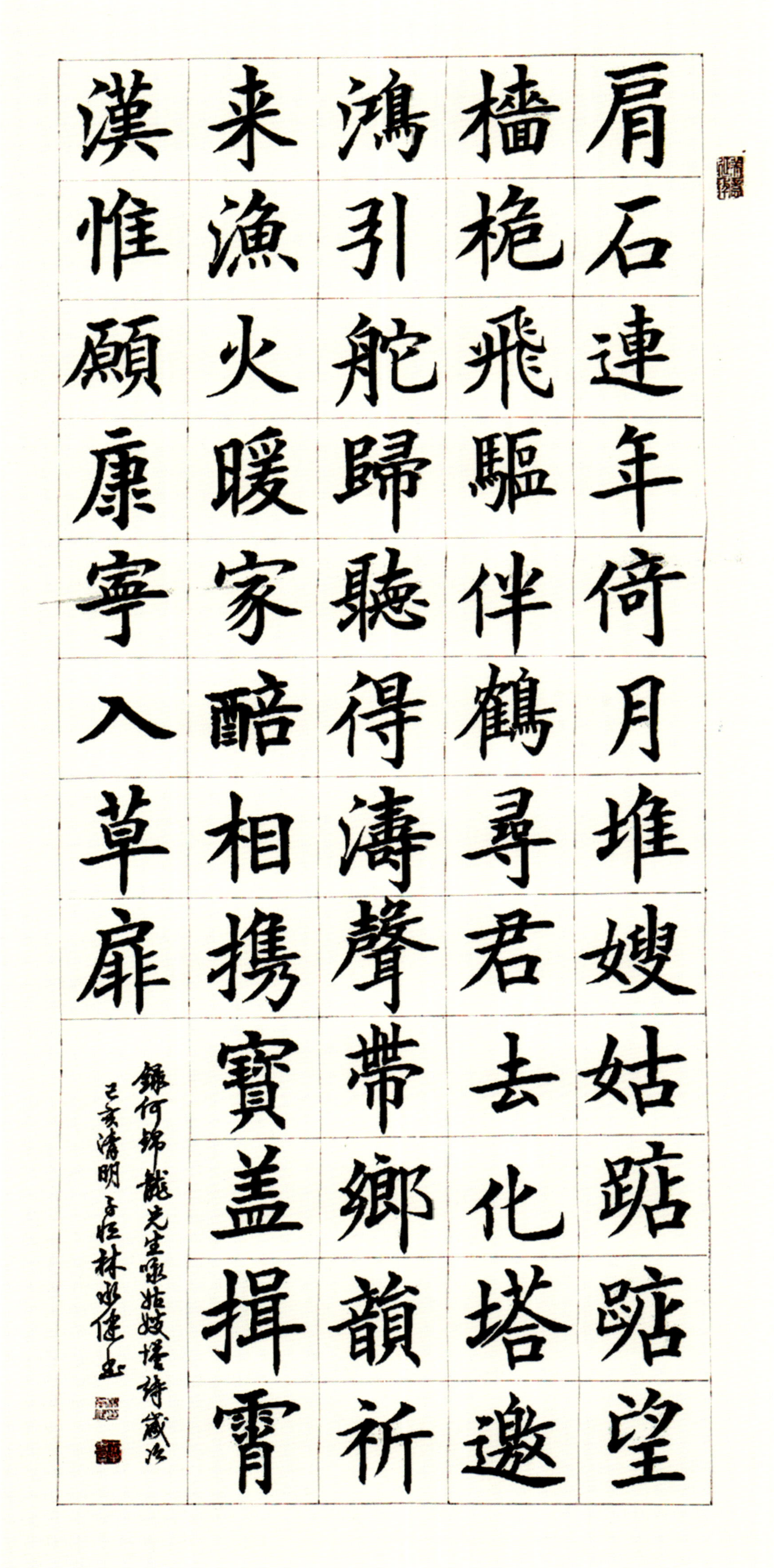

咏姑嫂塔
何锦龙

肩石连年倚月堆，
嫂姑踮踮望樯桅。
飞躯伴鹤寻君云，
化塔邀鸿引舵归。
听得涛声带乡韵，
祈来渔火暖家醅。
相携宝盖揖霄汉，
惟愿康宁入草扉。

咏姑嫂塔　诗　何锦龙／书法　林承健

姑嫂塔 摄影 陈秉发

姑嫂塔 油画 戴毅强

军嫂自筹资金建军庙　摄影　张文林

1949年9月17日上午，金门飞机突然袭击崇武镇霞西村，猖狂轰炸正在训练的人民解放军战士，造成27名子弟兵牺牲。为痛纪念这些英烈，当地群众自发筹资，建造了被誉为"天下第一庙"的解放军烈士庙。庙殿的"英烈廿七君"大牌匾下，庄严供奉着穿军装、戴军帽的27尊烈士雕塑。庙前纪念碑刻有叶飞司令员"为了人民，死的光荣"的题词。而今，解放军烈士庙已成为八方游客瞻仰参观的红色旅游景点。

永春百丈岩仙妈庙 摄影 方鼎

泉州市元妙观凌霄殿 摄影 林丕鼎

泉州泉山门 摄影 郑景勋

古城西街 油画 彭传芳

雪峰寺 摄影 方鼎

留住的乡愁　国画　马志瑞

土坑古韵　国画　马志瑞

千年古刹惠安净峰寺　国画　庄裕奉

晋江草庵　国画　苏佑辉

清水岩　诗　陈祥耀/书法　张文璟

清水岩

陈祥耀

宋世兴修众力扶，
追思清水泽沾濡。
依山帝字开楼阁，
仙境蓬莱创意殊。

月记窑 国画 王兆琴

临漳月色 摄影 洪丽萍

绣花楼中朗书声 国画 王世章

阮居桥畔 国画 黄达德

故居春雨 摄影 章庆煌

樟脚村古民居
王仁山

女娲遗落补天石，
砌就山村五彩墙。
荒寂驿途堙茂草，
萧疏蛛网挂空梁。
乔迁别墅多青壮，
留守旧居唯老苍。
喜有旅游新壁画，
不教瑰宝久深藏。

构思　摄影　陈世荣

重修清水岩海会院　摄影　陈世荣

永春漆篮　摄影　陈世荣

惠安木雕 摄影 潘登

福在眼前 木雕 蒋杰雄
2012年获"百花奖"金奖
2015年被中国国家博物馆收藏

清净（德化陶瓷） 水彩 江和

鲤鱼化龙　摄影　江义民

鲤鱼化龙珠——中国最大的球形雕塑，其直径 10 米，浮雕突出 10--35 厘米，空腹结构，表面积 300 平方米，重约 300 吨。中国工艺美术学会雕塑专业委员会理事卢思立设计。

惠安石雕　摄影　陈起拓

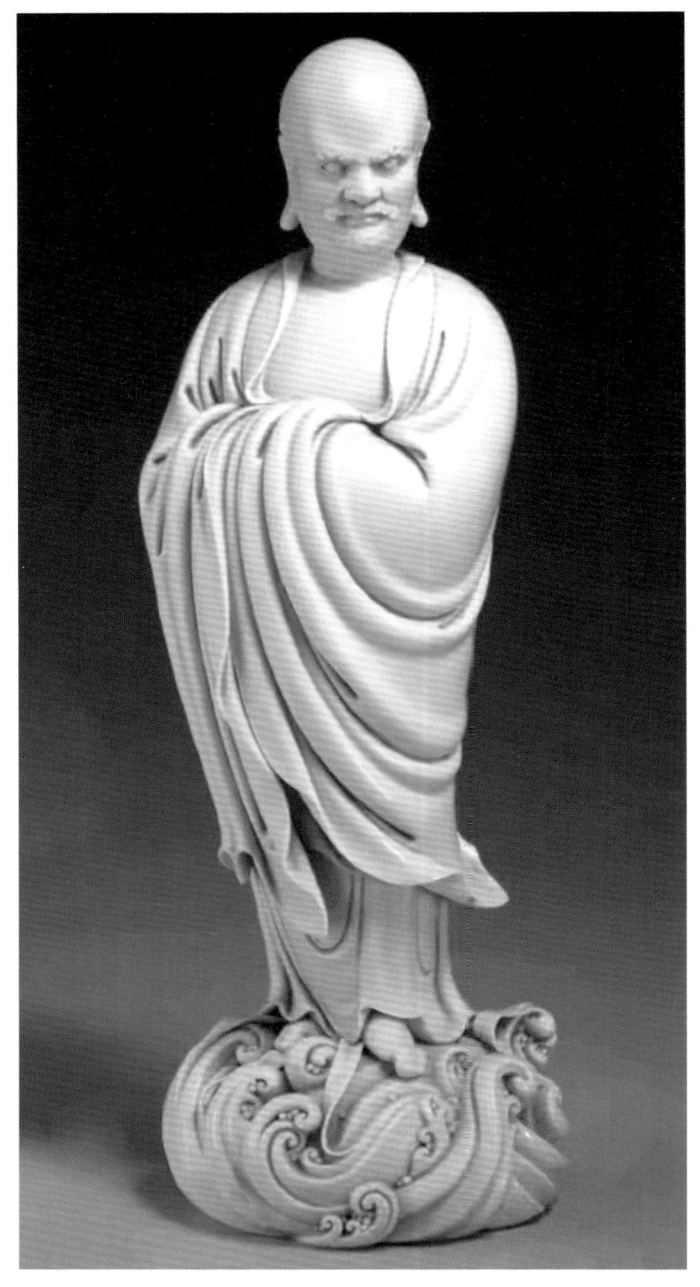 

达摩 瓷雕 明·何朝宗作品　　　观音立像 瓷雕 明·何朝宗作品

何朝宗（1522-1600），明代瓷塑家，又名何来。江西临川人，生于福建省德化县浔中镇。他的瓷塑作品继承了唐代表现佛像艺术的绘画风格，吸收泥塑、木雕和石刻造像等技法，融会贯通，博取各家之所长，形成独具一格的"何派"。他所塑仙佛强调对人物神情的刻画，形象端庄肃穆，富有神韵。现存带有他名款的观音、达摩瓷塑像以德化窑作品居多。

咏德化白瓷
江义民

色白清雅又轻坚，
纯粹高洁共雪妍。
形态万千谁不爱，
特群工艺世传延。

戏珠弥勒　瓷雕　苏清河　　　　　　　　　　泰国佛　瓷雕　苏清河

苏清河（1941-2012），中国工艺美术大师、中国陶瓷艺术大师、国家级非物质文化遗产传承人、享受国务院特殊津贴。

静思自在　瓷雕　郑雄彭　　　　　　贵妃醉酒　瓷雕　郑雄彭（德化瓷烧制技艺代表性传承人）

德化陶瓷又称德化瓷，是福建德化的传统瓷雕塑烧制技艺之一。德化县地处福建省中部，与江西景德镇、湖南醴陵并称中国三大近代瓷都，是中国陶瓷文化的发祥地之一。德化窑是中国古代南方著名瓷窑，因窑址位于福建省德化县而得名。德化瓷的制作始于新石器时代，兴于唐宋，盛于明清，技艺独特，至今传承不辍。德化瓷是中国重要的对外贸易品，与丝绸、茶叶一道享誉世界。

江加走木偶头·寿星

江加走木偶头·黑奸

　　江加走是一代木偶雕刻巨匠，被国际木偶界誉为"木偶之父"，他制作的木偶头像，被称为"加走头"或"花园头"。20世纪50年代起，"加走头""花园头"开始被世界各大博物馆视为珍宝收藏。

　　江加走掌中木偶出自泉州，是闽南文化的瑰宝，也是中华民俗文化的精华。"加走头"曾跨越海峡，风靡东南亚，是木偶雕刻中最响亮的世界级名牌。

泉州花灯二盏

卢思立木雕作品

黄福泉木雕作品

十二生肖馆　木雕　郑银聘

泉州开元寺飞天木雕　摄影　吴其魁

泉州竹编工艺

泉州竹编

泉州竹编，历史悠久，造型生动有趣。现代著名画家李硕卿在传统竹编的基础上创立"改良竹编"，成功发展成竹编工艺美术新种类。

泉州漆篮

泉州漆篮是福建省传统竹漆工艺品之一，产于泉州市永春县，将竹子或切片，或切统一细条，用片做柄，细条用来编织篮子，再加上漆装饰。

泉州剪纸四件

惠女影雕 国画 潘泽涵

惠安影雕被誉为"中华一绝",是惠安石雕中最为出色的雕刻形式。该艺术形式用粗细不同的各种微型钢钎在锃亮的青石板上,精心雕琢出各种题材的艺术作品。

永春纸织画工艺 摄影 陈世荣

永春纸织画,福建省永春县特产,是中国国家地理标志产品。据《永春县志》记:"唐初,永春就有纸织画的制作。"永春纸织画纸痕交织、泾渭分明、色彩淡雅、画面朦胧。

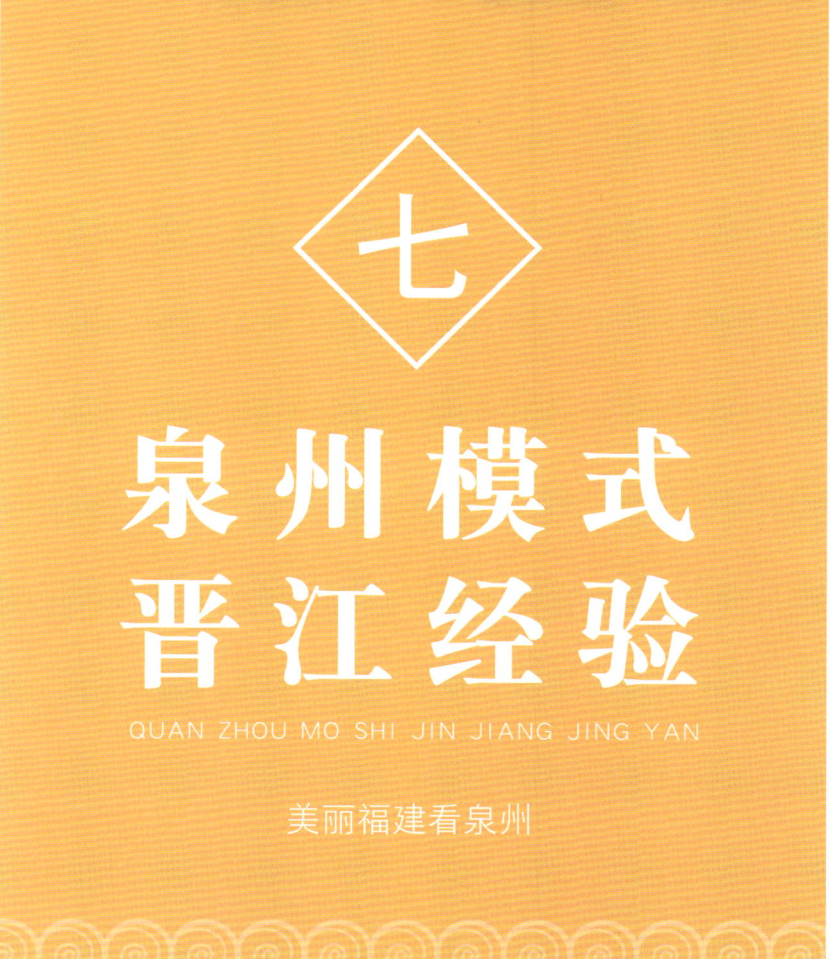

七

泉州模式 晋江经验

QUAN ZHOU MO SHI JIN JIANG JING YAN

美丽福建看泉州

泉州由于海丝传统，善于接纳外来新奇，并加以开拓创新。改革开放以来摸索出了一个以民营经济为主力，以轻工业的产业集聚为特点的泉州独特的经济发展模式——"泉州模式"。产业集群具有积聚经济、专业化分包、创新环境、合作竞争、路径依赖等特点。2005年泉州市《政府工作报告》中提出：以产业集聚为着力点，构建充满活力的民营经济跃升平台。为此，要"着手规划和培育发展2个产值超千亿元（石化、纺织服装）、2个超500亿元（鞋业、建材）和8个超100亿元（电子信息、汽车及其配件、修船造船、机械制造、工艺制品、食品饮料、五金水暖、包袋制品）产业集群"。泉州发达的产业集群，是建立在已有的专业化市场的基础上的，是这些年来泉州模式朝着更高起点发展的一个重要标志。它与苏南模式、温州模式和珠江三角洲模式是中国改革开放地方经济发展的杰出代表。

由于产业集聚，在泉州形成了许多经济发展的集群，使泉州经济有了长足的发展。泉州全市民营经济发达，有工商登记民营企业单位13万多家。民企创造的增加值、公共财物收入均占全市约80%。泉州经济总量连续20年名列全省第一。

泉州市被列为全国18个改革开放典型地区之一，获批"国家金改区""民综改革试点""综合保税区""自主创新示范区"、中国制造2025城市试点示范；在国家"一带一路"倡议规划中被列为"21世纪海上丝绸之路先行区""海上合作战略之点"；海上丝绸之路国际艺术节永久落户泉州，海陆丝绸联盟理事会秘书处落户泉州。

在泉州模式的推动下，晋江独辟蹊径，闯出一条晋江之路，使这个县级市经济总量连续23年位居福建省第一位，因而总结出《晋江经验》，名闻遐迩。《人民日报》以整版篇幅刊登《晋江之路》，人民网也为之连续报道。时任福建省省长习近平同志深入晋江，亲自为之总结提出了"六个始终坚持"和"处理好五大关系"的思路（即始终坚持以发展社会生产力为改革和发展的根本方向；始终坚持以市场经济为导向发展经济；始终坚持在顽强拼搏中取胜，始终坚持以诚信促进市场经济的健康发展；始终坚持立足本地优势和选择符合自己条件的最佳方式加快经济发展；始终坚持加强政府对市场经济的引导和服务。处理好有形通道和无形通道的关系；处理好发展中小企业和大企业的关系；处理好发展高新技术产业和传统产业的关系；处理好工业化和城市化的关系；处理好发展市场经济与建设新型服务型政府之间的关系）。如今晋江实体经济创造的产值、税收和就业岗位占全市的95%以上，2个年产值超千亿之产业集群拔地而起，5个超百亿产业集群次第开花，树起了"中国鞋都""中国伞都""中国食品工业强市""中国陶瓷重镇"等名牌。

敢为天下先，爱拼才会赢的晋江经验在全国引起了巨大的回响。在纪念改革开放40周年的日子里，《人民日报》、新华社、中央电视台、广电网等均大力推崇报道。在改革开放波澜壮阔的潮声中，晋江描绘着更加昂扬奋进的时代图景，并为全国县城经济的发展、中小城市的建设提供许多可学习借鉴的宝贵经验。

石湖港区　摄影　张梓昌

振奋爱拼会赢，精气神勇当高，质量发展落实，赶超主力军。

振奋爱拼会赢
勇当高质量发展落实
赶超主力军

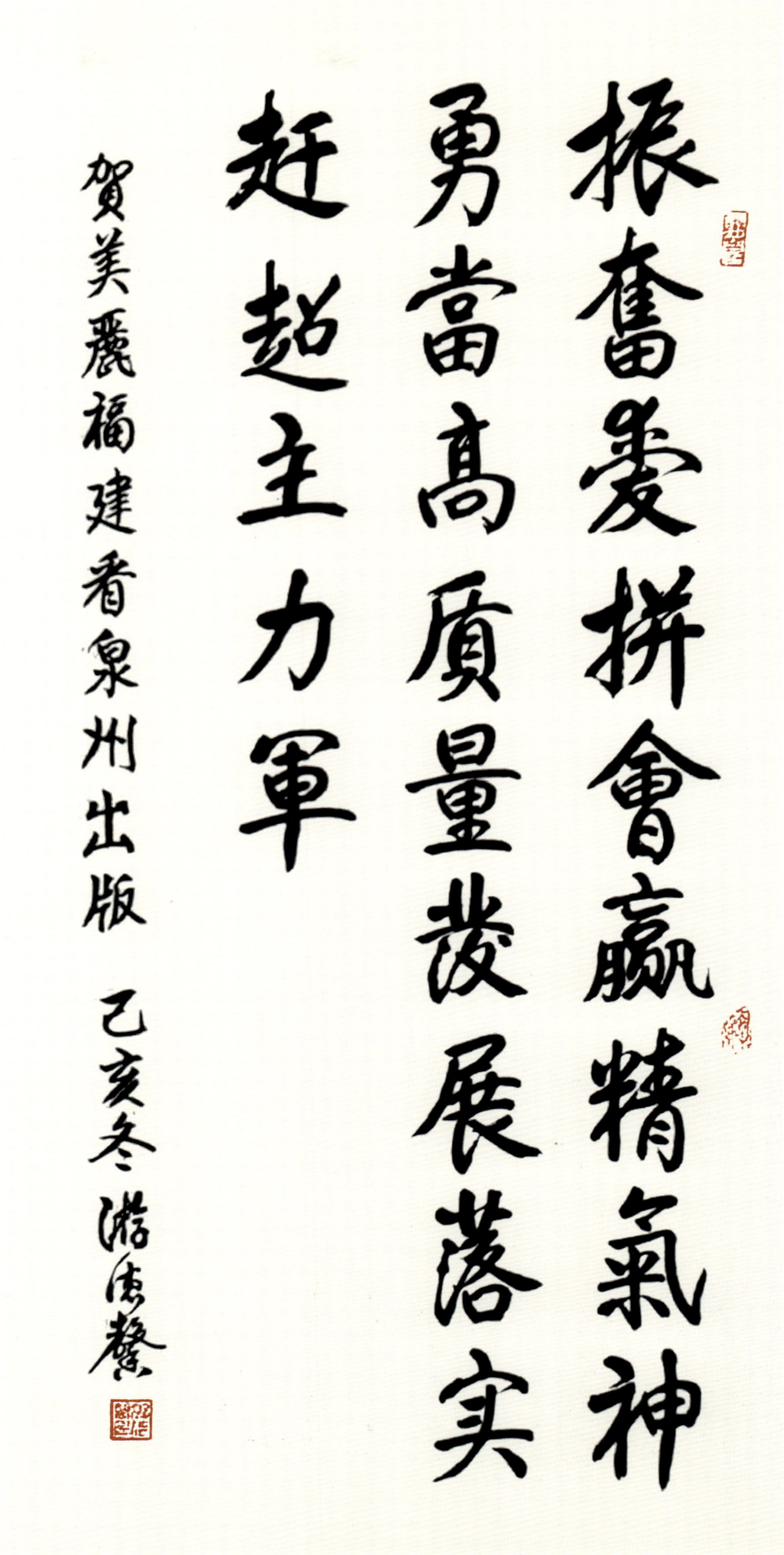

贺《美丽福建看泉州》出版 己亥冬 游德馨

贺《美丽福建看泉州》出版　书法　游德馨

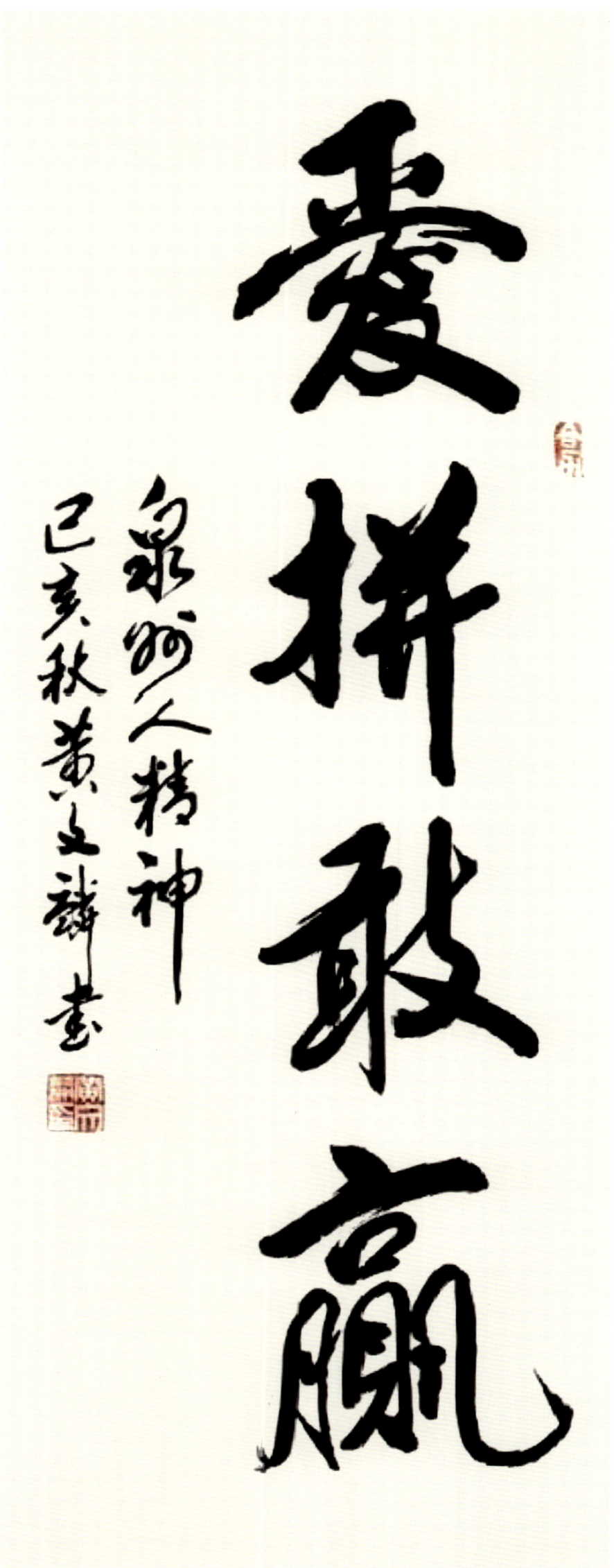

泉州人精神　书法　黄文麟

三分天注定,七分靠打拼。
——泉州人最为宝贵的人生信条

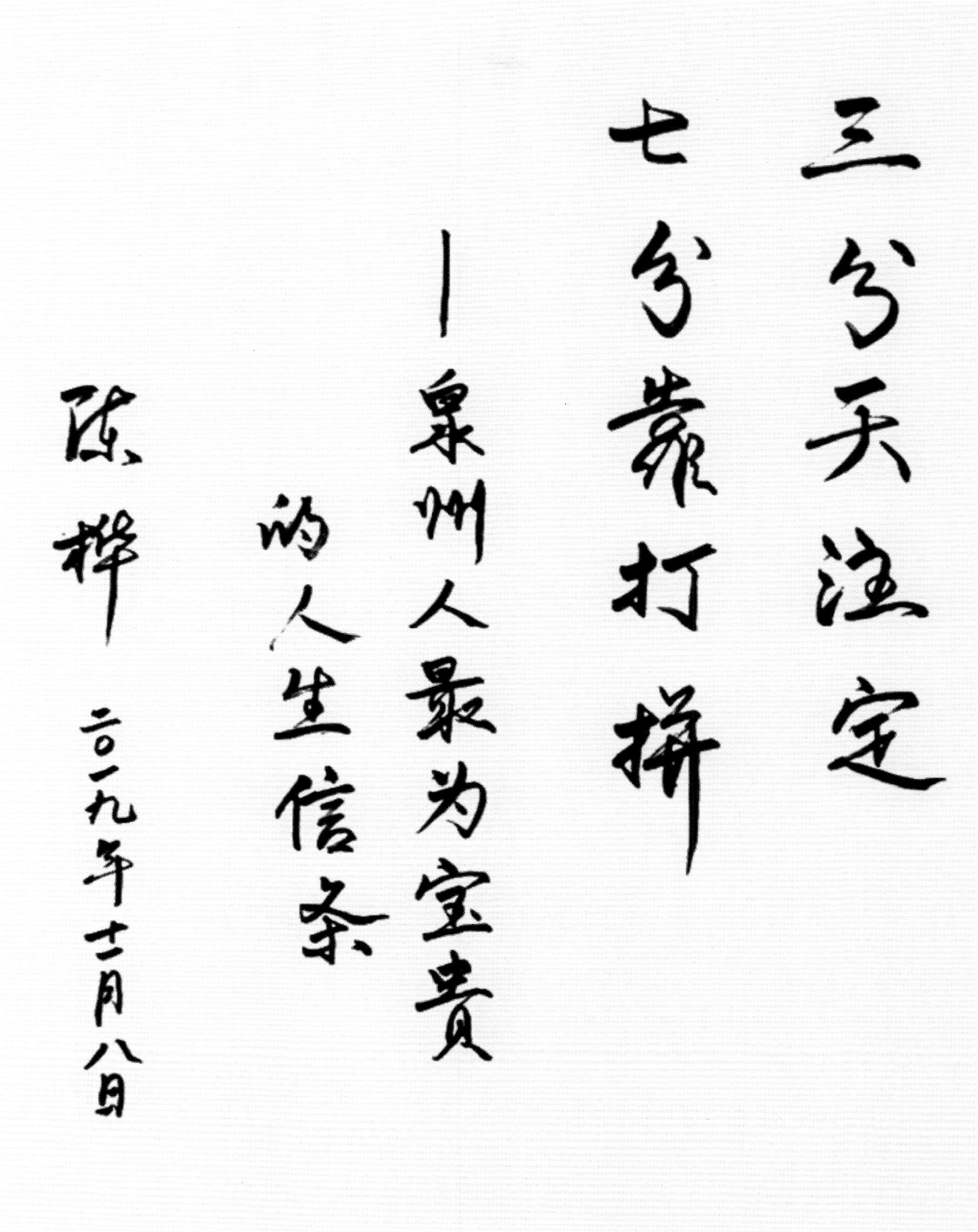

三分天注定
七分靠打拼
——泉州人最为宝贵的人生信条

陈桦 二〇一九年十二月八日

泉州人最为宝贵的人生信条　书法　陈桦

处理好有形通道和无形通道的关系；处理好发展中小企业和大企业的关系；处理好发展高新技术产业和传统产业的关系；处理好工业化和城市化的关系；处理好发展市场经济与建设新型服务型政府之间的关系。

正确处理好五大关系　书法　叶双瑜

以沿海带动山区,先富带动后富,一域带动全域,因此泉州的县域经济繁荣,产业特色鲜明,民企、名企众多。

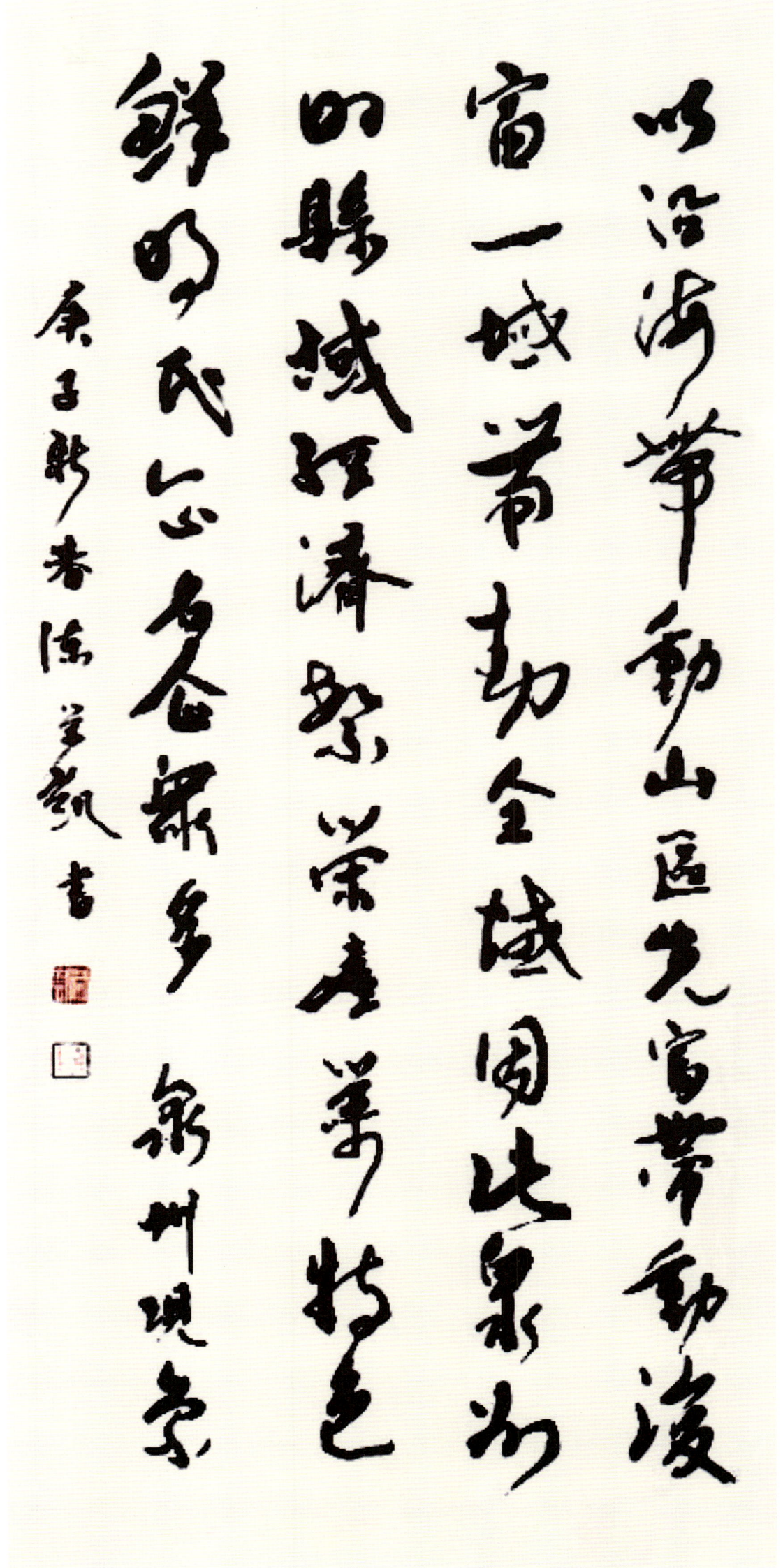

泉州现象 书法 陈荣凯

始终坚持以发展社会生产力为改革和发展的根本方向；始终坚持以市场经济为导向发展经济；始终坚持在顽强拼搏中取胜；始终坚持以诚信促进市场经济的健康发展；始终坚持立足本地优势和选择符合自己条件的最佳方式加快经济发展；始终坚持加强政府对市场经济的引导和服务。

晋江之路六个始终坚持 书法 汇碧玉

研究借鉴晋江经验 加快构建三条战略通道
——关于晋江经济持续快速发展的调查与思考
习近平

"处理好五大关系"

- 处理好 **有形通道和无形通道的关系**
- 处理好 **发展中小企业和大企业之间的关系**
- 处理好 **发展高新技术产业和传统产业的关系**
- 处理好 **工业化和城市化的关系**
- 处理好 **发展市场经济与建设新型服务型政府之间的关系**

"六个始终坚持"

1. 始终坚持 以发展社会生产力为改革和发展的根本方向
2. 始终坚持 以市场为导向发展经济
3. 始终坚持 在顽强拼搏中取胜
4. 始终坚持 以诚信促进市场经济的健康发展
5. 始终坚持 立足本地优势和选择符合自身条件的最佳方式加快经济发展
6. 始终坚持 加强政府对市场经济的引导和服务

2019年3月，习近平总书记记忆犹深地提出，"我到省里工作以后，多次到晋江做了调研，全省推进'晋江经验'，福建省如果有若干个晋江，福建就不一样了。应该说，'晋江经验'现在仍然有指导意义。"

泉州市审时度势，擘画了"创新发展'晋江经验'，奋力建设海丝名城，智造强市，品质泉州"的宏伟蓝图。

晋江经验

待遇均等化保障全覆盖,来了都是晋江人,晋江都是一家人,城里乡村一个样,新老晋江人一个样。

晋江市对外来工的理念与实践 书法 游嘉瑞

泉州模式、苏南模式、温州模式和珠江三角洲模式一起载入中国经济发展史册。

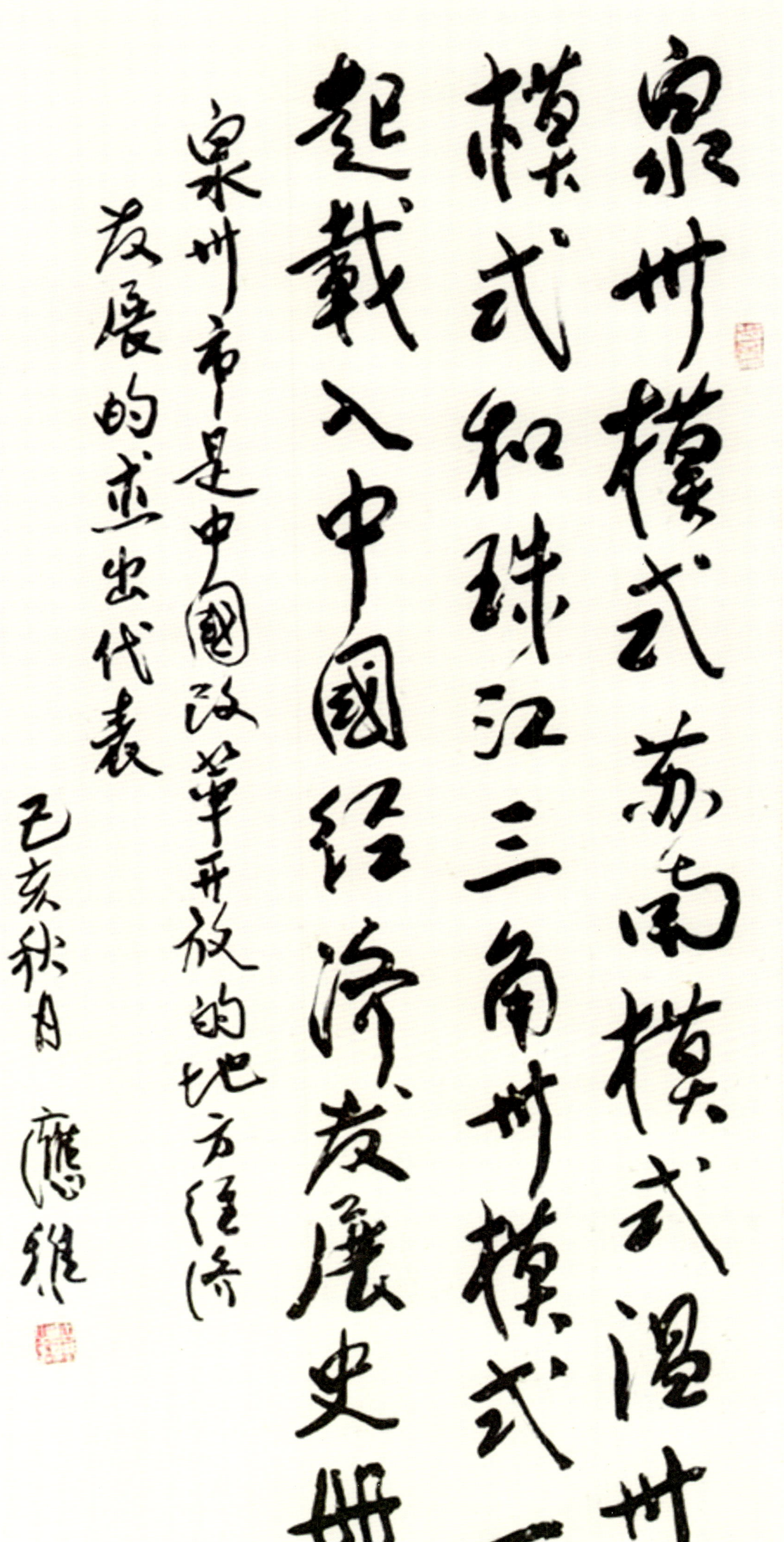

泉州市是中国改革开放的地方经济发展的杰出代表 书法 应稚

党建强则企业强,党建兴则企业兴。

泉州市久久为功做强非公企业党的建设　书法　陈晓灵

规模经济加外向型经济加特色产业加山海协作加服务型政府,

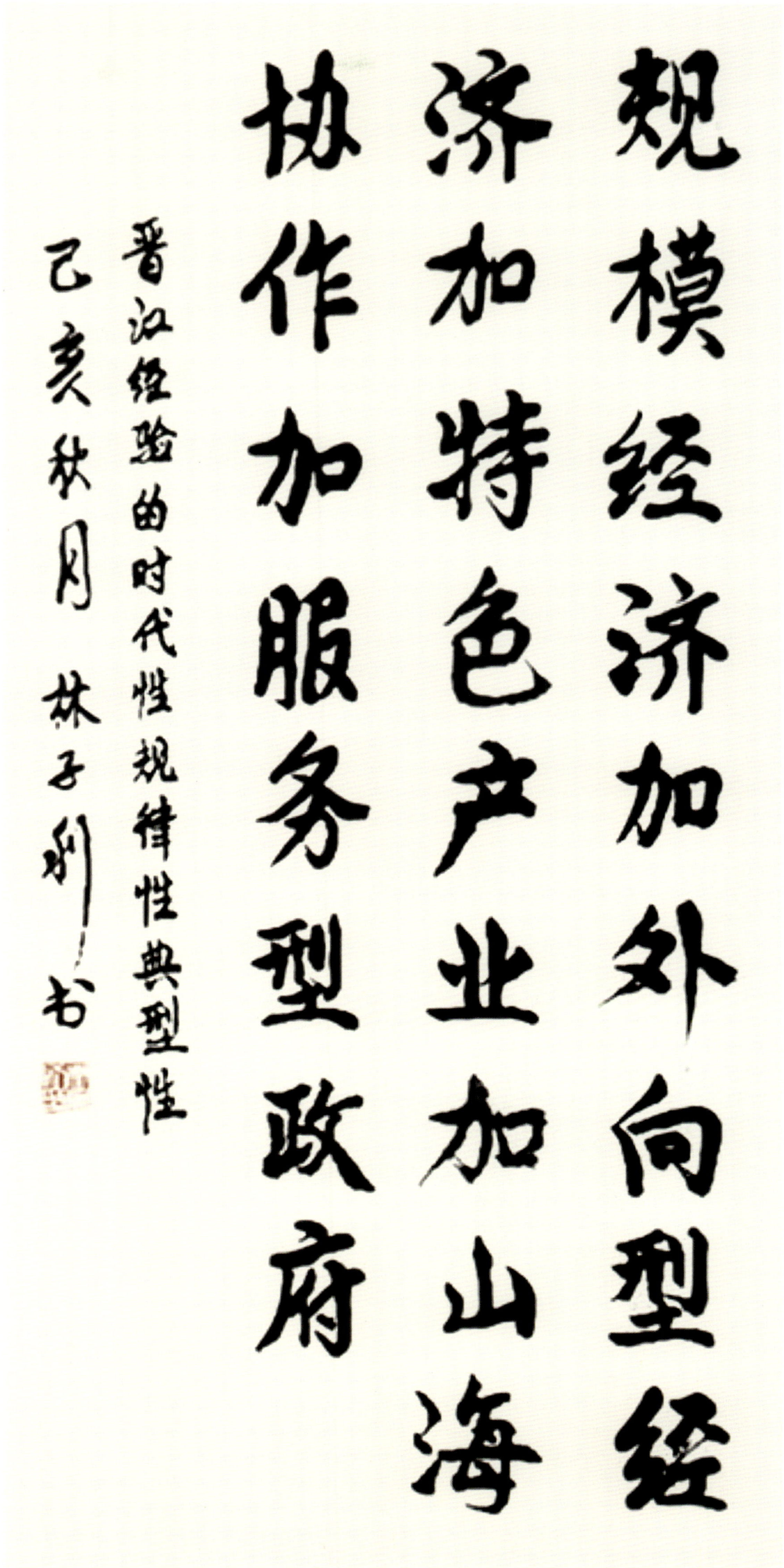

规模经济加外向型经济加特色产业加服务型政府

晋江经验的时代性规律性典型性

己亥秋月 林子利 书

晋江经验的时代性规律性典型性　书法　林子利

石化新貌　摄影　林建祥

泉州模式　晋江经验
　篆刻　黎汉秋

晋江人的拼首先是一种坚持,对实业本业主业的坚持,晋江人的拼更是体现在敢闯敢试勇于创新敢拼爱拼善拼,晋江之拼,拼出了迎难向上知难而进的顽强力量,晋江之拼,拼出了以奋斗为乐,以务实为荣的价值理念,晋江之拼,拼出了以终为始永不止步的进取精神,一个拼字以手发力,以拼聚力,舍得下苦功,汇聚众人之心。

晋江人的拼 书法 李宗明

泉州模式是以民营企业为主力、以轻工业的产业集聚为特点的经济发展模式。

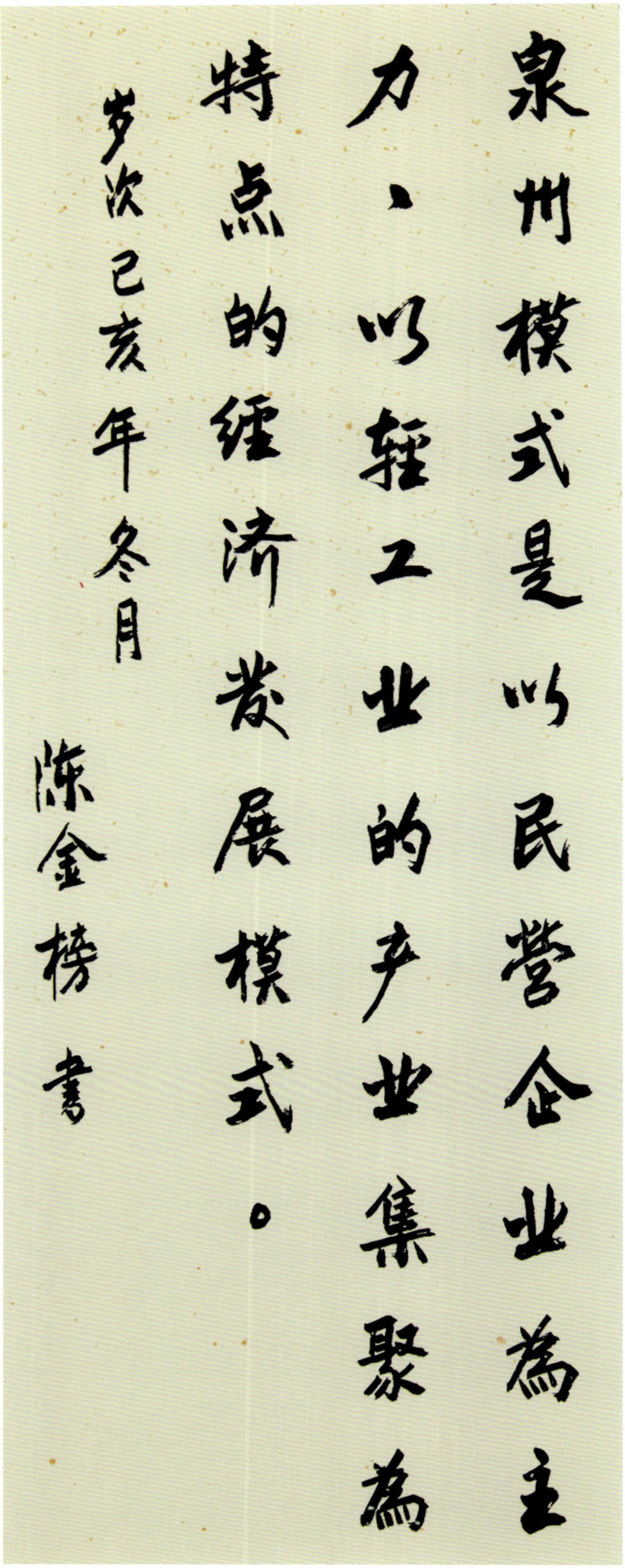

泉州模式是以民營企業為主力、以輕工業的產業集聚為特點的經濟發展模式。

岁次己亥年冬月 陈金榜 书

泉州模式　书法　陈金榜

始终坚持政府对市场经济的引导和服务

始终坚持政府对市场经济的引导和服务——晋江经验的重要启示

晋江经验的主要启示　书法　吴达平

以市场调节为主、外向型经济为主、股份合作经济为主，多种经济成分共同发展。泉州市独特的经济发展模式。

泉州市独特的经济发展模式　书法　尚小虎

海丝重要门户城市,全球新制造重要基地,全国民营经济示范城市,两岸融合发展示范区,山水田园善治之城。

泉州市站在新起点,打造具有全国影响的海丝名城 书法 陈基立坚守实业,咬住发展实体经济不放松,持续推动传统实体经济转型升级,不断培育和发展新型实体经济。

晋江经验最鲜明特色　书法　林海峰

始终把稳增长与提质量相结合，靶向施策，多措并举，经济运行在攻坚克难中提质增效。坚持保企业就是保增长，坚持抓投资就是抓后劲，坚持稳金融就是稳经济。

南安市立足经济稳增长　书法　梁全胜

晋江鞋都、石狮衣都、南安石都、惠安石都、德化瓷都、安溪茶都、永春香都。

泉州县域品牌的看家法宝 书法 方成义

立足功能定位,集聚各类高端要素,承接主辅分离业务,打造都市时尚产业。

立足功能定位集聚各类高端要素承接主辅之离业务打造都市时尚产业 丰泽区凸显中心城区辐射带动效应 林海峰

丰泽区凸显中心城区辐射带动效应　书法　林海峰

坚持转型与成形并重，高质量提升传统产业，快速推进泉州芯谷南安园区建设，着力培育培强新兴产业集群，加快突破现代服务业，强化创新驱动能力。

南安市加快构建现代产业体系　书法　陈开欣

处理好有形通道和无形通道的关系；处理好中小企业和大企业的关系；处理好发展高新技术产业和传统产业的关系；处理好工业化和城市化的关系；处理好发展市场经济与建设新型服务型政府之间的关系。

晋江经验处理好五大关系　书法　曾振宗

洞仙歌·赞晋江经商敬业有道　词　肖守华／书法　洪锦汀

洞仙歌·赞晋江经商敬业有道
肖守华

　　四旬巨变，勇当潮头立。举帜鲜明创先革，晋江人，自我超越追求，良策建，技术高添活力。　　赛场安踏秀，劲霸精装，九牧王腾达优质。厚德善经商，重义招财，坚诚信，辉煌业绩。看雪亮千祥世名牌，造百福人民，富强中国。

资产盘活，资源开发，村企共建，专业合作。
——安溪县摆脱集体经济空壳村四种模式

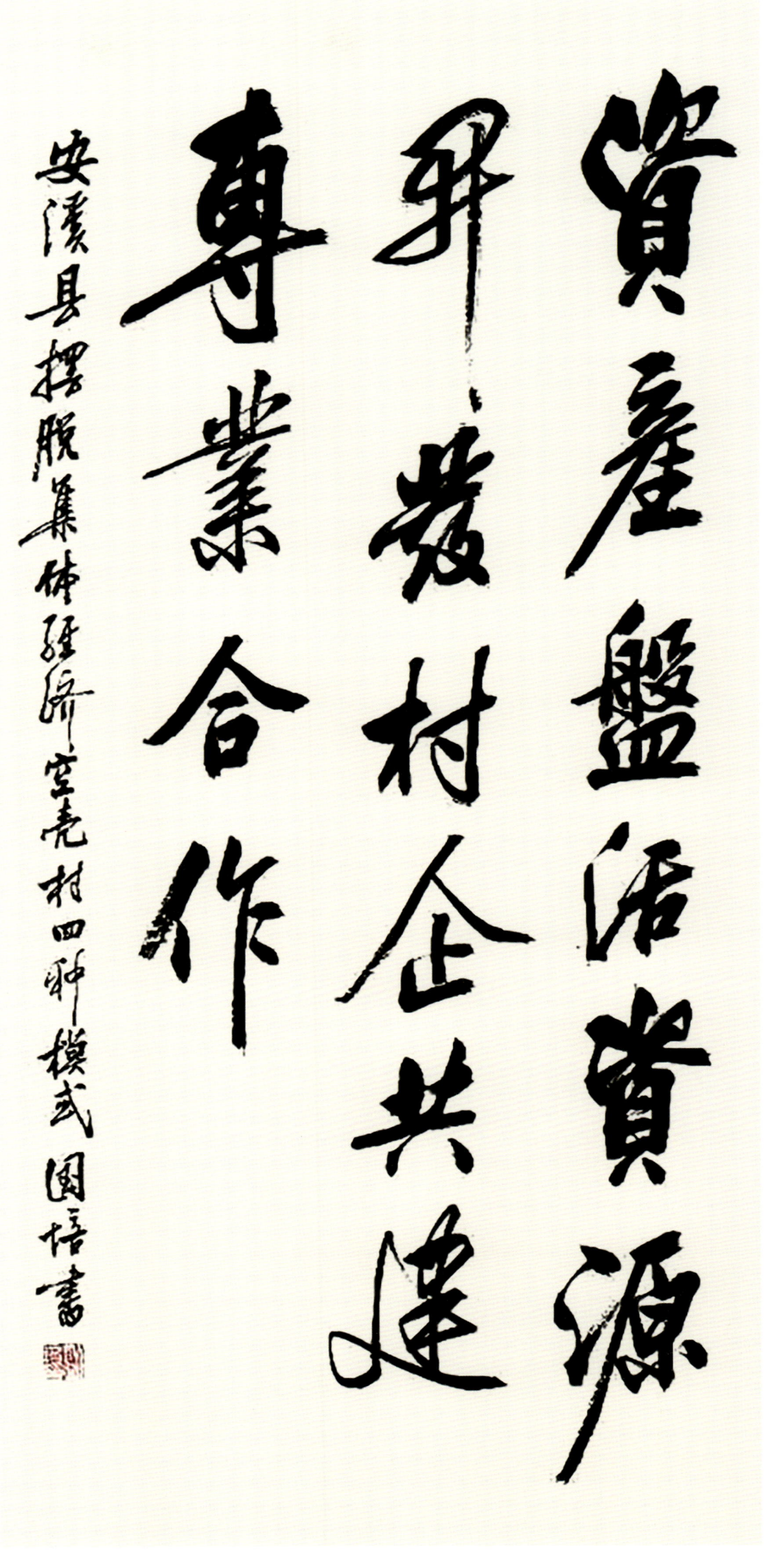

安溪县摆脱集体经济空壳村四种模式 书法 姚国培

泉州台商投资区白沙片区棚户区改造项目　摄影　陈明理

泉州市科技馆　摄影　骆明育

晋江的未来在于持续改革开放,更大程度参与国际产业与竞争,既要"国际范",也要"闽南味"。在晋江人看来,这是充满创意和建设性的混搭,实现传统的一产、二产、三产转型升级,互融、互通和功能互补,达到一加一加一大于三的效果。

晋江走向未来 书法 周贤本

将超越自我的体育精神融入每个人的生活,安踏,永不止步!

安踏集团企业精神 书法 杨福雄

泉州安踏有限公司

泉州安踏有限公司成立于1991年,公司经营体育用品,包括鞋、服装、包等。经过多年发展,已成为国内体育用品品牌的领跑者。

安踏生产车间　摄影　黄国炎

中国水暖城一角　摄影　黄国炎

申鹭达股份有限公司　摄影　山川

中国水暖城（南安）全景　摄影　山川

九牧厨卫股份有限公司（南安）　摄影　山泉

辉煌水暖集团（南安）　摄影　山泉

中国水暖城（南安）总面积65公顷，是目前国内唯一集科研、开发、产品展示、仓储物流一体的规模最大、档次最高的水暖阀门专业市场。

泉州科发卫浴有限公司

泉州科发卫浴有限公司成立于2010年7月。公司经营范围包括生产、销售卫浴配件和卫浴设计。

存量优化升级
增量培育壮大

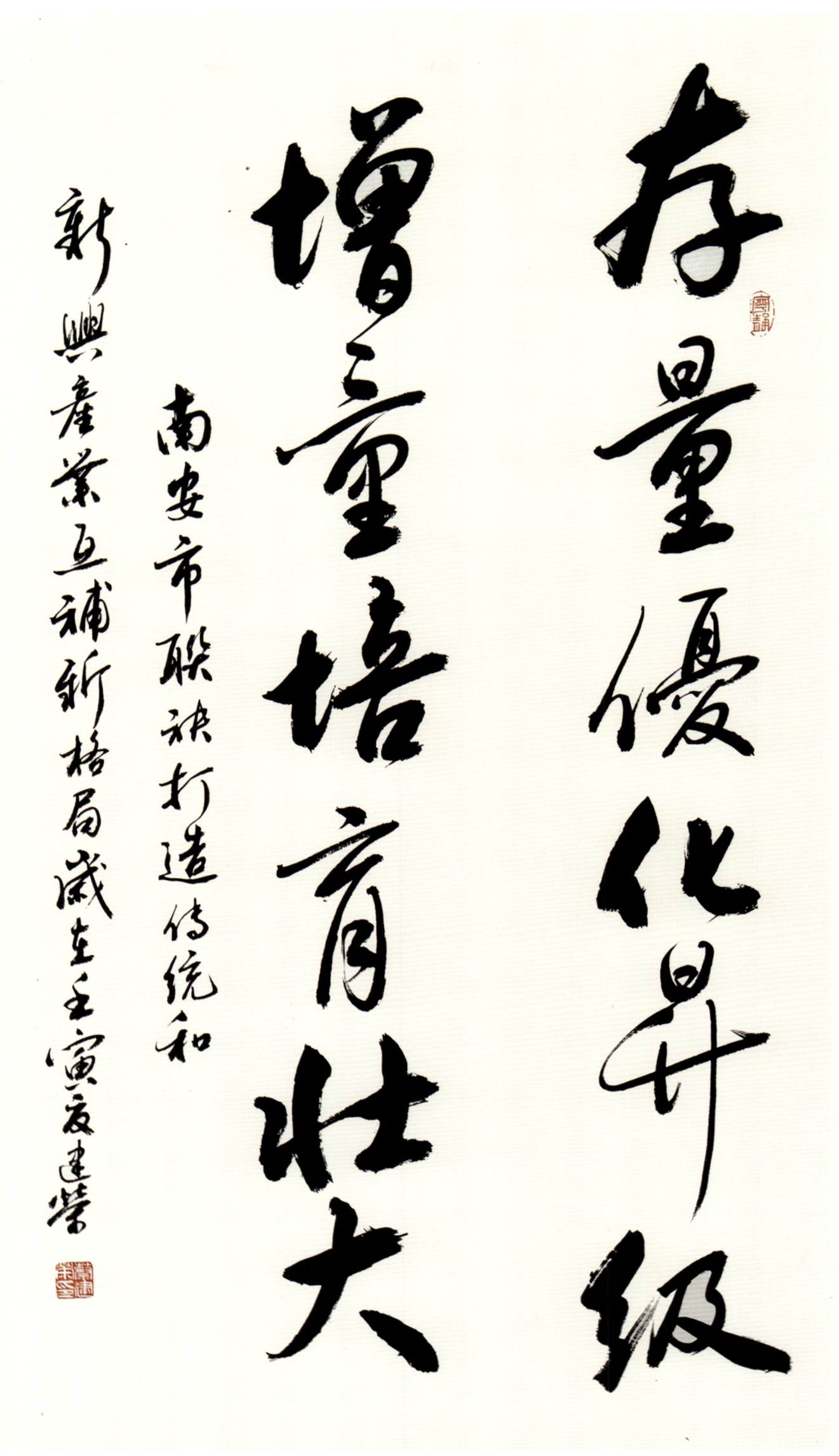

南安市联袂打造传统和新兴产业互补新格局　书法　蔡建荣

全面推广一件事,集成套餐和全城通办服务模式,实现市县乡村四级互联网加政务服务一体化平台全面覆盖。

泉州市营造一流营商环境三年行动经验　书法　梁全胜

中国石材城（南安水头） 摄影 黄国炎

南安水头精品石材中心 摄影 山川

南安水头石材场 摄影 黄国炎

南安石材机械展示中心 摄影 山泉

中国石材城（南安）已基本形成了以南安水头为中心，辐射半径100公里的石材产业集群，是目前我国最大的石材加工、贸易、原材料集散、物流贸易中心。

世界石材博物馆 摄影 陈碧珍

福建盼盼食品集团有限公司

福建盼盼食品集团有限公司是以农产品精深加工为主的国家级农业产业化重点龙头企业，集团公司还涉足生物科技、房地产、金融、矿产等行业的经营和管理。集团公司旗下已拥有辽宁沈阳、四川成都、河南漯河、山东临沂等17家全资分公司（厂），市场营销网络分布全国各省市县和乡镇。

泉州亲亲食品有限公司

泉州亲亲食品有限公司成立于2004年2月。公司经营范围包括生产膨化食品、调味料、糕点、鸡精、水产加工品等。

八马茶业股份有限公司

八马茶业股份有限公司，源自百年制茶世家，是中国茶叶连锁店领先品牌。董事长王文礼为国家级"非遗"铁观音制作技艺代表性传承人。

福建雅客食品有限公司

福建雅客食品有限公司创办于1993年10月，是目前中国最大的糖果、巧克力专业厂商之一。多年来的发展步伐迅速而稳健，被称为中国糖果业发展最快的企业之一。公司以"雅客"为核心品牌，旗下拥有雅客V9、雅客DIDADI奶糖、雅客益牙木糖醇、雅客香草润喉糖等众多分品牌，专注于糖果、巧克力、果冻、蜜饯、闲点、小食品的研发、生产与销售。销售网络遍布全国，产品远销五大洲。

致力为每个家庭永续提供健康

致力为每个家庭永续提供健康

癸卯孟春 杨明安

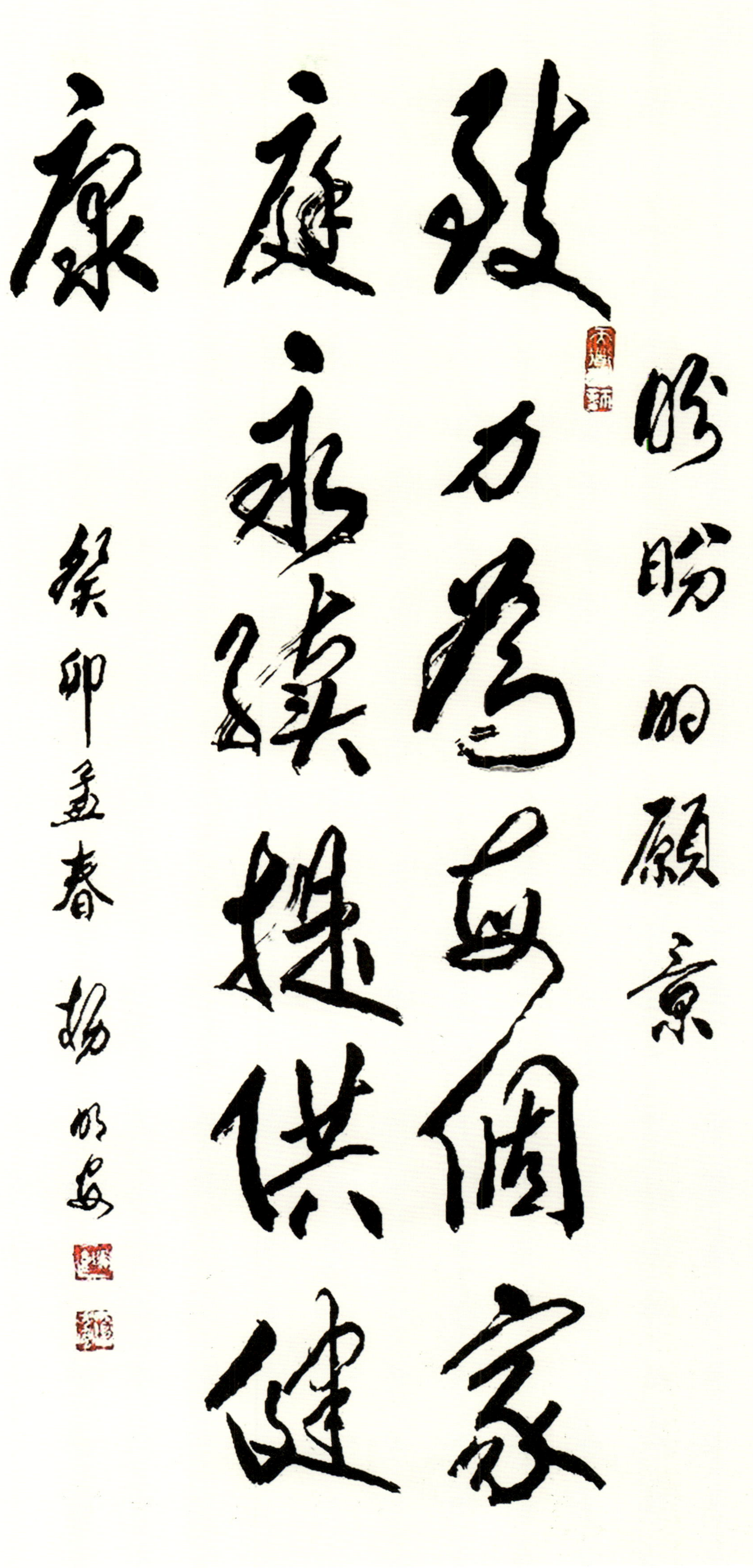

盼盼的愿景　书法　杨明安

万众一心
篆刻　林兰

石狮服装城
于福玉

名闻东亚服装城，
生意兴隆重友情。
网店开通争订货，
微商扩展利加盟。
品牌亮起全民赞，
信誉经营四海评。
创业转型升级速，
繁荣景象更恢宏。

石狮服装城　诗　于福玉／书法　陈宝琦

坚持政策导向，丰富泉港实验，坚持需求导向，完善泉港模式，坚持问题导向，打造泉港样板。

泉港区敢闯敢试争当改革先行者　书法　李璁明

九牧王股份有限公司智能制造工厂智能吊挂生产车间

九牧王股份有限公司　摄影　黄国炎

九牧王股份有限公司车间一角　摄影　许庆武

牧心者牧天下

九牧王股份有限公司是中国领先的商务休闲男装品牌企业。核心产品九牧王男裤、夹克已占据市场领先地位。

牧心者牧天下

九牧集团企业精神 岁次癸卯春 公司 胡洪林 书

九牧王集团企业精神　书法　胡洪林

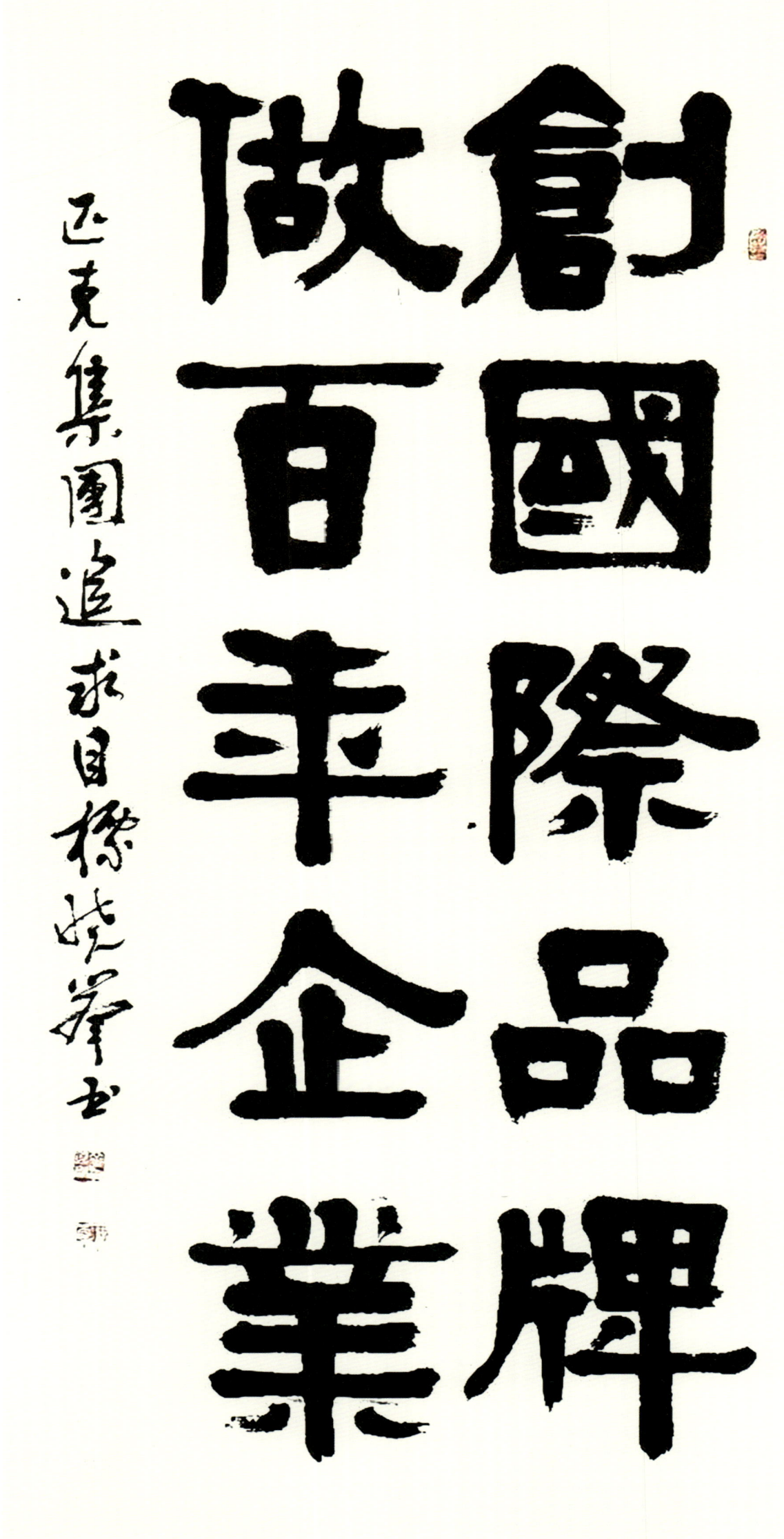

匹克集团追求目标 书法 金晓峰

玖龙纸业（泉州）有限公司　摄影　黄国炎

福建泉州匹克集团

福建泉州匹克（集团）成立于1992年12月，是集制鞋、鞋材、服装、包袋、体育运动专业装备器材等多种经营的外向型企业集团。公司现有15家成员企业，主导产品"匹克"牌系列专业旅游鞋，在国内各大中城市设有50多个分机构，1000多个专卖店。

泉州市最美家庭揭晓仪式

激发"半边天"活力

泉州市委高度重视妇女儿童工作，在全省率先出台支持妇联工作的"四项政策礼包"，即：推动落实"两纲"重难点指标纳入市直部门和县市区绩效考评总分；推动男女平等基本国策进入市县党校主体班次，加大妇女人才培养力度；按照每个乡镇（街道）不低于5～10万元的标准，列入县财政预算；发放符合条件的离任村妇代会主任（社区妇联主席）终身养老补助每人每月80元。这一改革举措极大激发了基层妇联组织工作的活力，其经验被《中国妇女报》头版头条刊登，被誉为"基层妇联改革的样板"。泉州市妇联先后荣获全国巾帼建功先进集体、全国维护妇女儿童权益先进集体、全国家庭工作先进集体、福建省妇联系统先进集体、泉州市先进基层党组织。（泉州市妇联供稿）

晋江荆山外来工子弟学校

晋江西坂外来工子弟学校

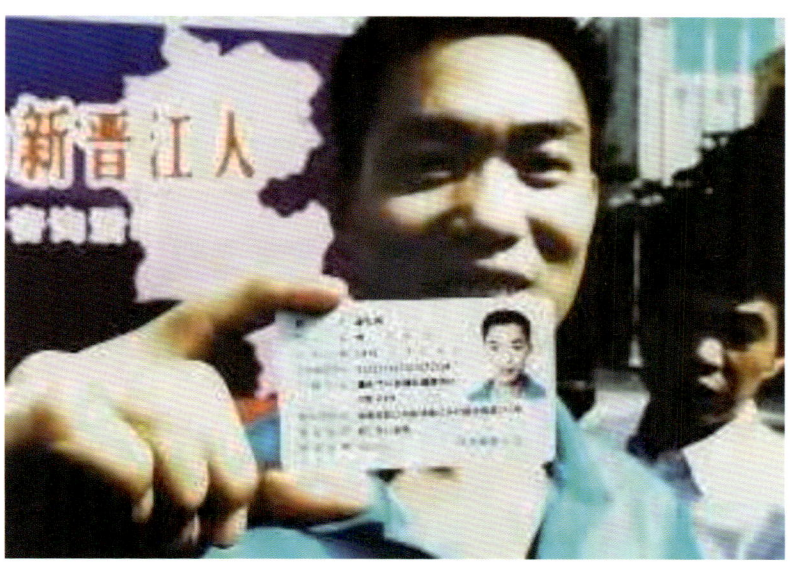

晋江向首批外来务工人员发放居住证

2011年7月1日,晋江向首批外来务工人员发放居住证。在晋江工作19年的重庆市开县谢先亮领到居住证。

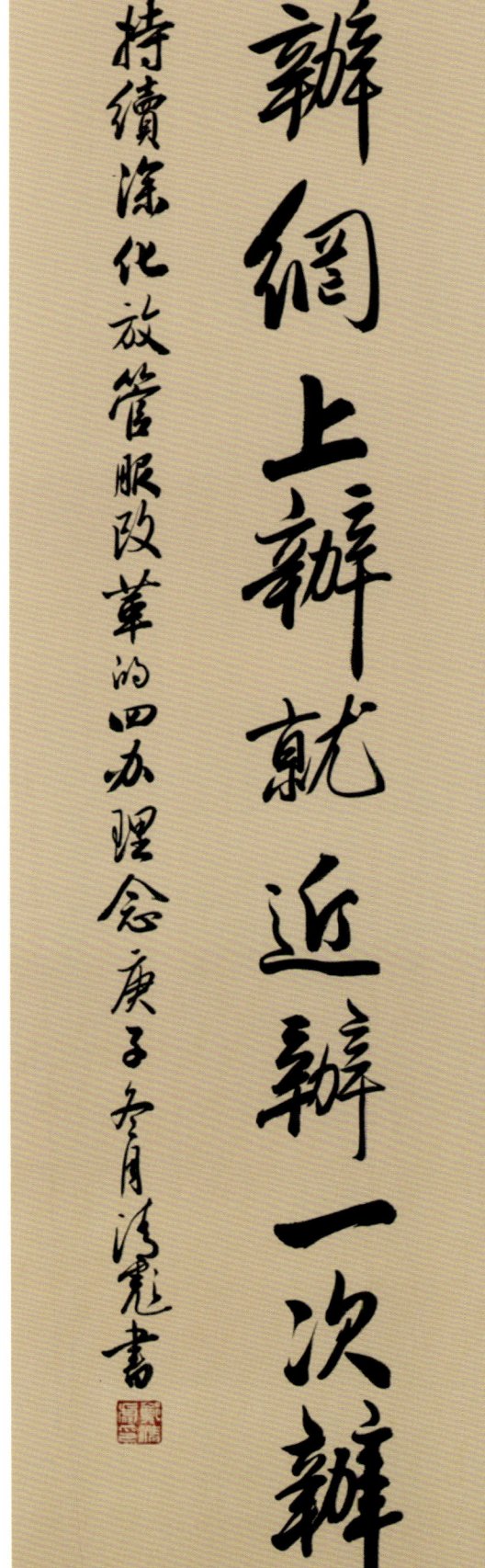

马上办 网上办 就近办 一次办

晋江持续深化放管服改革的四办理念 庚子年肖清彪书

晋江持续深化放管服改革的四办理念 书法 郑清彪

敢拼会赢
篆刻 王国瑞

候潮 摄影 唐军

惠东船坞 油画 郭宁

海丝涛声扬天下　书法　方成义

泉港海上养殖基地 摄影 洪丽萍

渔歌 油画 刘宗益

看洛江双阳开发区有感
陈奕良

喜看双阳别样天，
山川旧貌换新颜。
千株绿树驻春色，
一泓平湖映丽城。
座座高楼平地起，
条条街巷百业兴。
时有鞭炮迎宾客，
岂无彩灯亮夜阑。

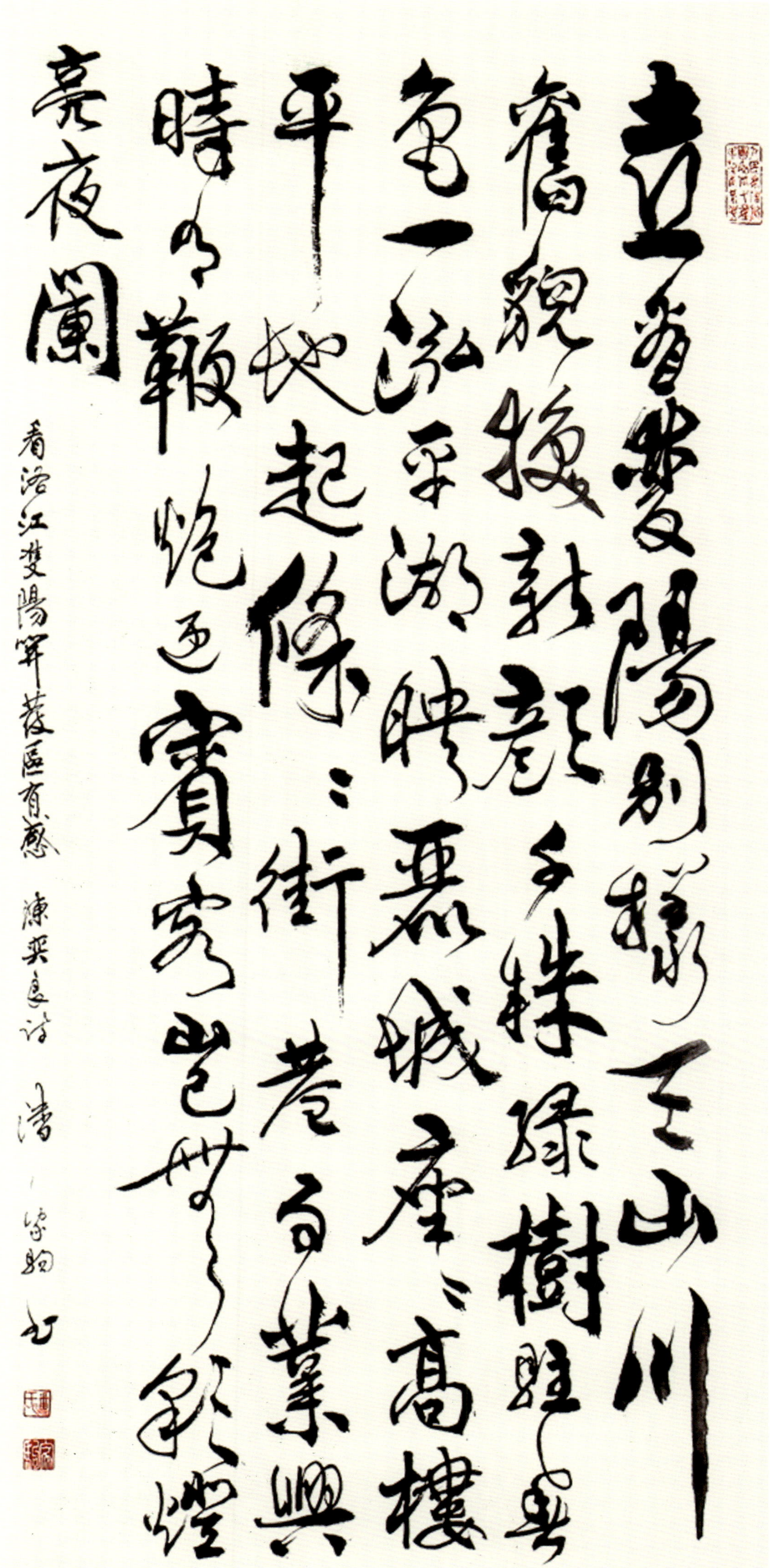

看洛江双阳开发区有感　诗 陈奕良／书法 潘家驹

既不能越位也不能缺位、虚位和不到位，领路人、推车手、服务员的角色定位。

晋江市委市政府的自身定位 书法 庄长流

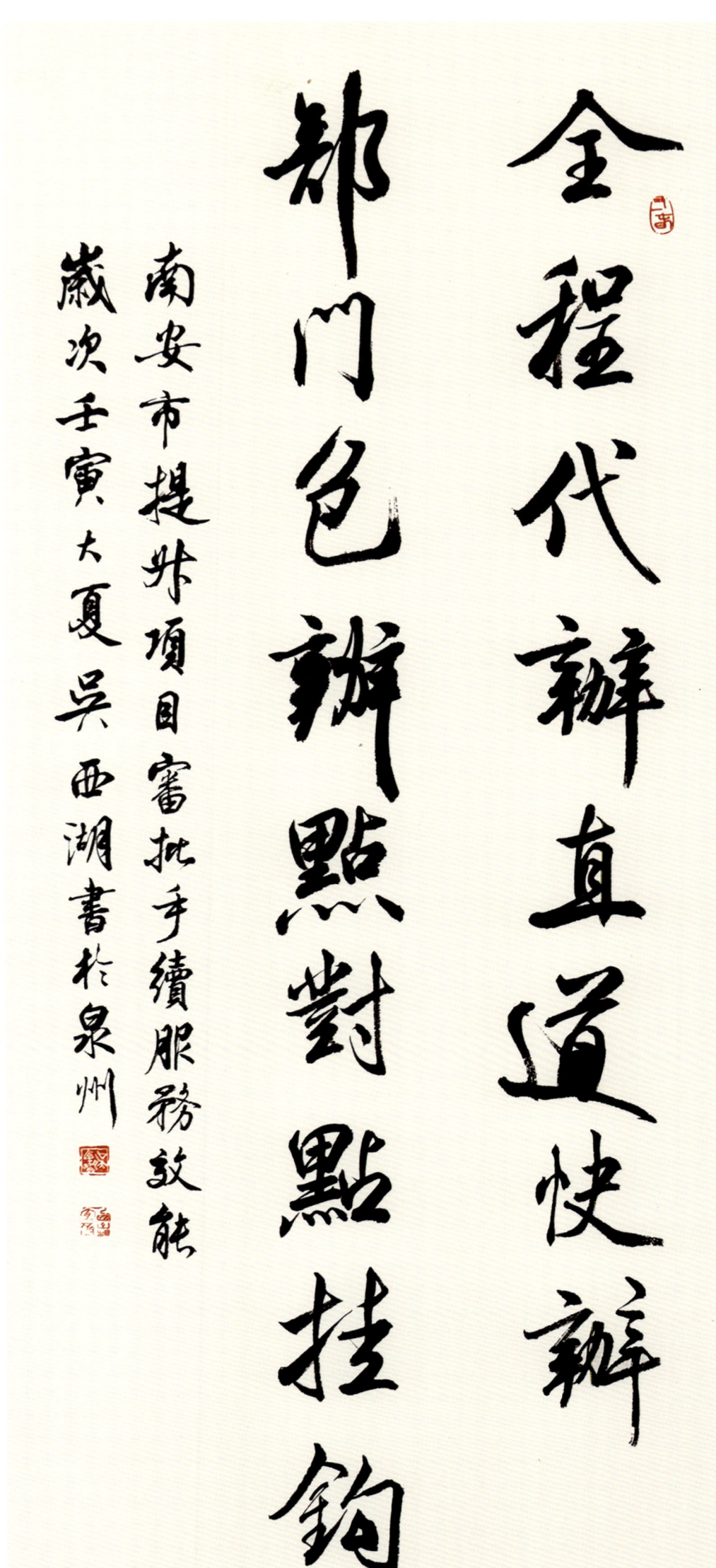

全程代办、直通快办、部门包办、点对点挂钩

南安市提升项目审批手续服务效能　书法　吴西湖

石湖港 水彩 蔡鑫

浔埔渔港码头 水彩 薛建础

微改造 精细化 活态化 少扰民

石湖港是蚶江港外港，位于石狮市蚶江港东突出部。有3公里长的深水港道延伸入蚶江港，海床为平底花岗岩结构，常年不淤，水深18米，退潮时最浅14米，涨潮时最深36米。港道从石湖外屿至北线，滩宽2000米，长7200米，可供万吨级船舶停靠，是良好的深水锚地。

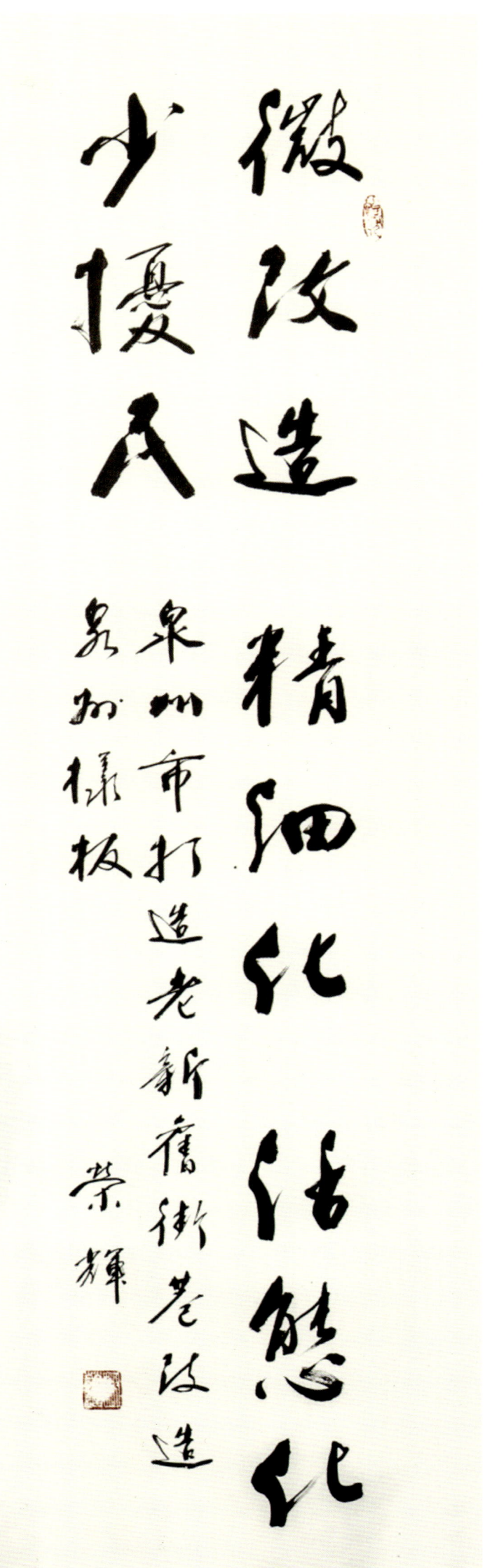

泉州市打造老新旧街巷改造泉州样板 书法 林荣辉

全国中小城市综合实力百强第三十位,投资潜力百强第十三位,新型城镇化质量百强第三十四位,创新创业百强第十三位,同时获评国家知识产权强县工程示范县。

全国中小城市综合实力百强第叁拾位投资潜力百强第拾叁位新型城镇化质量百强第叁拾肆位创新创业百强第叁拾贰位同时获评国家知识产权强县工程示范县

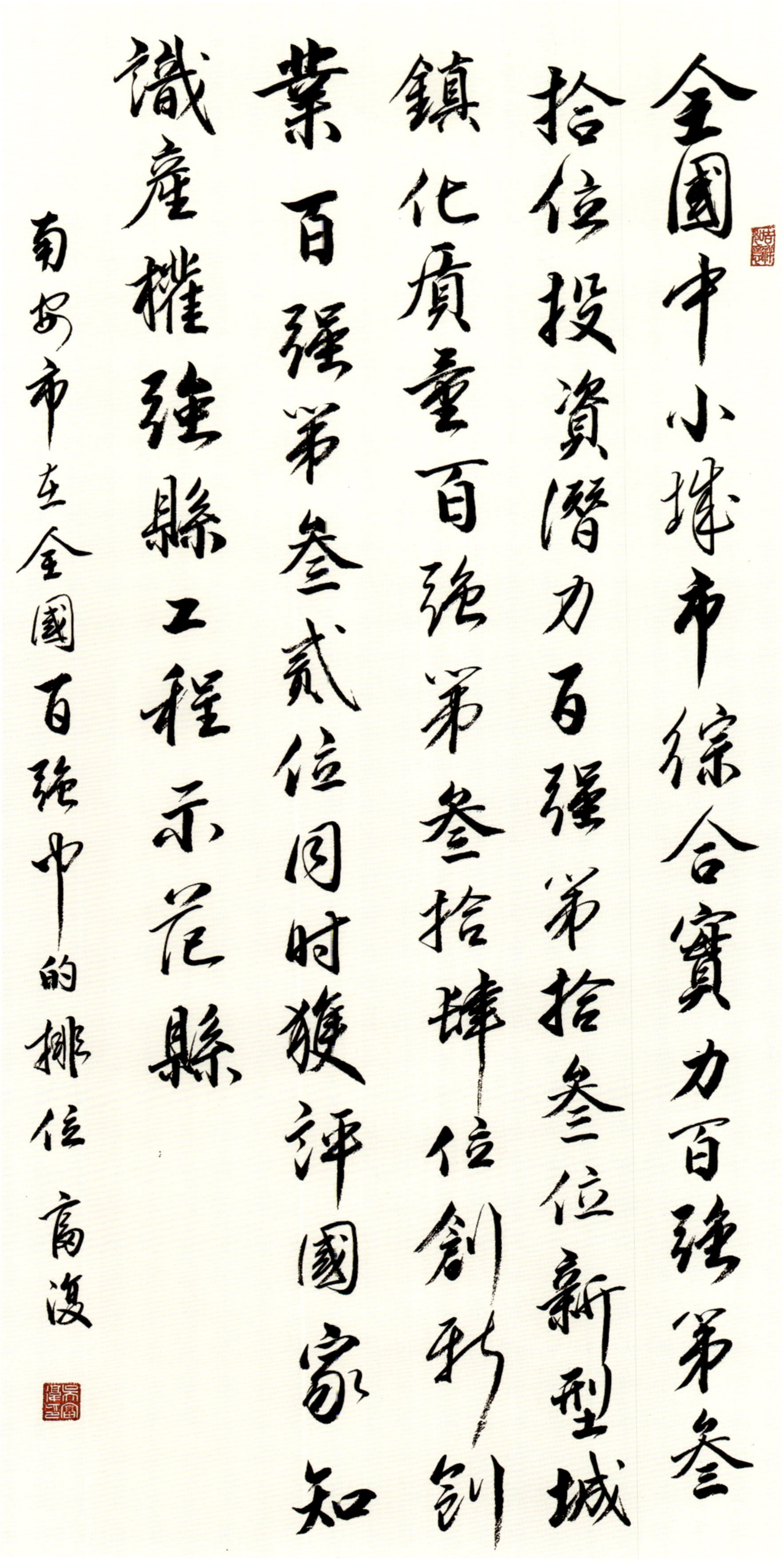

南安市在全国百强中的排位 高渡

南安市在全国百强中的排位 书法 吴富復

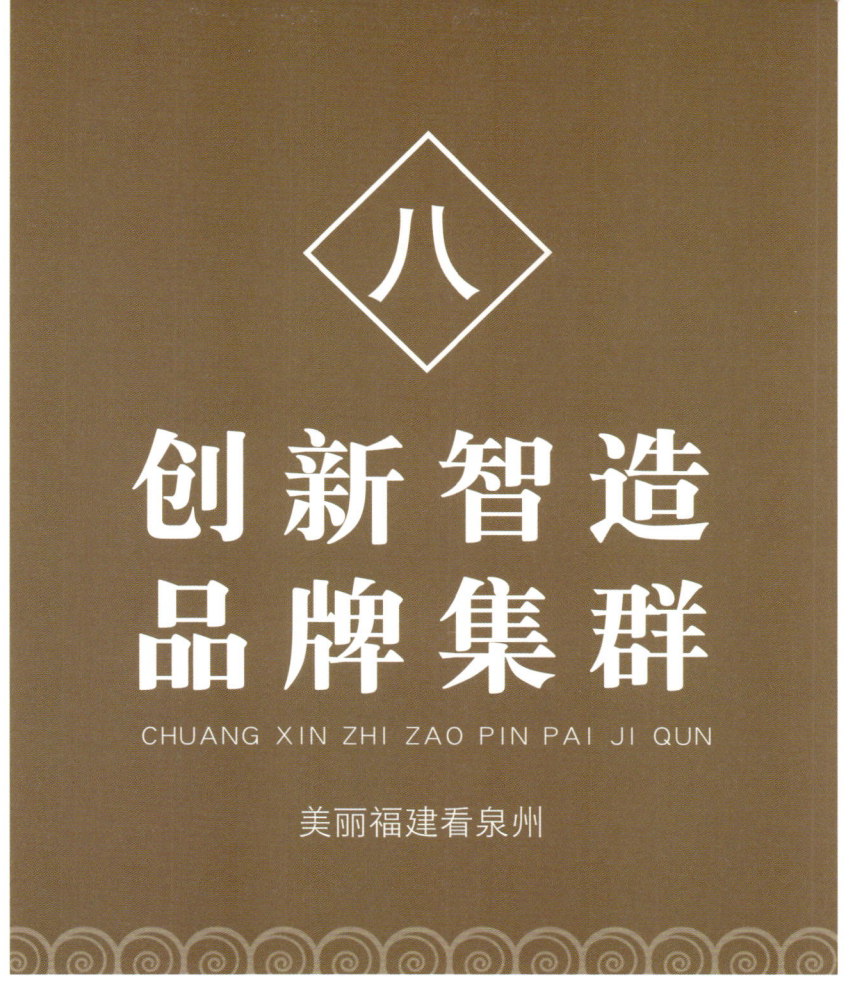

八 创新智造品牌集群

美丽福建看泉州

泉州民营企业发达，经济活力涌动。浓郁的安商亲商环境让众多大企业、大项目纷纷落地泉州。泉州进一步引导产业转型升级，制定17个产业转型升级路线图，发布实施《泉州制造2025》，出台一系列配套措施。

目前泉州拥有纺织服装、鞋业、石油化工、机械装备、建筑建材等9个超千亿的产业集群，亿元产业企业超过2000家，是海峡西岸先进制造业基地。泉州有18个"泉字号"进入中国品牌500强，"一县一品"的产业格局绽放缤纷色彩，其中一批县市区的"看家法宝"已亮相全球舞台，如晋江鞋都、石狮衣都、南安惠安石都、德化瓷都、安溪茶都、永春香都等。

泉州荣获全国科技进步先进市"八连冠"和"国家优秀创新型城市"称号。多年来一直致力加速培育科技型企事业群体，发展高新技术产业，强化服务能力建设，科技创新工作成效显著。创新型产业集群、服务体系建设试点曾双双列入国家试点工程，是国家创新基金的首个产业集群试点、首批创新产业集群试点（培育）之一。泉州微波通信产业集群以泉州国家高新区鲤城园、丰泽园、清濛园和火炬计划（泉州）微波通信产业基地为主要载体，现已吸引入驻微波通信企事业150多家。还出现电商、无土栽培种植等新型企业。

目前，科技部、国家发改委把泉州列入第一批17个开展创新型城市建设的名单里。未来泉州在科技部、国家发改委的支持下，发展前景灿烂辉煌。

奋力建设 海丝名城 智造强市 品质泉州

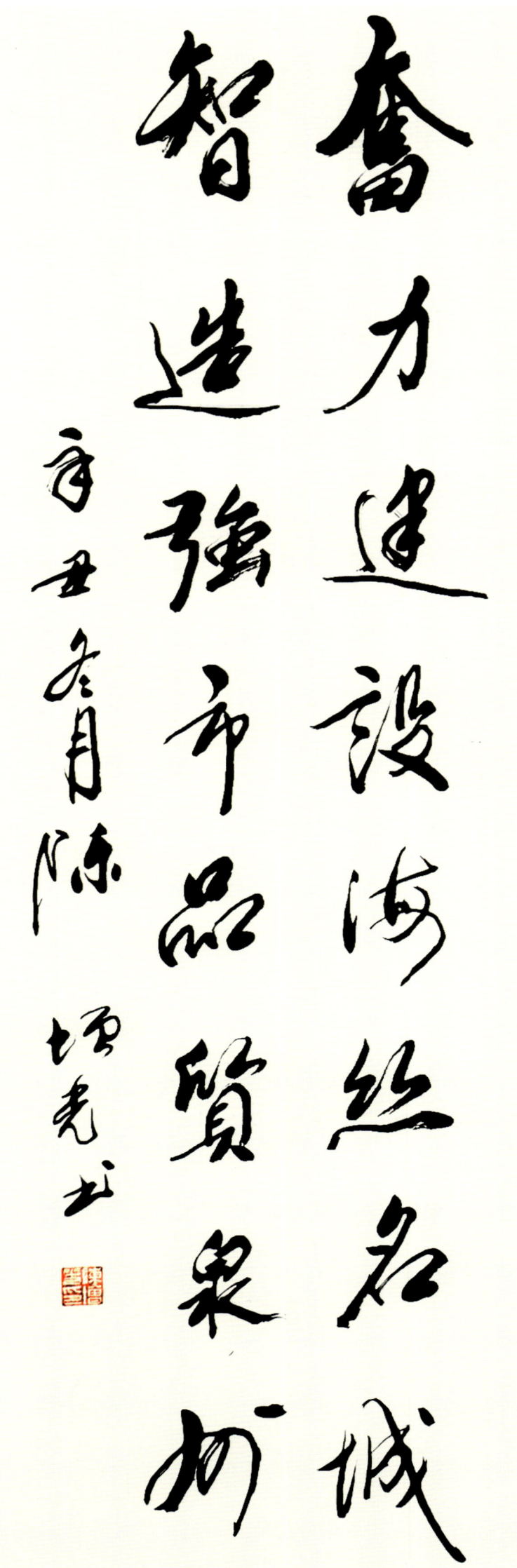

品质泉州 书法 陈增光

山水古城（远眺泉州鲤城市区） 摄影 陈敬聪

蓝蓝泉州湾 摄影 吴少锋

创新智造 品牌集群
篆刻 林伯森

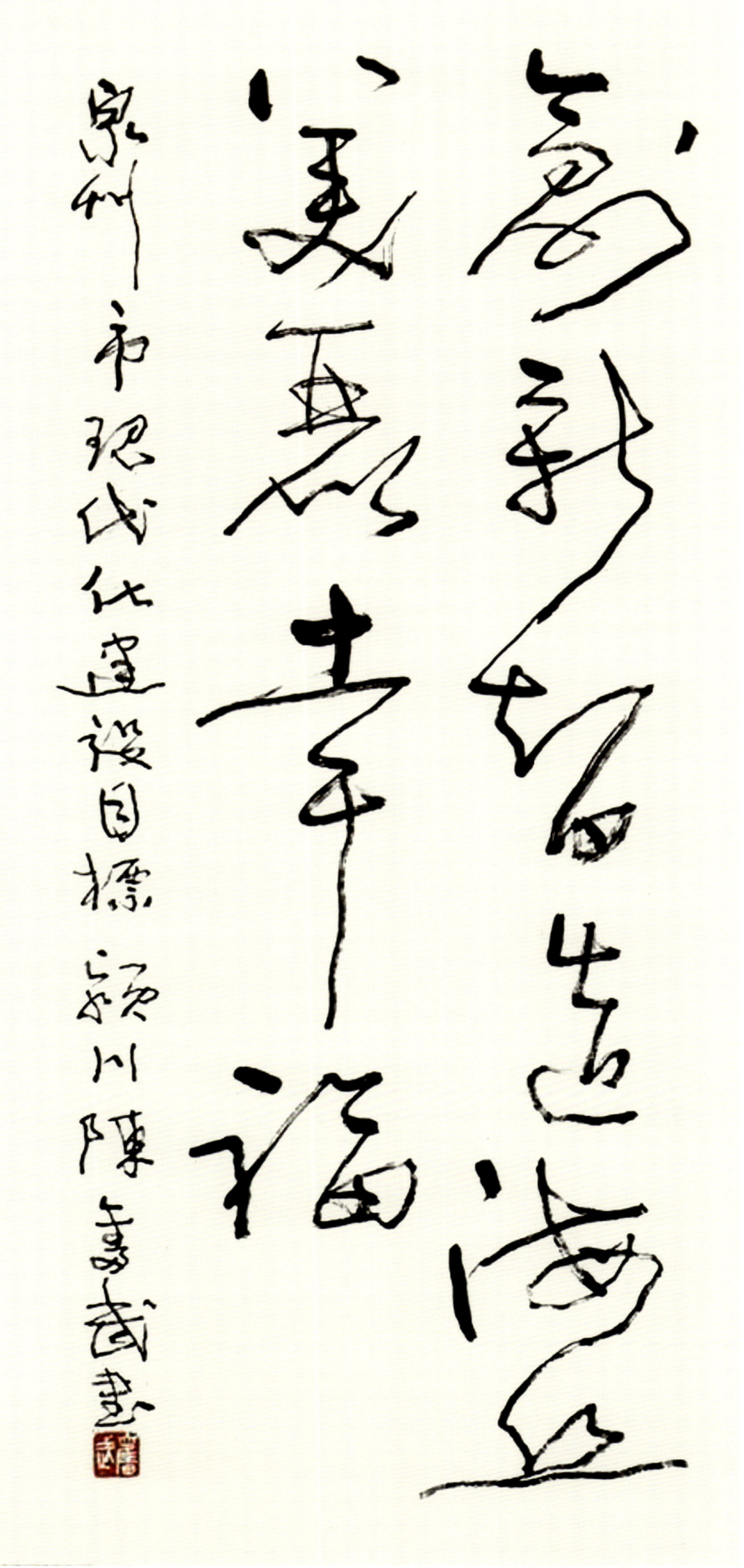

泉州市现代化建设目标　书法　陈奋武

既厚植传统，更拥抱时尚，为制造业输入设计、智能文化创意等新鲜元素，推动第二产业与第三产业融合发展。

晋江市产业转型提档升级　书法　高培新

有话到企联说，有难找企联帮。

泉州市企联向会员企业发出的旦旦诺言　书法　陈吉

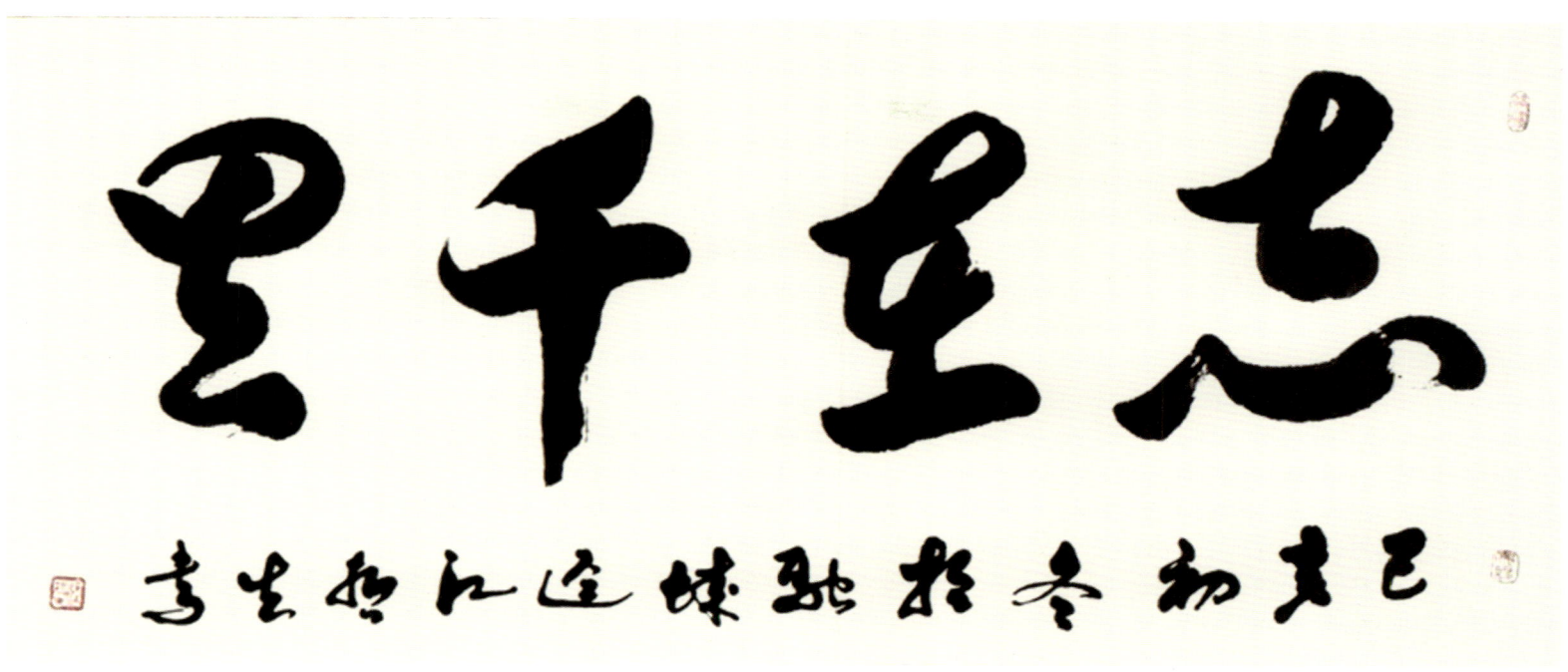

志在千里 书法 林哲生

泉州部分品牌示意图

泉州江南高新技术产业园区

泉州江南高新技术产业园区自 2001 年 11 月开园，开发建设 3.73 平方公里，入驻企业 200 多家，用地 4000 亩，荣获了"国家火炬计划泉州微波通信产业基地"的称号。

泉州经济技术开发区

泉州经济技术开发区是泉州市委、市政府直接开发建设的国家级经济技术开发区，开发范围包括清濛园区、国家级泉州出口加工区。泉州经济技术开发区主动融入海西经济区建设大局，按照市委、市政府"加快转变发展方式、加快建设经济强市、推动泉州跨越发展"的战略部署，主动作为，开拓进取，致力升格扩区、转型升级、提速增效、跨越发展，努力打造宜居宜业的产业新城，实现开发区经济建设和社会事业的全面协调持续发展。2010 年 6 月成功升格为国家级经济技术开发区。先后荣获了全国模范劳动关系和谐工业园区、国家火炬计划电子信息特色产业基地、国家新型工业化产业示范基地（轻纺产业）等称号生产智能化,装备自动化,产品数字化,管理信息化。

洛江区围绕"四条主线"为企业转型升级提供支持和帮助　书法　黄金龙

福建炼油厂一角 摄影 黄慰州

泉港石化炼油厂 油画 林峰

企联的生命力在于活动,要创造条件争取有更多一点赋有正能量的影子和声音。

泉州市企联服务理念　书法　吴木榕

福建恒安家庭生活用品有限公司一期工程

福建百宏聚纤科技实业有限公司自动化包装线

阳光中科晶体硅太阳能电池片生产车间

通过自动化升级改造,不仅效率提升,产能也翻了8倍以上。

追求健康,你我一起成长

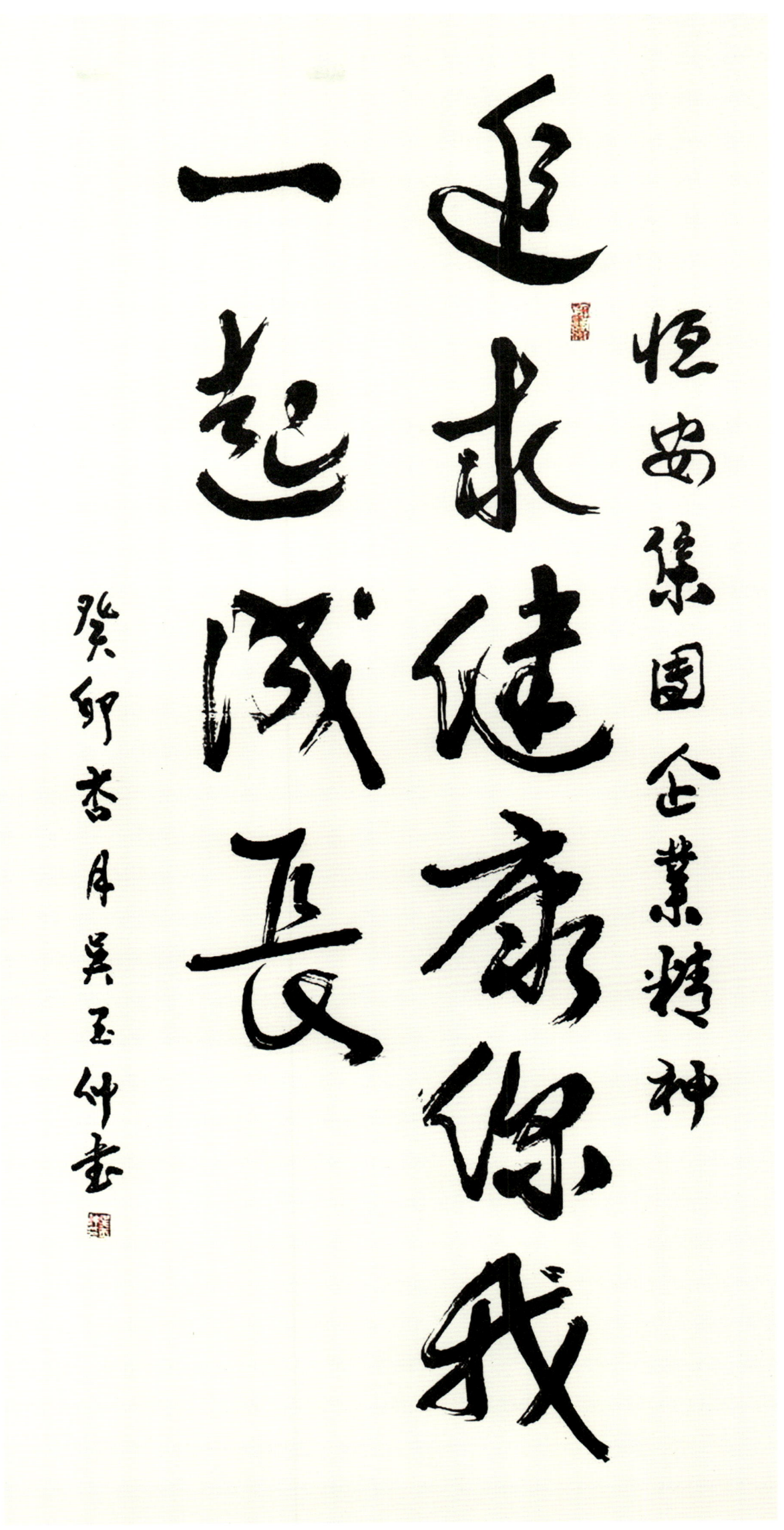

恒安集团企业精神　书法　吴玉仲

精于思,敏于行

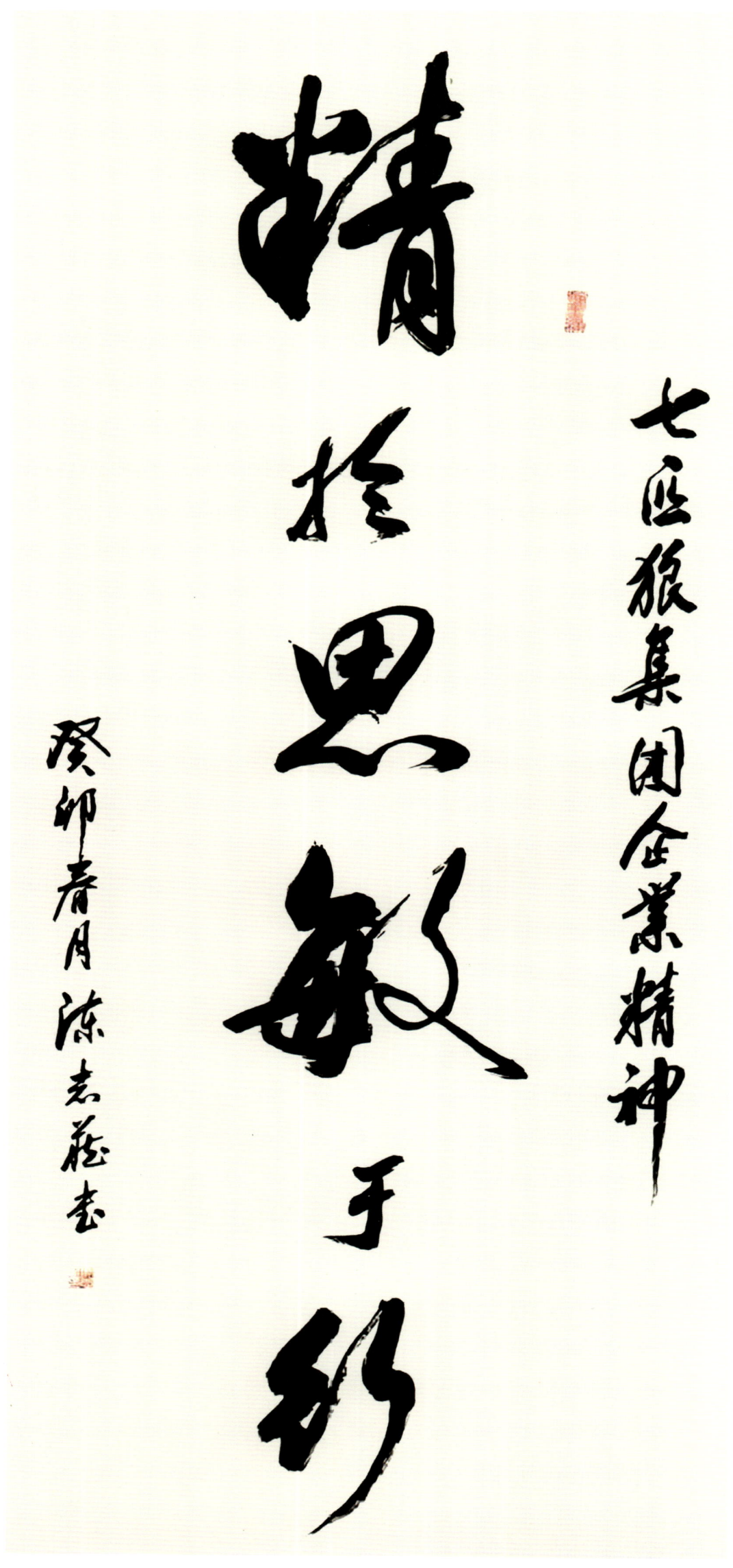

七匹狼集团企业精神 书法 陈志藏

福建柒牌时装科技股份有限公司大楼

走向世界的柒牌 摄影 张小梅

福建恒利纸业有限公司新造纸生产设备

申鹭达阀芯装配车间

福建南方路面机械有限公司并联式工业机器人设备焊接作业

福建凤竹纺织科技股份有限公司

　　福建凤竹纺织科技股份有限公司成立于 2000 年 12 月，由福建晋江凤竹针织漂染实业有限公司整体变更设立的。股份公司注册资本为 11000 万元。原有限公司股东福建凤竹集团有限公司、香港振兴实业公司、福建省泉州市光大工贸有限公司、福建省环境保护设计院和三明市天地环保技术开发有限公司作为公司发起人，按照各自在原有限公司的投资比例持有股份公司股权。

福建浔兴拉链科技有限公司车间一览　摄影　刘友良

虞美人·安踏咏
林发祥

泉州服饰寰球遍。安踏之功冠。创新科技艺腾飞,安踏品牌连续矗丰碑。　爱拼父子开新路,白手艰难竖。国怀政策助成功。产业集超千亿再逞雄。

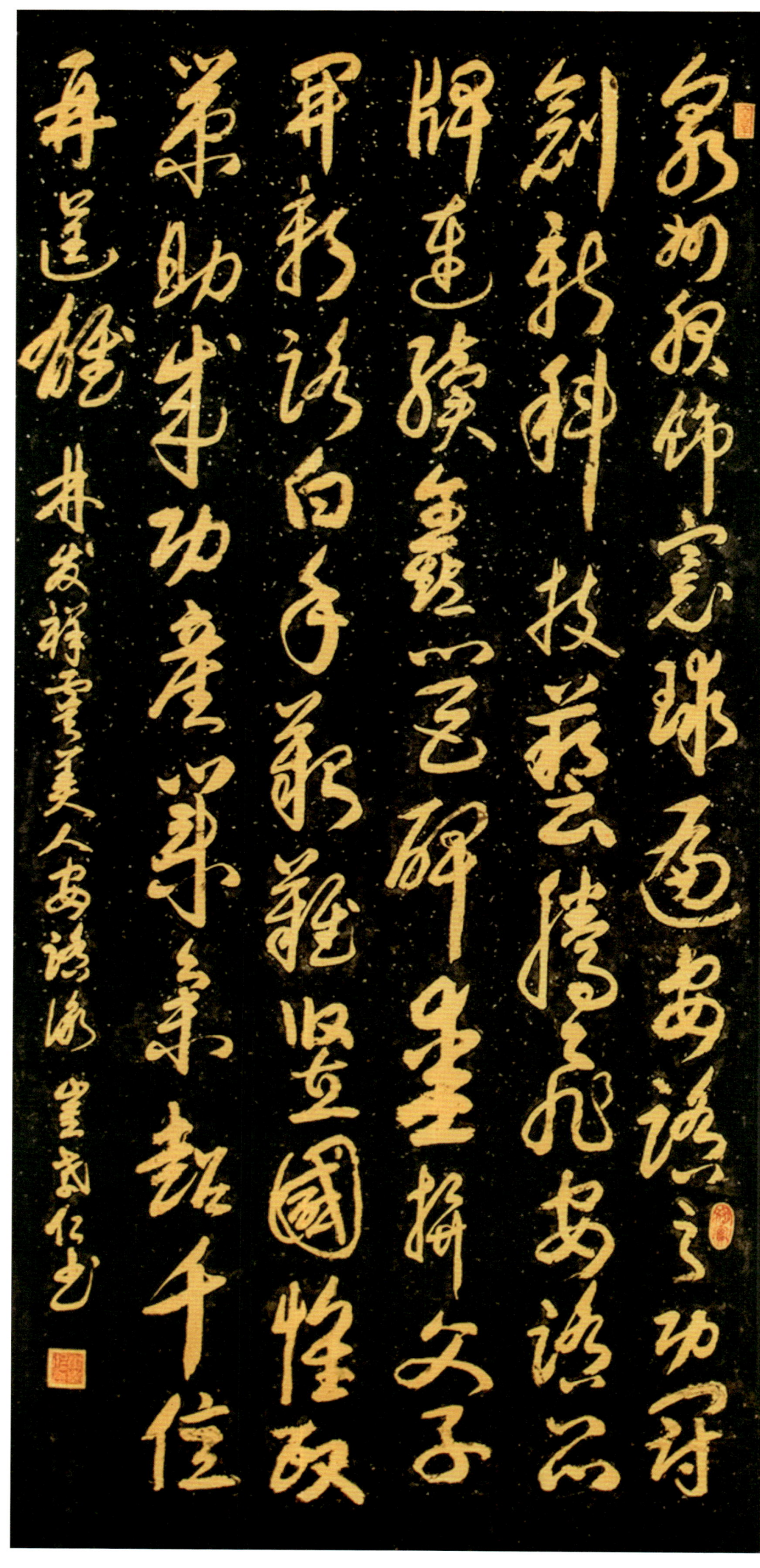

虞美人·安踏咏　词 林发祥／书法 崔孝仁

奔向冠军的安踏 摄影 张小梅

安踏连年领跑运动鞋服产业，为东京奥运会中国代表团提供科技运动装备 摄影 潘登

卡尔美体育用品有限公司

晋江龙峰纺织智能化生产车间　摄影　潘登

达利食品集团有限公司无菌灌装机

把永不放弃的体育精神留在生命的足迹里

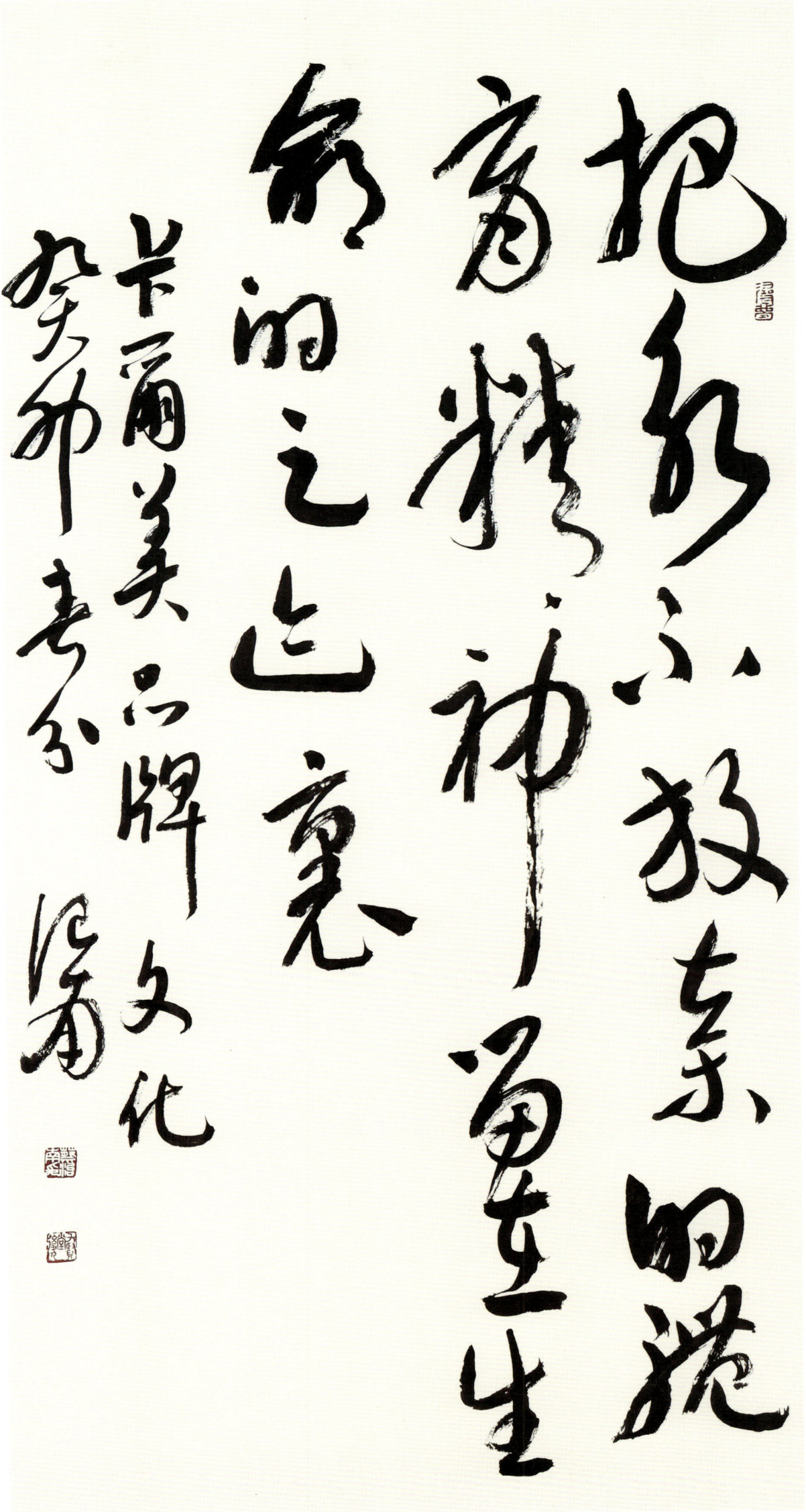

卡尔美品牌文化　书法　蔡治南

三六一度（中国）有限公司自动印花机车间

361°集团

361°集团成立于2003年，是一家集品牌、研发、设计、生产、经销为一体的综合性体育用品公司。其产品包括运动鞋、服装及相关配件、童装、时尚休闲等多品类构成，已经成为中国领先的运动品牌企业之一。

福建省晋江市励精汽配有限公司智能化设备

泉州海天材料科技股份有限公司

泉州海天材料科技股份有限公司吊挂生产线

纺织服装旧业从服装制造向时装设计、从制造中心到展示平台和交易平台转变。

石狮市打造中国时尚创新之都　书法　黄荣裕

石狮森科智能科技创新设计的发光服装

石狮森科智能科技通过三维显示技术为服装厂商提供展示方案

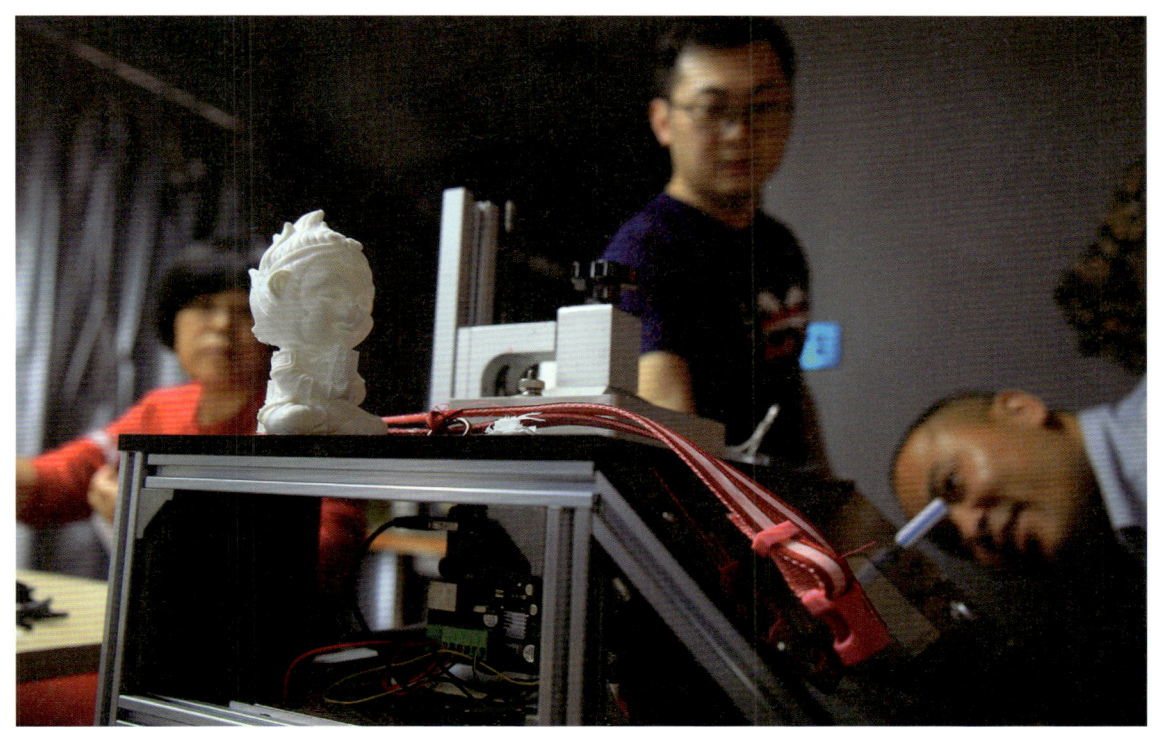

石狮森科智能科技利用 3D 打印技术制作产品模型　摄影　潘登

亿达电器的小家电不断创新技术，产品丰富特色明显

铂阳精工太阳能电池靶材生产车间

三星电气数控加工车间

钟山化工中控室，数字化生产车间设备状态一目了然　摄影　潘登

永春达埔兴隆香业有限公司成立于2012年8月16日，系国家香制品产业化龙头企业。是以香制品、制香机械、宗教用品研发生产销售为主营业务的有限公司。

永春达埔兴隆香业有限公司

永春县达埔金丰香业股份有限公司成立于2012年8月16日，主要经营卫生香制造。

永春县达埔金丰香业股份有限公司

永春县达埔彬达制香厂有限公司，2012年06月01日成立，经营范围包括卫生香加工及原材料零售，蜡烛、制香机械设备零售等。

永春县达埔彬达制香厂有限公司

永春香都制香场 摄影 洪丽萍

晒场黄花分外香 摄影 刘宝生

抡香制作技艺 摄影 刘宝生

省生态文化示范企业泉州市泉美生物有限公司 摄影 方鼎

赞安溪铁观音
陈金春

云蒸雾绕翠微岑,
不染烟尘万众钦。
半盏沉浮漂片叶,
一壶甘苦值千金。
龙涎细啜咽喉润,
雀舌慢尝唇齿馨。
天下名茶谁榜首,
安溪极品铁观音。

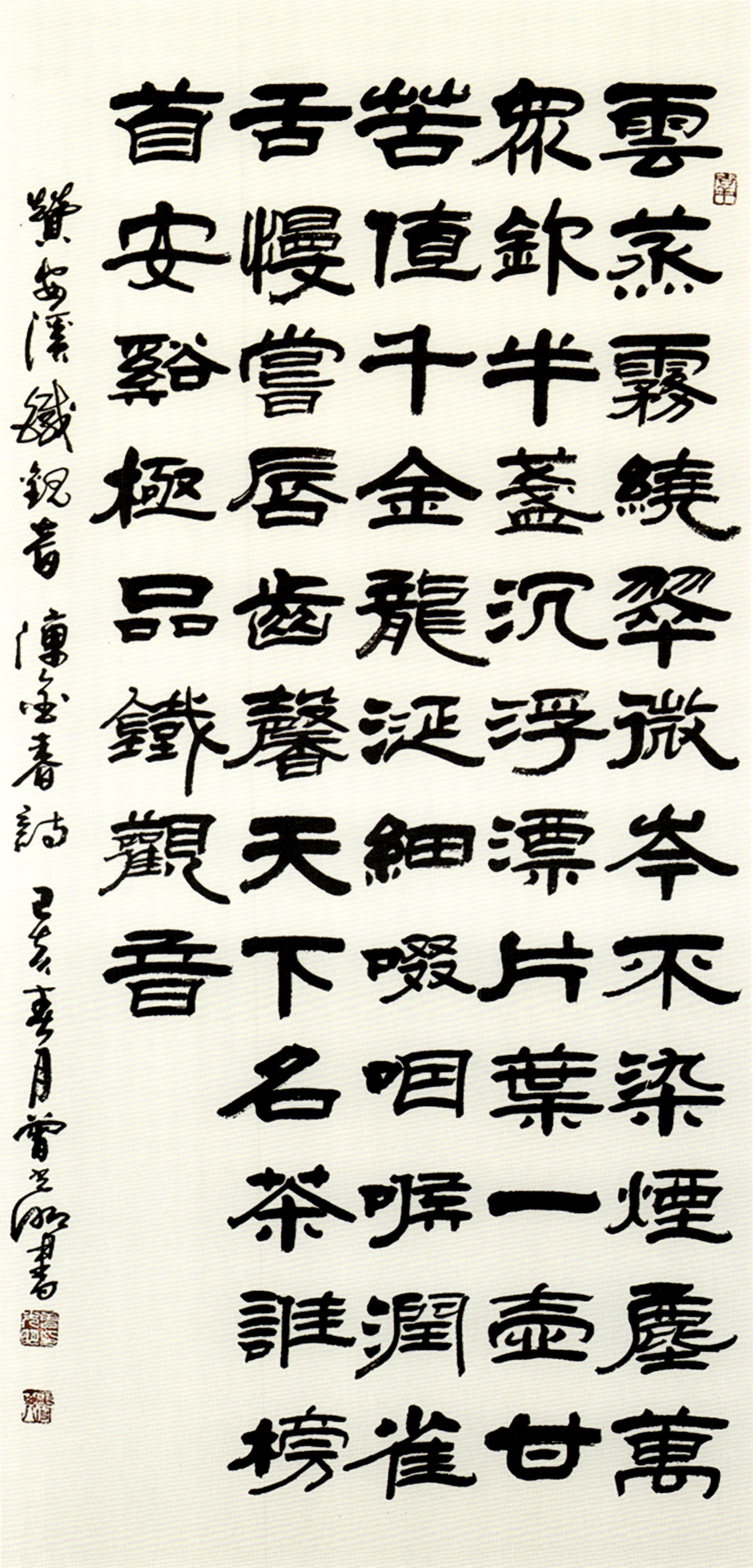

赞安溪铁观音　诗　陈金春／书法　曾光明

为安溪茶文化题联
王光中

青盏卧乌龙，雅韵清新，铁观音里得真趣；

红炉烹绿雪，馨香隽永，金佛手中悟妙机。

为安溪茶文化题联　书法　王光中

茶市　摄影　刘友良

鉴茶　摄影　陈世荣

安溪八马茶山　摄影　黄国炎

安溪八马茶叶工场　摄影　黄国炎

引来静水烹茶韵；
出自安溪借佛名。

引来出自七言联　书法　曾光明

泉州芯谷正在南安兴建 摄影 方鼎

华数机器人组照 摄影 方鼎

建设中的南安三安半导体研发与产业化项目　摄影　林劲峰

泉州芯谷，成功梦谷
——南安高新技术产业园区观感
许步书

用超人的自信

不负多情的青山绿水

给中国砌一个坚实的足迹

全国唯一的化合半导体产业基地

海滨都市，在这里凸现

面对台海

毗邻厦门

三港连接

厂房、民房、公益房……

如雨后春笋破土屹立

敢问设计师

喜看开拓者

也许，在你们手中美丽的中国梦

在这里已开花结果……

砥砺前行

篆刻　潘国基

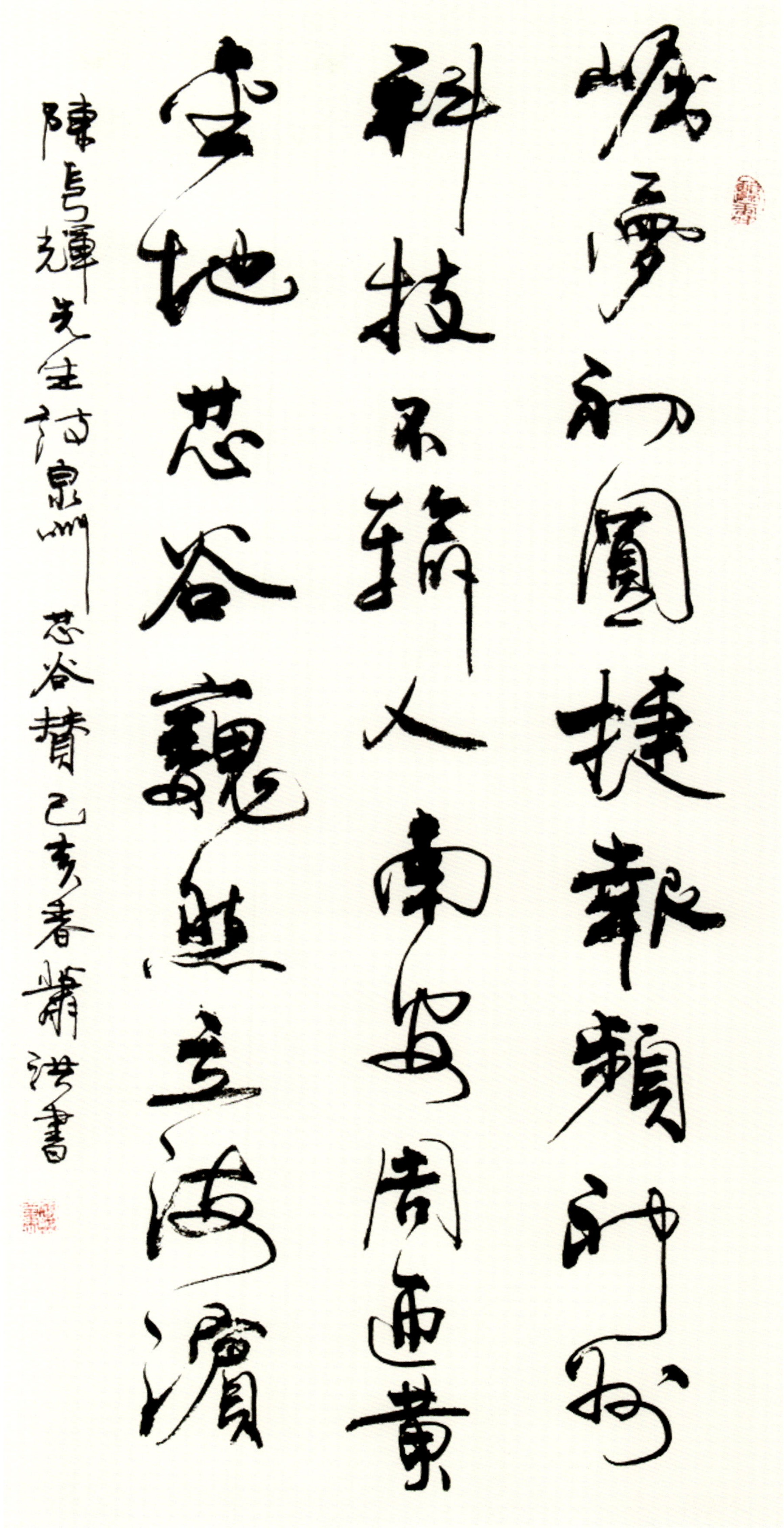

泉州芯谷赞
陈长辉

崛梦初圆捷报频，
神州科技不输人。
南安周匝黄金地，
芯谷巍然立海滨。

泉州芯谷赞 诗 陈长辉／书法 唐肖洪

泉州湾跨海大桥　摄影　郑景勋

泉州湾大桥是泉州市境内连接石狮市和惠安县的跨海通道。大桥于2009年12月31日动工兴建；2014年6月30日完成合龙工程；2015年5月12日通车运营。大桥南起石泉二路，上跨泉州湾，北与秀涂互通；线路全长26675.871米，桥梁全长12454.894米，主桥面为双向八车道高速公路，设计速度100千米/小时。

晋水长流
篆刻　吴青宝

泉州企业生产泉州湾大桥油漆涂料 摄影 潘登

晋江经验颂
陈奕良

春风激荡晋江潮,
逐浪追波尽舜尧。
六个坚持赢跨越,
五条关系理谐调。
敢为天下先行梦,
勇作军中第一骄。
日出江花红胜火,
飞舟志在海天遥!

晋江经验颂 诗 陈奕良/书法 黄友超

编后语

为积极响应党的十八大提出的建设美丽中国的伟大号召，努力实现"机制活、产业优、百姓富、生态美"新福建的目标要求，福建省老年书画艺术协会与中共泉州市委宣传部、泉州市文学艺术界联合会、泉州市老年书画研究会联合组织了省、市书画诗影艺术家和协会会员深入到泉州市11县（市、区）进行了采风创作活动。通过体验生活，融入真情，创作了许多反映时代精神和时代风貌的艺术作品。精心编辑了《海丝涛声·美丽福建看泉州》大型书画专集。本书以诗、书、画、影、篆刻等多种艺术形式，展示了泉州的自然风光之美、生态文明之美、历史文化之美、民俗风情之美和特色产业之美，同时又把泉州的经济社会发展和建设经验（特别是晋江经验）展现出来，讴歌了泉州人民在社会主义新的历史时期发生的巨大变化，取得的辉煌成就。

本书在采编出版过程中，得到了各级领导的关心和支持。省级老领导袁启彤、游德馨、黄瑞霖、黄文麟、陈增光、黄贤模、袁锦贵、叶双瑜、陈桦、曾喜祥、陈荣凯、何泽中等同志特为本书题字题词。福建省政协原副主席、泉州市原市长陈荣春同志为本书作序。中共泉州市委、市政府十分重视，历任市委书记郑新聪、康涛、王永礼、刘建洋都给予热情支持，要求把这项工作作为提升泉州影响力的重要任务来抓，要高质量、高水平完成，反映好泉州的好形象、好做法、好经验，突出海丝特色、闽南特色，本土意识。各县（市、区）宣传部门创造各种条件和提供服务，市直有关部门积极配合通力合作提供可贵的资料。省、市艺术家和老艺协会员们不辞辛劳创作艺术精品。借此机会，我们一并表示诚挚的感谢。

由于本书涉及面广，时间跨度大，加上编者经验不足，水平有限，书中不足之处在所难免，敬请读者批评指导。

编者

2023年3月

图书在版编目（CIP）数据

海丝涛声：美丽福建看泉州 / 福建省老年书画艺术协会等编 . -- 福州：福建美术出版社，2023.12
 ISBN 978-7-5393-4562-8

Ⅰ . ①海… Ⅱ . ①福… Ⅲ . ①泉州—概况—画册 Ⅳ . ① K925.73-64

中国国家版本馆 CIP 数据核字（2023）第 255530 号

出 版 人：郭　武
责任编辑：卢为峰　丁铃铃
装帧设计：明朗文化传播有限公司

海丝涛声——美丽福建看泉州

福建省老年书画艺术协会、中共泉州市委宣传部、
泉州市文学艺术界联合会、泉州市老年书画研究会　编

出版发行：福建美术出版社
社　　址：福州市东水路 76 号 16 层
邮　　编：350001
网　　址：http://www.fjmscbs.cn
服务热线：0591-87669853（发行部）　　87533718（总编办）
经　　销：福建新华发行（集团）有限责任公司
印　　刷：福州麟造印刷有限公司
开　　本：787 毫米 ×1092 毫米　1/8
印　　张：48
版　　次：2023 年 12 月第 1 版
印　　次：2023 年 12 月第 1 次印刷
书　　号：ISBN 978-7-5393-4562-8
定　　价：498.00 元

版权所有，翻印必究